绿色建筑经济评价研究

刘一漩　著

中国原子能出版社

图书在版编目(CIP)数据

绿色建筑经济评价研究 / 刘一漩著. — 北京 ：中国原子能出版社，2019.11（2021.10 重印）
ISBN 978－7－5221－0184－2

Ⅰ. ①绿… Ⅱ. ①刘… Ⅲ. ①生态建筑－建筑经济评价方法－研究－中国 Ⅳ. ①F426.91

中国版本图书馆 CIP 数据核字(2019)第 257080 号

绿色建筑经济评价研究

出版发行 中国原子能出版社(北京市海淀区阜成路 43 号 100048)
责任编辑 胡晓彤
装帧设计 刘慧敏
责任校对 刘慧敏
责任印刷 肖会娟
印　　刷 三河市明华印务有限公司
经　　销 全国新华书店
开　　本 787 mm×1092 mm 1/16
印　　张 12.5
字　　数 220 千字
版　　次 2019 年 11 月第 1 版 2021 年 10 月第 2 次印刷
书　　号 ISBN 978－7－5221－0184－2 **定　价** 58.00 元

网址:http://www.aep.com.cn E-mail:atomep123@126.com
发行电话:010－68452845

前言 PREFACE

随着生活水平的提高，人们对建筑的要求越来越高，健康、舒适、高效的人居环境已经成为人们追求的目标。大量的宏大公共建筑和人居住宅在运行和建造过程中浪费了大量的能源和自然资源，并且对整个社会的生态环境产生了负面影响。因此，建筑设计过程中需要不断改善人们的人居生态环境，同时需要促进能源和资源的有效利用，从根本上达到保护资源、减少污染、改善生态环境的根本目标。因此，只有综合效益得到全面提升，绿色建筑产业才能获取全面协调可持续的发展。绿色建筑需要从技术创新、经济规划、环境效益、资源节约等方面开展工作，提高绿色建筑的综合效益水平，保证绿色建筑在整个经济社会发展过程中扮演越来越重要的角色，促使其成为新的社会经济增长点。

本书分别从绪论、绿色建筑及其经济性、绿色建筑费用效益分析、绿色建筑节能经济评价体系、绿色建筑评价标识、绿色建筑节约材料技术与评价、绿色建筑的施工管理与评价、绿色建筑企业技术创新评价方面进行讨论与分析，以期通过本书的介绍，建立一套经济评价模型，来证明绿色建筑经济评价的意义，从而对绿色建筑进行全面评价。

本书由刘一漩（河北工程大学）著。在写作过程中，笔者参考了部分相关资料，获益良多。在此，谨向相关学者师友表示衷心感谢。

由于水平所限，有关问题的研究还有待进一步深化、细化，书中不足之处在所难免，欢迎广大读者批评指正。

著　者

2019 年 6 月

目 录 CONTENTS

第一章 绪论

第一节 绿色建筑的概念

随着21世纪世界范围的能源危机的出现及全球环境问题的凸显，可持续发展的思想和理论应运而生。在全球能源消耗中，建筑业的能源消耗平均占30%左右，占据了较大的比重。在我国，随着国民经济的快速发展，建筑业也迎来了发展的春天，然而在建筑业飞速发展的背后，依然存在着能源消费的隐忧——我国的建筑能耗远高于世界平均水平，达到40%左右。绿色建筑作为可持续发展理念在建筑业的最佳实践，可在建筑的全寿命周期内，最大限度地节约资源，保护环境与减少污染，同时为人们提供健康、适用和高效的使用空间，实现与自然的和谐共生，在世界范围内得到了推广。

一、绿色建筑的界定

绿色建筑的理念源于在20世纪60年代，著名建筑师保罗·索勒瑞将生态学(Ecology)和建筑学(Architecture)两词合并成“Areology”，首次提出了“生态建筑”的概念。他认为生态建筑是尽可能利用当地的环境特色与相关的自然因素，并且降低各种不利的环境影响，同时，尽可能不破坏当地环境，确保生态体系健康运行。生态建筑传递着其建筑与自然和谐统一的设计理念。

从20世纪末的能源危机开始，环境保护运动蓬勃兴起，绿色建筑在世界各地也得到了快速的发展，各种新建筑称谓也层出不穷。关于绿色建筑的概念，至今在国际上还没有一个统一的定义，在日本绿色建筑称为“环境共生建筑”，而在欧洲和北美国家，绿色建筑也可称为“生态建筑”(Ecological Architecture)或可持续建筑(Sustainable Architecture)，在有些地方也被称之为“节能省地型建筑”。这些定义虽然从不同角度出发，但其共同点都是将建筑与环境相联系，指出绿色建筑为人类提供健康、舒适的生活空间的同时，应尽量减少自然资源的消耗、减少对地球生态环境的影响和破坏，强调从整体出发，将建筑作为地球生态系统中的有机组成部分，实现人—自然—建筑的和谐发展。

我国制定的《绿色建筑评价标准》，其中统一并明确了绿色建筑的定义：绿色建筑是指在建筑的全寿命周期内，最大限度地节约资源（节能、节地、节水、节材）、保护环境和减少污染，为人们提供健康、适用和高效的使用空间，与自然和谐共生的建筑。

绿色建筑又分绿色住宅与公共绿色建筑，在我国《绿色建筑评价标准》中明确将绿色建筑划分为居住建筑与公共建筑两个门类，它们分别具有不同的评价体系。作为一个具有特定用途的绿色建筑，绿色住宅首先具有绿色建筑的所有内涵，其次它具有自身的特殊之处，即绿色住宅应具备绿色建筑的“节约资源、环保与健康舒适”三大特性，同时绿色住宅是为人们提供居住功能的建筑，它对建筑的健康舒适等特性具有更高的要求。

绿色住宅的开发者与使用者是利益分离的，随着我国商品房市场的发展，城市中大部分住宅均是由开发商开发，然后进入住宅消费市场，由消费者所购买并使用。对绿色住宅的评价则是以住区为单位，对住宅小区的整体进行综合评价。

而公共绿色建筑主要提供办公、公共服务等功能，它的界定同样必须满足绿色建筑的基本内涵，然而由于公共建筑的使用运营特征，不间断的运行往往导致较高的能源消耗，因此绿色公共建筑对节能性能有更高的要求。相对于绿色住宅而言，公共绿色建筑投资主体与运营主体利益紧密相关，因此从全生命周期成本角度考虑，业主具有更高的提高建筑绿色性能的动力。

绿色建筑是一个高度复杂的系统，对绿色建筑的含义应该从以下几个方面理解。

第一，绿色建筑首先考虑的是建筑的健康性、舒适性与安全性，是为人们提供生活居住空间的设施。绿色建筑所强调的节能，并不是以牺牲人们的舒适度与工作效率为代价，而是指在保证合理的舒适性与安全性的基础上，有效提高能源利用效率，转变能源利用方式。比如提倡利用太阳能、风能等可再生能源，在满足同等照度的前提下将白炽灯换为发光效率更高的荧光灯。

第二，绿色建筑作为一种理念，并不指代特定的建筑类型，例如，别墅、公寓、单元房等，它适用于所有的建筑，是对建筑性能的一种评价。衡量建筑是否绿色，与其建筑类型无关，而与其是否节能、是否舒适及对环境的影响相关。

第三，绿色建筑是在全寿命周期中实现高效率地利用资源（土地、能源、水资源、材料）的建筑物。全寿命周期是指建筑从开发到拆除的整个生命历程，即从建材生产、建筑规划、设计、施工、运营维护及拆除回收，这样一个孕育、诞生、成长、衰弱和消亡的过程。如果从全寿命周期角度计算建筑成本，那么初始建设投资最低的建筑并不是全寿命周期成本最低的建筑。而从全寿命周期的角度衡量，虽然绿色建筑在开发建设过程中增加了初始投资,但是其节能环保的特性使其在建筑的使用期内节省了大量的运营成本,同时,减轻了环境的负担。其经济效益与环境效益要优于一般的建筑。按现有的经验,增加初期成本5%～10%用于新技术、新材料的利用,将节约长期运行成本50%～60%。

第四,绿色建筑是对环境影响最小的建筑。传统的建筑消耗了大量的资源,同时建造过程中排放的建筑垃圾又给环境带来了巨大的影响。如果人类对环境的影响超过了环境的负载能力,将对自然界产生不可逆的破坏,威胁到人类的生存与发展空间。而绿色建筑的核心理念就是减少对环境的不利影响,要充分借助建筑周围的环境因素,将建筑与环境有机地结合在一起。不仅需要维持"健康、舒适、安全"的室内空间,还需要创造友好、和谐的室外空间,使绿色建筑能够作为生态系统中的一个有机组成部分,达到人与自然的和谐统一。

根据建筑的使用途径,可以将建筑分为不同的类别。不同类别的建筑在开发、建造及运营中有着迥然不同之处。例如医院,投资开发方为政府,运营方也是代表政府利益的相关单位,建设单位为聘请的专业公司;而普通商品建筑的投资开发方为房地产开发商,运营方即购房者本人,建筑的设计、建造又涉及第三方甚至第四方,参与主体较多,关系较为复杂。对于政府投资类建筑而言,由于项目的投资人与使用人具有一致的利益关系,因此较为容易接受采用全寿命周期分析建筑的成本,进而采取各种节能环保措施,开发绿色建筑。而对于居住类建筑,开发商与使用者利益分割,很难迫使开发商以全寿命周期的角度去分析成本问题,同时,居住类建筑的开发建设过程中涉及多方利益主体,关系复杂,且在我国每年新建建筑面积中新建住宅占绝对比例,因此,本节主要针对绿色建筑的开发建造过程驱动因素分析及为政府提供绿色建筑的激励政策制定方法及策略。

二、绿色建筑与一般建筑的区别

根据其概念和特点,我们可以看到绿色建筑和一般建筑有以下不同。

第一,一般建筑通常以追求经济性为核心目标,忽视建筑对环境的影响;而绿色建筑追求的是经济性与生态性的协调发展,建筑与环境和谐共生,是环境友好型建筑。

第二,一般建筑的建造过程产生大量的资源浪费,造成对自然环境及社会环境的严重影响;而绿色建筑讲究的是绿色施工,建造过程实施科学管理,最大程度上节约资源与土地,将对自然环境与社会环境的影响降至最低。

第三,一般建筑所使用的材料大部分不可回收,建筑物拆除后产生大量的回收成本及环境负担；绿色建筑则更多地使用可回收原材料，在建筑拆除后可对其进行回收循环利用。

第四，一般建筑在运营期内，运营成本及维护成本普遍偏高，能源利用率低下，很少使用可再生能源；而绿色建筑在运营期内具有较低的运营成本及维护成本，由于大量使用可再生能源或采取节能设计，例如，太阳能幕墙、外墙隔热保温、真空断桥铝合金窗户、高效照明系统等，使得能源利用效率大大提高，减少了对不可再生能源的消耗。

三、可持续发展概念的提出与内涵

可持续发展概念最早可追溯于20世纪50年代莱切尔·卡逊的作品《寂静的春天》中，然而书中表述的内涵仅限于生态学范畴。之后，随着可持续发展理论研究的进展，各个不同学科赋予了它新的内涵。因此，现在的可持续发展概念涵盖了生态、社会、经济、技术和文化等多方面内容。像其他的理论一样，可持续发展理论逐渐发展形成了许多不同的学术流派，它的含义在不同的领域都有各自的侧重，自然生态学、社会学、经济学和科技派对其都有不同的定义。

世界环境与发展委员会主席布伦特兰夫人在《我们共同的未来》中对可持续发展给出了定义，“可持续发展是指既满足当代人的需要，又不损害后代人满足需要的能力的发展”。这个定义被学术界视为经典，后来被国际社会所普遍接受。

根据以上定义可以看出可持续发展包含两方面的含义。

第一，可持续发展要实现经济与生态的协调发展，不仅是经济要发展、社会要进步，而且还要保证自然资源不被破坏，表现为经济发展的可持续性、自然生态进化的可持续性和社会进步的可持续性。

第二，可持续发展要实现空间维度和时间维度的协调发展，一方面要维护地区之间的平衡发展；另一方面要维护实际之间的发展平衡。

我国政府高度重视可持续发展问题。在“联合国环境与发展大会”之后开始积极研究中国的可持续发展战略，制定了国家级的可持续发展战略实施纲要——《中国21世纪议程》。由此，可持续发展被定为我国国民经济和社会发展的战略目标。

四、绿色建筑与可持续建筑

可持续发展的理念是既满足当代的需求，又不损害下一代利益的长远发展战略思想，它要求实现经济、社会和自然生态三者的协调发展。传统的建筑生产活动在为人们提供生活用房的同时也消耗了大量的自然资源，建筑垃圾、灰尘、城市废热等造成了严重的环境污染。而绿色建筑的内涵就是最大限度地节约资源，提高资源的使用效率，力求在建筑的全寿命周期内将对环境影响减少至最低，这和可持续发展的思想是一致的。

节约能源，提高资源使用效率，是可持续发展的一个方面，可持续发展的另一个方面是降低对环境的影响，减轻生态负载。绿色建筑将建筑对环境的影响降到最低，在从建造、使用、拆除的全寿命周期内最大限度地降低了对环境的影响，这是对可持续理论的直接实践，只有保护环境、降低能耗、节约资源才能实现资源环境的代际平衡，才能实现可持续发展。

然而从它们的内涵上来看，可持续建筑与绿色建筑还是有些细微的差别。可持续建筑更为侧重能源的可持续发展与生态的可持续发展，具有更高的目标层次和更为宽泛的范畴；而绿色建筑则是节能、环保与舒适健康的综合，比可持续建筑更为具体，它有着细致全面的评价指标。

可以看出，绿色建筑和可持续发展理论相互作用、相互影响，可持续发展理论推动了绿色建筑体系的创造；而绿色建筑又丰富了可持续发展理论的内容，为人类实现可持续发展做出了重要的贡献。

第二节 我国绿色建筑的发展概况

一、我国正处于建筑业发展的鼎盛时期

改革开放以来，我国经济得到了复苏并逐步走入了持续发展的高速公路，国民生产总值（GDP）以平均每年8%的速度增长。经济与社会发展的实践证明，在我国当前的发展阶段，国民经济与建筑业之间存在着一种良性的互动关系。一方面，大规模的公共项目投资拉动了我国国民经济的高速发展，使我国经历了新中国成立以来从所未有的既快速又稳定的发展阶段；另一方面国民经济的高速发展，促进了固定资产投资，进一步推动了建筑业的发展。因此，建筑业对我国国民经济和社会发展至关重要，现阶段可谓是我国建筑业投资与发展的鼎盛时期。

投资、消费和出口是拉动经济增长的三驾马车，但三驾马车的拉动力是不平衡的。与投资相比，消费增长相对不足。出口的增长受到世界经济、政治局

势及地区局势等一系列因素的影响和制约，具有不稳定性。所以，在三驾马车中固定资产投资是拉动国民经济较快增长的主要动力。我国自开始实施以增发国债、加大投资力度为主要内容的积极财政政策，不断加大固定资产的投资，以此拉动经济发展。至 2017 年底，连续实施多年的积极财政政策取得了显著的成效，增发巨额长期建设国债弥补了过去多年的基础建设欠账，夯实了基础设施，拉动了民间投资，扩大了国内的消费需求，带动了我国国民经济的快速稳定增长。

20 世纪 80 年代初期，我国启动了住房制度改革，当时城镇住房严重短缺，人均建筑面积不足 8 m^2。经过多年的努力，住房严重短缺问题基本得到解决，城镇居民住房条件明显改善，房地产业已经成为国民经济的支柱产业，对经济、社会发展做出了重要贡献。目前，商品住房已经成为中国城镇住房供应的主体，商品住房投资占城镇建筑投资的比重达到 85%，年竣工量在 6 亿 m^2 左右。城乡居民住房条件持续改善。按户籍人口计算，城镇人均建筑建筑面积达到 28 m^2 左右，人均每年增加 1 m^2。房地产业对经济增长的贡献率保持在 2 个百分点以上，房地产业和建筑业增加值占 GDP 的比重超过 10%。可见，公共项目的投资建设对国民经济的增长起到了积极的作用。

随着固定投资的增长，我国建筑业也得到了迅猛的发展，根据《中国统计年鉴》资料显示，我国从 2010 年到 2018 年，施工建筑面积翻了 4 倍，施工建筑面积从 9 万 m^2 增长到 31 万 m^2，竣工建筑面积增加了一倍以上，竣工的建筑面积则增长了 3 万 m^2。

建筑业发展的动力不仅来源于政府投资，它还受到国内居民消费需求的影响。随着经济的发展，人民的生活水平不断提高，改善住房条件成为人们的一个刚性需求。从 20 世纪 80 年代初的人均居住面积 8 平方米，到人均居住面积 28 平方米，住房严重短缺的问题得到解决，但是距西方发达国家仍有较大差距：美国人均居住面积 60 m^2，英国和德国人均居住面积 38 m^2，法国人均居住面积 37 m^2。由此可见，我国建筑业仍有较长的路要走，未来一段时间内，改善居住条件的刚性需求仍将对建筑业的发展有积极的促进作用。

二、我国发展绿色建筑的必要性

我国选择绿色建筑作为建筑房地产业的发展方向，是外部原因和内在原因共同作用下的一种历史发展的必然。

(一)外部原因

1. 来自全球可持续发展运动的影响

近几十年来,在全球范围内,可持续发展运动在有识之士的努力下被不断推动着,越来越多的国家加入此项运动中来,可持续发展已经成了各国应当履行的国际责任。

1987 年,联合国通过《我们共同的未来》,首次提出了“可持续发展”的概念;1992 年,联合国环境与发展大会里约峰会达成了《里约环境与发展宣言》《21 世纪议程》《森林问题声明》《气候变化框架公约》《生物多样性公约》等文件,标志着全球可持续发展合作进入实质性阶段;1997 年,在日本京都召开的《联合国气候变化框架公约》缔约方第三次会议,通过了旨在限制发达国家温室气体排放量以抑制全球变暖的《京都议定书》;2002 年,约翰内斯堡“可持续发展世界首脑会议”通过了《执行计划》和《约翰内斯堡可持续发展承诺》的政治宣言,各国领导人再次郑重表达了实施可持续发展的承诺;2005 年 2 月,《京都议定书》正式生效。

所有这些行动表明,可持续发展是一项需要开展全球合作的运动,而且随着各项公约的生效,可持续发展正成为所有缔约国必须履行的一项国际义务。作为在国际社会中有影响力的大国,我国虽然不受《京都议定书》的限制,但我国政府多次表态,采取积极的措施,提高能源使用效率,降低排放,把可持续发展作为重要的内容。

在我国,到 20 世纪末,建筑年消耗能源折算共计 3.76 亿 t 标准煤,占全社会终端能耗总量的 27.6%,而建筑用能的增加对全国的温室气体排放“贡献率”已经达到了 25%,多排二氧化碳 52 万 t;因为建筑耗能高,仅北方采暖地区每年多消耗标准煤 1800 万 t,能源浪费造成的直接经济损失达 70 亿元。由高能耗建筑带来的环境问题已经成为社会整体环境问题的重要组成部分。

因此,我国要想提高能源使用效率,发展循环经济,建筑业首当其冲。绿色建筑具有节能、节水、节材、节地及环境友好五大特性,大力发展绿色建筑有利于推动建筑业的可持续发展,是可持续发展观在建筑业的最佳实践。所以,发展绿色建筑是我国体现大国责任、履行国际义务的必然选择。

2. 以能源为核心的资源“瓶颈”制约我国经济发展

我国能源发展主要存在四大问题:一是我国的能源结构不平衡,在探明的化石能源储量中，以煤炭资源为主，占总储量的90%，全国年耗煤量已超过13亿t，而燃煤效率低，对环境污染严重，造成我国大气污染和酸雨严重；二是资源分布不均，经济发达地区能源短缺、农村商业能源供应不足，造成北煤南运、西气东送、西电东送；三是能源利用效率低，有关研究表明，我国能源终端利用效率仅为33%，比发达国家低10个百分点；四是人均能源拥有量低、储备量低。尽管我国幅员辽阔，拥有丰富的自然资源，但是由于人口众多，人均资源占有量远低于世界平均水平。而煤炭资源的人均储量仅为世界平均水平的1/2。其他化石能源的人均储量更是远远低于世界平均水平，石油人均储量仅占世界平均水平的11%，天然气仅占4.5%。

2014年以来，全国各省先后出现拉闸限电现象，同时对一些耗电较大的生产企业实行在用电高峰期间暂时停产等错峰措施，全力保障居民用电。长三角地区大量民营经济体企业甚至自备柴油机发电，以保障生产。与大规模拉闸限电现象相呼应的是大量煤炭安全事故和与周边地区日益频繁的能源经济、外交活动。种种迹象表明，当中国成为继美国之后的世界第二大石油和电力消费国后，主要能源的供求格局已发生较大变化，资源对经济发展的制约作用开始显现，并且呈现越来越大之势。

与此同时，随着城市建设的高速发展和人民生活水平的提高，每年都有大量的工程开工建设，然而在这个欣欣向荣的景象背后，是粗放的建设与运营方式而造成的严重资源浪费。建筑能耗逐年大幅度上升，已经成为中国能源消费的主体之一。目前我国的建筑总能耗达全国能源总量的45%（建筑的直接消耗和建材生产、运输等间接能耗）。预计到2025年，总建筑面积将达到700亿m^2。国务院发展研究中心对我国综合能源状况的调研结果显示，目前我国已建房屋有近400亿m^2属于高耗能建筑，新建房屋有95%以上是高耗能建筑，而且不合乎节能要求的类似建筑在我国的农村和城市遍地都是。据统计，我国单位建筑面积能耗是发达国家的2～3倍以上，建筑用的钢材消耗高出10%～25%，每拌和1立方米混凝土要多消耗水泥近80千克，卫生洁具的耗水量高出发达国家30%以上，而污水回收利用率仅为发达国家的25%。

如果任由这种状况继续发展，到2025年我国建筑耗能将达到1089亿t标准煤，超过2010年的3倍；空调夏季高峰负荷将相当于10个三峡电站建成后满负荷出力，相形之下，2015年夏季全国空调高峰负荷已经达到4500万kW·h，相当于2.5个三峡电站建成后满负荷出力。国家建设部科技认为“仅空调一项，2016年全国新增房间空调装机容量已经超过三峡电站竣工后的发电总装机容量”。

面对如此严峻的形势，中国只有走可持续发展的道路，才能为子孙后代留下一个美好的生存环境。因此，解决经济发展所面临的能源问题，建筑行业责无旁贷，发展绿色建筑成为必然的历史选择。

（二）内在原因

1. 房地产业进入转型期，产品质量将逐渐成为决定开发企业成败的关键要素

国务院出台的《关于切实稳定住房价格的通知》，这个被称为“国八条”的中央文件，将房价问题提高到政治的高度；国务院办公厅转发建设部等部门的《关于调整住房供应结构稳定住房价格的意见》，进一步对控制房价过快上涨提出要求。对建筑业陆续发布的这些文件，标志着随着国家宏观调控力度的加大，我国的地产竞争正从追逐短期利益最大化、单纯追求建设规模、建设速度的低层次竞争阶段进入品质、品牌制胜的阶段。

在这一新阶段中，房地产企业不仅面临着内部结构重组的压力，同时由于政府产业导向和市场竞争环境的演变，其向市场提供产品的质量也必须进一步的提升，因此，以绿色建筑为核心的所谓“科技地产”成为房地产企业产品转型中的一支新军。随着中央关于发展节能省地型建筑相关政策的发布，《绿色建筑技术导则》《绿色建筑评价标准》等规范性文件的相继出台，绿色建筑日益成为中国房地产从资本外延型向技术集约内涵式产业转化进程中的一个重要的产品发展方向。

2. 提高建筑质量是消费者的普遍要求

在解决了基本居住问题之后，提高建筑的健康性与舒适性、改善建筑的环境质量成为社会发展的内在要求。多年来，我国居民住房水平有了很大提高，但还是与“基本小康”的发展阶段相适应的低水平的发展，高能耗建筑不仅耗费大量的资源，同时也降低了建筑的舒适性，冷凝、漏风、结露等问题普遍存在。在经济不断取得进步，生活水平逐渐提高的今天，建筑的质量正成为人们衡量生活水平的一项重要心理指标。

在中国质量管理协会、全国用户委员会共同组织了“百万用户评建筑”活动，在北京、上海、天津、哈尔滨、西安、广州等 20 个城市进行问卷、面访调查，结果显示住户对当时建筑评价的综合满意度仅为 45.5%，处于一般与不太满意之间的水平，47%的住户把“建筑质量”放到了“重视程度”的第一位。可见大部分被调查的住户迫切希望提高居住质量，建筑质量成为广大群众最关心的问题。

SARS 风波更从社会安全的角度，将对建筑质量的讨论从传统的功能、舒适

性层面提高到社会安全与健康的高度。当然，人们对于建筑质量的认识不可避免要经历一个从肤浅到内在的发展过程，从豪华装修到豪华绿化，再到今天的绿色建筑，人们最终会发现，只有强调环境友好、健康高效的绿色建筑所带来的建筑质量，才是深刻而本质的。

3. 绿色建筑是可持续发展的最佳实践

“绿色”是最接近自然的颜色，是对大自然最形象地描述，以绿色来形容建筑则是表达了建筑与自然浑然一体的思想理念。

绿色建筑强调与自然的和谐统一，追求与自然环境的融合，尽最大努力地保护当地自然环境风貌。但是绿色建筑的内涵绝非建筑的外立面装修或社区景观所能代表的，它的内涵还包括以高科技技术应用为基础的资源节约与再利用及健康自然的生活方式。我国《绿色建筑评价标准》中关于绿色建筑的定义为：绿色建筑是指在建筑的全寿命周期内，最大限度地节约资源（节能、节地、节水、节材）、保护环境和减少污染，为人们提供健康、适用和高效的使用空间，与自然和谐共生的建筑。

三、绿色建筑推广中存在的问题

建设部“全国绿色建筑创新奖”的启动标志着我国的绿色建筑发展进入了全面发展阶段。然而纵观近十年的发展历程，绿色建筑推广普及的速度仍处于较低水平。对比我国与西方发达国家的绿色建筑发展之路，可以发现不同于西方发达国家的发展情况，我国的绿色建筑是从上往下普及的过程，即政府首先认识到绿色建筑的重要性及推广绿色建筑的意义，随之通过行政法规进行全国性的普及推广，由于我国绿色建筑的群众基础较差，消费者对绿色建筑的认知还存在偏差。

根据有关“中国绿色建筑发展主要障碍”问题的调查结果显示：认为主要障碍是“开发商对绿色建筑缺乏认识”的占10.31%，“大众的绿色建筑消费需求不旺盛”的占9.69%，“政府的政策导向不力”的占28.13%，“建筑师和工程师不熟悉绿色建筑的设计”的占8.75%，“施工建设单位对绿色建筑的实现存在困难”的占4.06%，“绿色建筑的初期投资太大”的占10%，“绿色建筑技术、产品还不成熟”的占20.31%，“绿色建筑的长期经济效益目前看来并不明显”的占8.75%。可见将近三成的投票者认为“政府的政策导向不力”是当前中国绿色建筑发展的主要障碍，政府在绿色建筑发展初期的不作为，成为大多数人诟病的主要目标，其次是技术因素。网络调查显示施工单位的操作困难被排在了主要矛盾的最次要位置，这与我们现在的绿色建筑实践还处于起步阶段是相互关联的。

从以上统计结果我们还可以看出，在绿色建筑起步阶段，以政府的政策为核心的制度要素和以技术的产业化为核心的技术要素是绿色建筑发展的主要制约因素，而开发商的认识、大众的绿色建筑消费需求、设计机构的绿色建筑设计能力、绿色建筑的初投资等则构成了第二层次的制约因素，它们或许会成为起步阶段完成后，绿色建筑发展需要面对的主要障碍。当然，第二层次的制约因素与当前的主要制约因素之间存在着内在的关联性，即随着政策导向力度的加大，绿色建筑宣传和教育的普及，开发商的认识、大众的绿色建筑消费问题都有可能迎刃而解。而且，随着制度体系的健全、技术产业化的完成，绿色建筑的初投资将回落，绿色建筑的长期经济效益将逐步显现，设计机构的设计能力也会在不断的实践中得到提高。因此，可以预见随着制度和技术两大主要制约因素的突破，当前看起来各种纠结在一起的困难与障碍都有可能随之解决，这也许也是大多数专家对于绿色建筑在中国发展表达乐观预期的一个重要的原因。

通过对上述影响绿色建筑发展的制约因素进行深入分析，并结合近年来绿色建筑示范工程及一些商用绿色建筑地产项目，可以归纳出以下现行的几个主要问题。

第一，绿色建筑技术应用的误区。

目前我国绿色建筑的实践主要有两种表现形式，一类是科研院所主导的以技术展示、科学研究为主要目的的绿色建筑“示范性”项目，如清华的超低能耗楼、上海建科院的生态办公示范楼等；另一类则是一些以开发商主导的“科技地产”项目，如“锋尚”系列、Moma 系列等。

虽然这两类实践的执行主体、建设目标（前者是以研究为主的实验性建筑，后者则是以“绿色”为卖点的商业性项目）都有所不同，但在投资造价的方面却存在着许多相似之处。科技部节能示范楼的造价为 6740 万元，每平方米建筑面积造价约为 5200 元，加上网络及会议系统，总价为 7780 万元，每平方米建筑面积造价接近 6000 元，与同类型建筑相比，成本增长率为 50%以上；清华大学超低能耗示范楼每平方米建筑面积综合造价（含装修及设备造价）约 8000 元左右，成本增幅达 150%以上；上海生态建筑示范楼每平方米建筑面积造价为 4603 元，成本增长率为 48.3%，预计在 22.3 年后才能收回超额投资。同样在商业地产中，锋尚综合成套技术做法的成本约在每平方米建筑面积增加 650 元左右，比普通建筑建筑成本提升 32.5%；深圳的“蓝牙水晶”写字楼，采用了能量活性建筑基础系统、天篷柔和辐射制冷系统、分散式新风系统、第三代窗箱式装配玻璃幕墙、隐蔽式外窗遮阳百叶、智能采光照明系统、高效太阳能光伏发电系统等生态智能技术，虽然理论上“在能耗方面每年可以节省1000万元人民币,但是整个建筑总造价高于普通甲级写字楼20%以上”,所以成本回收周期被拉长。

由此可见,这些绿色建筑在展示技术上的先进性及低能耗优势的同时,不约而同地传递出一个信息,即绿色建筑是昂贵的,是靠高技术的叠加产生的。它们过度追求零能耗与自维持等目标,同时节能性能提高的努力又过度依赖新技术与新产品,然而却忽略了一个重要的事实,绿色建筑存在的意义是保证可持续的发展方式,提高资源使用效率,提倡健康的生活方式。过度专注于节能效率的提升,而忽略了经济效率,反而降低了建筑这一系统的整体效率,违背了发展绿色建筑的初衷,即保证新建的建筑符合国家节能标准。实际上,发展与推广绿色建筑的首要技术目标是如何以较低的技术成本或优化的技术集成方案,实现建筑整体节能性的提高与改善。那种走高端路线,一味堆砌新技术、新成果的贵族化绿色建筑不但容易误导消费者与其他地产开发商,而且不利于绿色技术的大量应用。只有从建筑系统整体效率出发,研制出兼顾节能效率、环境效率及经济效率的技术集成方案,才能真正有助于绿色建筑的推广。

第二,规章制度的设定不具操作性。

在我国由于受到多种因素的影响,在制度编制的过程中参与群体过分单一,以研究机构的专家为主的编制团队,无法充分体现发展过程中其他参与者的意志要求,降低了制度的认同感和可操作性。由于绿色建筑产业是一个由众多相关产业组成的产业集群,开发商、设计者、使用者、金融机构、政府部门等众多建筑设计、营造的参与者,拥有各自不同的需遵循的规则、目标、利益,他们对建造过程的影响也不尽相同,使得绿色建筑的发展往往需要面对复杂的产业系统问题,基于系统理念的整合性解决方案的提出,需要超越传统学科和职业的边界,采纳来自不同群体的意见和要求;同时,由于绿色建筑问题在技术层面之外,还包括广泛的社会、经济问题,目前绿色建筑推动所面临的许多技术、经济问题,已经超越了技术的范畴,因此,要提高绿色建筑制度的现实可操作性,引入更多群体的参与势在必行。

但现在我国的制度实践与这样的要求仍存在一定的差距。以工商联房地产商会编制的《中国生态建筑技术评估手册》为例,23位编委中,接近一半是能源方面的专家(10位),而建筑方面的专家仅有三位,而这一比例在USGBC(负责编制LEED标准的美国绿色建筑委员会)编委中为32%。同时LEED编委不仅来自直接参与实践的基层工程师、建筑师,还包括结构、市场运营、开发商、环境工程等多方面的人士,而不再只是单纯的研究机构专家。

造成这一差异的原因是多方面的，首先，是由当前我国绿色建筑发展的重点所决定的，因为节能不仅是我国当前建筑发展中最为薄弱的环节，而且能源问题和环保问题的关系也最为密切，以节能为切入点有利于尽快取得良好的成效，这时能源方面的专家成为标准、制度的主要制定者有其一定的必然性；其次，由于我国的教育与建筑分工体制，我国建筑师的知识结构并不全面，在面对绿色建筑实践时，无法提出整合性方案，导致许多建筑师在绿色建筑发展的初期无法及时跟上变革的步伐；最后，除了更多接触国外先进理念的科研机构之外，地产开发、设计等建筑的现实操作机构对于绿色建筑理念的认知还停留在比较初级的层面，没有积极性也无法参与到绿色建筑制度、标准的制定过程中。

编制机制上的欠缺导致了产生的标准与实践层面存在着比较严重的脱节现象，标准的易用性、可操作性阻碍了其作用的发挥。

第三，缺乏激励性政策的调节。

当前我国政府在推行绿色建筑时所采用的手段仍然以行政命令的方式为主，主要通过行政命令进行强制性推动，几乎没有任何激励性政策与之配合。这导致制度、标准与市场的结合度低，加之缺乏有效的行政监管体系与群众对绿色建筑的认可度不高，使得制度的现实执行、贯彻度低，制度的引导性作用没有得到很好的发挥。因此，过于单一的行政推行手段影响了制度执行的自觉性。

以《公共建筑节能标准》为例，在 Top Energy 论坛上的调查得出了非常有趣的结论：《公共建筑节能标准》影响最大的行业是处于执行层面关键环节的房地产（支持度达到 26.28%），而认为其从中受益的竟然为 0。受益最大的国家和人民群众，一个是《公共建筑节能标准》的制定者和推行者，一个是产品的使用者，这种“哑铃”形的受益结构，要想标准得到切实的贯彻，看来只能依靠政府的监管（64.18%投票认为这是落实《公共建筑节能标准》的关键环节）。也正因为此，对《公共建筑节能标准》贯彻持乐观态度的仅占 31.03%，绝大部分受访人群对《公共建筑节能标准》（以下简称《标准》）能否有效贯彻表示怀疑或否定。

在市场经济条件下，与市场的结合度实际成为衡量规章、标准可操作性水平的重要指标。我国《标准》之所以在这方面仍然有所欠缺，主要原因在于我们刚刚进入市场经济的时间并不长，缺乏相关的经验，政府在政策的推行过程中，仍习惯性地沿用了长期计划经济时代养成的思维模式。因此，要改变制度的贯彻度低的现状，改变制度执行的惯性思维是一个重要方面。

第三节　我国绿色建筑发展的政策环境

一、我国绿色建筑政策体系

绿色建筑的发展离不开技术和制度两大要素，如果说技术的作用更多是为绿色建筑的发展提供内在支持的话，制度环境的建设则是在为绿色建筑的发展提供一个外部环境。从某种角度看，制度革新的获益要比技术革新更为重要。

按照从宏观到微观的制度层次顺序，绿色建筑的制度体系可以分为基本法律、行政及地方法规、规章及标准和微观制度四个部分内容。其中，基本法律确定的是整个制度体系的基本原则和主体要求，行政及地方规章是根据基本法律做出的细致法律规定，标准则是根据地方或各个部门的具体情况，形成的有关法律规章的具体执行要求，微观制度则是保证各项要求得以落实的操作办法。关于制度现状的考察是了解中国绿色建筑发展现实的重要内容。

当前，在法制体系建设上，初步建成了由《中华人民共和国节约能源法》《中华人民共和国建筑法》《中华人民共和国可再生能源法》等构成的我国绿色建筑发展的基本法律基础。但在操作层面上，行政与地方法规、规章与标准体系及相应的激励机制尚待完善。

在具体的操作层面上，根据政策的执行形式，现有的绿色建筑相关的法规可以分为强制性法规、指导性标准与激励性政策。

二、绿色建筑强制性政策

强制性政策主要通过制定相关法律、法规，利用法律的约束力强制执行各类行业标准，从而达到政府规制的目的。这种政策由于目标明确、针对性强，因此对于绿色建筑的推广具有直接的效果。特别是我国市场经济体制刚刚建立，生态保护与能源节约意识薄弱，人们对绿色建筑的认可度还不够高，仅靠道德的约束来督促人们建立起绿色意识是远远不够的，特别是个体经济利益与社会效益发生冲突时，强制性法规的作用尤为明显。

我国目前与绿色建筑相关的法律法规整理如下。

第一，目前实行的绿色建筑相关的法律。

《中华人民共和国建筑法》及《中华人民共和国节约能源法》，节约能源法中规定固定资产投资工程项目的设计和建设，应当遵守合理用能标准和节能设计规范。达不到合理用能标准和节能设计规范要求的项目，依法审批的机关不得批准建设；项目建成后，达不到合理用能标准和节能设计规范要求的，不予验收。

《中华人民共和国环境影响评价法》法律中将对建设工程环境影响的因素提到了一个新的高度，规定建设项目的环境影响评价文件未经法律规定的审批部门审查或者审查后未予批准的，该项目审批部门不得批准其建设，建设单位不得开工建设。

《中华人民共和国可再生能源法》强制性规定电网企业应当与依法取得行政许可或者报送备案的可再生能源发电企业签订并网协议，全额收购其电网覆盖范围内可再生能源并网发电项目的上网电量，并为可再生能源发电提供上网服务。

《中华人民共和国节约能源法》(以下简称《节能法》)第一次从国家法律的效力层面对建筑节能做了专门规定，对节能实施中的问题提出了强制性规定，这极大地促进了绿色建筑的发展。

第二，目前实行的绿色建筑相关的行政法规。

国务院颁发《民用建筑管理条例》，规定对不符合民用建筑节能强制性标准的，不得颁发建设工程规划许可证。

国务院颁发《公共机构节能条例》，规定公共机构应当按照国家有关强制采购或者优先采购的规定，采购列入节能产品、设备政府采购名录和环境标志产品政府采购名录中的产品、设备，不得采购国家明令淘汰的用能产品、设备及未通过节能评估和审查的项目，不得批准或者核准建设等强制性规定。

第三，目前实行的绿色建筑相关规章。

建设部颁发《城市节约用水管理规定》，规定城市的新建、扩建和改建工程项目，应当配套建设节约用水设施。城市建设行政主管部门应当参加节约用水设施的竣工验收。

建设部颁发《民用建筑节能管理规定》，规定新建民用建筑应当严格执行建筑节能标准要求，民用建筑工程扩建和改建时，应当对原建筑进行节能改造；建设单位应当按照建筑节能政策要求和建筑节能标准委托工程项目的设计；建设单位在竣工验收过程中，有违反建筑节能强制性标准行为的，按照《建设工程质量管理条例》的有关规定，重新组织竣工验收等内容。

从以上国家颁布的法律法规来看，我国正不断努力地完善绿色建筑与建筑节能相关的法律，为相关行业标准的执行提供法律依据。然而从法律、法规及部门规章的立法过程我们可以看出，在国家法律层面，相关立法已经覆盖节能、可再生能源及环境影响评价等方面，然而由于国家法律的特征，它们只能确定宏观基本原则,起到指导性的作用。在更具操作性的部门规章层面,相关规章的制定仍较为滞后,未形成具有较强操作性及实践意义的规章。

同时,也可以发现在所有的行政法规及规章中,建筑节能及绿色建筑相关强制性标准执行情况的监督环节较为薄弱,未见行政监督相关法规与规章。这也暴露了我国推行绿色建筑设计标准过程中的一个关键的问题,即强制性政策的监督工作还有所欠缺。同时对于现行的法律法规,其惩戒力度略显不足,对于违规者的惩罚力度较小,相对于因违规获取的利益,其规范作用几乎为零,从而导致执行不力。例如从 2014—2018 年,对于大城市的新建建筑开始执行建筑节能标准,规定北方严寒及寒冷地区为 90%,对于夏热冬冷地区执行 20%的标准,但是落实到实际执行中,北方地区的比例仅仅达到 50%,夏热冬冷地区也仅仅满足 14%;最后,关于绿色建筑开发、建设、运营、管理等具体环节的法律法规还不尽完善,因此需要尽快提出制定、修订相关法律法规的意见。

三、绿色建筑标准化体系

我国建筑节能工作起步之初,就十分重视和发挥了工程建设标准化的作用。建设部批准发布了我国第一部建筑节能的强制性标准《北方地区居住建筑节能设计标准》,开创了我国建筑节能标准化的先例。《旅游旅馆建筑热工与空气调节节能设计标准》的发布实施,又进一步对公共建筑推行节能技术进行了新的尝试。《节约能源法》实施后,建筑节能工作被提到了重要议事日程,建设部以居住建筑节能为重点,先后组织开展了夏热冬冷地区、夏热冬暖地区居住建筑节能设计标准及采暖居住建筑节能检验,包括采暖居住建筑节能改造、外墙外保温等二十余项建筑节能工程标准和产品标准的研究和制定,同时,发布了《建筑节能管理规定》,建立了建筑节能验收备案制度,加强了建筑节能标准的实施与监督,使建筑节能标准化得到了全面发展。特别是中央经济工作会议后,围绕大力发展节能省地型建筑和公共建筑的要求,建筑节能标准化得到了迅速、全面、深入的发展。标准体系日臻完善、标准水平不断提高、实施标准与监督标准实施的力度明显加大,建筑节能标准化的约束和引导作用更加显现。具体表现在以下几个方面。

第一,建筑节能标准覆盖范围不断扩大,以建筑节能专用标准为核心的建筑节能标准体系初步形成。

建筑工程包括民用建筑和工业建筑,民用建筑包括居住建筑和公共建筑。与建筑节能有关的建筑活动,不仅涉及新建、改建、扩建及既有建筑改造,而且涉及规划、设计、施工、验收、检测评价、使用维护和运行管理等方面。我国建筑节能标准从采暖地区新建、改建、扩建居住建筑节能设计标准起步，逐步扩展到了夏热冬冷地区、夏热冬暖地区居住建筑和公共建筑；从采暖地区既有居住建筑节能改造标准起步，已扩展到各气候区域的既有居住建筑节能改造；从建筑外墙外保温工程施工标准起步，开始向建筑节能工程验收、检测、能耗统计、节能建筑评价、使用维护和运行管理全方位延伸，基本实现了建筑节能标准对民用建筑领域的全面覆盖。同时，建设部启动了工业建设领域节能标准的编制，《钢铁企业设计节能技术规范》《水泥工厂节能技术规范》《有色金属加工厂节能设计技术规范》等十多项标准发布实施后，建筑节能标准将进一步覆盖建筑工程的各有关领域。

国家在不断扩大建筑节能标准覆盖范围，实现建筑节能专用标准齐全配套的同时，组织开展了大量与建筑节能有关的标准规范的制订、修订工作，主要包括三个方面：一是有关建筑性能评价和耗能系统运行管理的标准，如《建筑建筑规范》《建筑性能评定技术标准》《空调通风系统运行管理规范》《绿色建筑评价标准》《城镇供热系统评价标准》等；二是有关节能产品的性能、质量和检测标准，如《外墙内保温板》《建筑外窗保温性能分级及检测方法》《建筑外门保温性能分级及检测方法》《延时节能照明开关通用技术条件》《胶粉聚苯颗粒外墙外保温系统》《膨胀聚苯板薄抹灰外墙外保温系统》等；三是可再生能源利用标准，如《民用建筑太阳能热水系统应用技术规范》《地源热泵系统工程技术规范》等。这些标准从不同的角度，为建筑节能提供了必要的技术支撑，与建筑节能专用标准共同构成了建筑节能标准体系的构架。

第二，工程建设地方标准化全面开展，建筑节能标准化呈纵深发展态势。

工程建设地方标准化工作开展的深度和广度，在很大程度上反映着全国工程建设标准化工作的深度和广度。近几年来，围绕建筑节能、大力发展节能省地型建筑及资源综合利用等重点，各省、自治区、直辖市建设主管部门普遍重视并加大了地方标准化工作的力度，特别是建设部《关于发展节能省地建筑和公共建筑的指导意见》印发后，各地突出建筑节能标准化重点，全面推进了地方标准化工作的开展。一是根据国家标准和行业标准的规定，各地普遍组织制定了建筑节能方面的地方标准和实施规程。根据各地备案的地方标准情况，23 个省、自治区、直辖市共批准发布了 96 项建筑节能的地方标准和实施规程，北京、天津、山西、河南、河北等省市，建筑节能标准基本覆盖民用建筑领域，而且根据本地方的实际情况实施或局部实施了节能 65％的标准；二是根据建设部的统一部署，开展了形式多样的建筑节能标准的宣贯和培训，普遍提高了广大工程管理人员、技术人员的专业水平。以《公共建筑节能设计标准》培训为例，30个省、自治区、直辖市全年共举办宣贯、培训班240余期，培训人员近4万人次。四川、山东、云南等省，通过组织全省范围的动员或建筑节能专题讲座，促进了市县建筑节能标准实施工作的开展；三是围绕建筑节能设计标准的实施，组织开展了相关配套的标准设计、计算软件等的编制和推广应用，为实施建筑节能标准，提高建筑节能设计水平提供了基础保证。

第三，建筑节能法规、制度逐步完善，建筑节能标准实施与监督初步形成长效的管理运行机制。

建筑节能标准的实施与监督是建筑节能标准化目的和手段，也是发挥建筑节能标准的重要手段和途径。确保建筑节能标准的实施并对标准的实施进行有效的监督管理，需要有相应的法律法规和制度作保障。从《节约能源法》发布以来，特别是经过各级建设行政主管部门的努力，建筑节能法规、制度更加完善，建筑节能标准实施与监督的长效管理运行机制已基本形成。

四、绿色建筑激励性政策

强制性政策固然有作用直接、见效快的优点，但是当个体收益、价值取向与政策相悖时，个体的积极性不高，甚至会发生阳奉阴违的现象，而加大监督力度则会相应地增加政府的执政成本。因此，积极有效的激励性政策是十分必要的。目前我国实行的经济激励政策大致分为两种，即补贴政策和税收政策。前者是指对绿色建筑产品的生产者给予财政补贴，后者则主要通过对绿色建筑的生产者给予税收优惠，或者对非绿色建筑产品的生产者实行较高的收费政策，从而推动绿色建筑的发展。相对于补贴政策中需要政府投入大笔资金的做法，税收政策只是减少一部分中央或地方政府的收入，因此更易于实施。

我国在制度执行思路上，长期依赖以行政命令的方式进行强制性推动，几乎没有任何的激励性政策与之配合，制度与市场机制的结合度较差，加之缺乏有效的行政监管体系，相关法律、规章的现实执行、贯彻度低，法律的引导性作用没有得到很好地发挥。目前我国的财政补贴及税收减免主要是通过专项资金或示范项目的形式下拨，专项用于特定范围的新建建筑，鼓励性政策的覆盖面较低。然而经过多年的实践与探索，国家正在积极准备制定一系列的绿色建筑鼓励政策。具体包括以下几点。

第一，能效标识制度与财政补贴政策。

在“中国大型公共建筑绿色节能减排高峰论坛”上，住房和城乡建设部副部长仇保兴表示，中国的三星级绿色建筑标准一旦执行，一是可以享受地方政府的优惠；二是可以享受中央财政补贴；三是将来如果开征物业税，对三星级绿色建筑可以考虑减免。由此可以看出，政府已经积极地为开展绿色建筑激励政策做准备。

能效标识制度是节能领域的一项重要的节能机制，住房和城乡建设部发布的《关于试行民用建筑能效测评标识制度的通知》，标志着能效标识制度在我国正式启动。能效标识制度为消费者提供了产品的节能性能参数，便于消费者了解产品性能，进而做出理性的选择。

在建筑业中，能效标识制度必须与《绿色建筑评价标准》相结合，确定绿色建筑的节能性能。在《绿色建筑评价标准》中，明确规定了一星级、二星级及三星级绿色建筑的评价标准，具有较强的操作性。然而，以定性的评价方法确定绿色建筑的级别，无法很好地提供绿色建筑能源节约的预测方法，消费者仍难以通过能效标识计算出绿色建筑的成本与因能源节约而带来的收益之间的关系，而正是这种不确定抑制了绿色建筑的需求，因此能效标识制度还有待进一步地探索与改进。

第二，合同能源管理。

合同能源管理，在国外简称 EPC，在国内广泛地被称为 EMC（Energy Management Contracting），是 20 世纪 70 年代在西方发达国家开始发展起来的一种基于市场运作的全新的节能新机制。

根据中华人民共和国国家标准合同能源管理技术通则，合同能源管理是以减少的能源费用来支付节能项目成本的一种市场化运作的节能机制。节能服务公司与用户签订能源管理合同、约定节能目标，为用户提供节能诊断、融资、改造等服务，并以节能效益分享方式回收投资和获得合理利润，可以显著降低用能单位节能改造的资金和技术风险，充分调动用能单位节能改造的积极性，是行之有效的节能措施。其实质是一种以减少的能源费用来支付节能项目全部成本的节能投资方式。这种节能投资方式允许用户使用未来的节能收益为用能单位和能耗设备升级及降低目前的运行成本。节能服务合同在实施节能项目的企业（用户）与专门的营利性能源管理公司之间签订，它有助于推动节能项目的开展。

合同能源管理不是推销产品或技术，而是推销一种减少能源成本的财务管理方法。EMC 公司的经营机制是一种节能投资服务管理；客户见到节能效益后，EMC 公司才与客户一起共同分享节能成果，取得双赢的效果。基于这种机制运作、以盈利为直接目的的专业化“节能服务公司”（在国外简称 ESCO，国内简称 EMC 公司）的发展亦十分迅速，尤其是在美国、加拿大和欧洲，ESCO 已发展成为一种新兴的节能产业。EMC 公司服务的客户不需要承担节能实施的资金、技术及风险，并且可以更快地降低能源成本，获得实施节能后带来的收益，并可以获取EMC公司提供的设备。

这种节能投资方式允许客户用未来的节能收益为工厂和设备升级，以降低目前的运行成本，或节能服务公司以承诺节能项目的节能效益、或承包整体能源费用的方式为客户提供节能服务。能源管理合同在实施节能项目的企业（用户）与节能服务公司之间签订，它有助于推动节能项目的实施。合同能源管理的实质是以减少的能源费用来支付节能项目全部成本的节能业务方式。合同能源管理模式在欧美等发达国家非常盛行、也是最主要的一种市场化节能机制。我国从20世纪90年代通过世界银行全球环境基金项目，在山东、北京和大连开展试点，目前，已有20余个省市出台文件，鼓励发展节能服务产业。近年来，我国政府加大了对合同能源管理商业模式的扶持力度，国务院办公厅转发的发改委等部门《关于加快推行合同能源管理促进节能服务产业发展意见的通知》、财政部出台了《关于印发合同能源管理财政奖励资金管理暂行办法》，从政策上、资金上给予大力支持，促进节能服务产业的健康快速发展。

第二章　绿色建筑及其经济性分析

第一节　绿色建筑的经济学属性

一、绿色建筑的经济外部性

道格拉斯·诺斯认为："个人收益或成本与社会收益或成本之间的差异，意味着有第三方或者更多方在没有他们许可的情况下获得或承担一些收益或者成本，这就是外部性。"如果第三方承担了差异的收益，则产生了"正外部性"，反之，如果承担了成本，则称为"负外部性"。在存在外部性的生产领域，如果该产品具有正的外部性，市场配置下的最优产量低于社会配置下的最优产量，而如果该产品存在负的外部性，市场配置下的最优产量要超过社会配置下的最优产量。

解决由于外部性引起的市场调节失灵的有效措施是"外部性的内在化"。比较著名的有"庇古税"和"科斯定律"。庇古税是指由政府出面对调节失灵的市场进行干预，采取征税和财政补贴的方式来弥补个人收益/成本与社会收益/成本之间的差距，从而消除外部性。科斯定律则提倡通过产权的清晰界定，由当事双方协商解决，强调通过市场的手段来消除外部性。

建筑消费市场具有典型的垄断竞争市场的特征，即有很多的房地产开发企业争夺同样的顾客群体，开发商是价格的制定者，任何企业都可以自由进入或退出等。在垄断竞争市场中，开发商面对的是一条右侧斜向下的需求曲线。开发商的边际收益曲线略低于需求曲线。在房地产开发市场，开发商面对的不再是产量的决策，而是房屋品质及市场定位的决策。通常决定建筑品质的主要因素是投入的建造成本，而房屋的价格通常为成本加上开发商期望的利润。因此，成本是开发商决策的主要因素。

据统计绿色建筑比普通建筑在建设期具有更高的建造成本，而建成后在其运营期内将节能50%～60%。建筑的建造成本与其所使用的绿色节能技术相关，绿色节能技术使用的越多，其建造成本越高，例如，保温材料的运用、光电转换装置、太阳能面板等。设建造成本与项目绿化度的关系为：

$$c=f(q) \tag{2-1}$$

式中，c 为企业建设该房地产项目的建造成本；q 为该地产项目的绿色化程度；$f(\cdot)$为成本与绿色化程度的关系，$f(\cdot)$为一个凸函数，即随着项目绿色化程度(绿色节能技术的应用程度)的增大，项目的建造成本会随之上升，且存在边际成本递增的效应，即：

$$\frac{\partial f(q)}{\partial q}>0 \tag{2—2}$$

$$\frac{\partial^2 f(q)}{\partial q^2}>0 \tag{2—3}$$

式中，公式(2—2)为绿色化程度的边际成本，公式(2—3)反映了边际成本递增效应。

企业的收益与其价格与销售量相关，受市场需求曲线的制约，企业定价不能过高，定价过高将降低销售量，增加了企业的风险。设项目的收益与绿色化程度的关系为：

$$F=g(q) \tag{2—4}$$

式中，F 表示项目的收益；$f(\cdot)$为绿色化程度 q 与 F 之间的关系。随着绿色化程度的加深，地产项目的售价会随之升高，从而使项目收益增大。增加绿色化程度的边际收益为增加单位程度的绿色化投资所带来的总收益的增加额。

建筑消费市场虽然具有垄断竞争市场的品牌效应，但是从本质上来说，建筑产品具有可替代性，即消费者可考虑别的企业开发的建筑项目。企业定价仍然受到市场需求的限制。随着绿色化程度的增大，成本快速上升，而价格受需求曲线的制约，升幅有限，因而，边际收益呈递减趋势，即：

$$\frac{\partial g(q)}{\partial q}>0 \tag{2—5}$$

$$\frac{\partial^2 g(q)}{\partial q^2}<0 \tag{2—6}$$

企业的收益最大化产生于边际效益曲线与边际成本曲线的交点。即

$$\frac{\partial f(q)}{\partial q}=\frac{\partial g(q)}{\partial q} \tag{2—7}$$

由于绿色建筑外部性的存在，在市场调节下，绿色建筑的发展水平要低于社会期望的水平。而解决经济外部性的方法就是外部性内在化，即运用庇古税或科斯所提出的产权交易的方式。房地产建筑消费市场产权协商的交易成本巨大，因此，政府补贴是一种较易实现的外部性内在化的手段。

二、绿色建筑的准公共物品属性

在经济学中，另一个引起市场调节失灵的因素是物品的公共物品属性。公共物品是指公共使用或消费的物品。公共物品是可以供社会成员共同享用的物品，严格意义上的公共物品具有非竞争性和非排他性。所谓非竞争性，是指某人对公共物品的消费并不会影响别人同时消费该产品及其从中获得的效用，即在给定的生产水平下，为另一个消费者提供这一物品所带来的边际成本为零。所谓非排他性，是指某人在消费一种公共物品时，不能排除其他人消费这一物品(不论他们是否付费)，或者排除的成本很高。具有完全的非竞争性和非排他性，如国防设施和灯塔等，被称为纯公共物品，而在现实生活中，有大部分的物品只具有有限的非竞争性或局部排他性，这类物品被称为准公共物品。例如，公园、公路、自来水和煤气等。

绿色建筑具有有限的排他性与消费的竞争性，即一个人对绿色建筑的消费不能排除其他人因绿色建筑而获得的收益，它同时具有“私益物品”和“公共物品”的特征。

一方面，绿色建筑作为建筑物品，其首要功能是为人们提供舒适、健康的生活空间。只要消费者购买了绿色建筑产品，消费者就拥有了居住和使用的权利，因此对绿色建筑居住功能的消费是具有排他性的，绿色建筑具有“私益物品”的特征。

另一方面，在绿色建筑的生产和使用的过程中，极大地节约了资源和能源，减少污染，保护了环境，为整个社会提供了干净的水源、清洁的空气、良好的环境，消费者对绿色建筑的另一个方面的消费就在于此，购房者消费了绿色建筑的环保功能。购房者对绿色建筑环保功能的消费并不能排除社会的其他成员也从中受益，不能因为自己收益就排除他人受益，这就形成了绿色建筑环境效益的非排他性。因此从某种意义来说，绿色建筑又具有“公共物品”的特点。

根据以上分析，绿色建筑应属于准公共物品。对于公共物品而言，由于其非排他性而产生的搭便车的现象，致使公众不愿意为其所得收益支付费用，因此，通常公共物品都是由政府部门提供。对于绿色建筑而言，由于其环保功能具有公共物品的属性，因而消费者的支付意愿较低，开发商也因此不愿意提供此部分功能，这就造成了绿色建筑发展滞后的结果；从另一个角度讲，绿色建筑的准公共物品属性是造成其经济外部性的根本原因。

第二节　绿色建筑的市场需求分析

绿色建筑也是一种商品，商品的买卖需要通过市场交易实现。在经济市场中，商品的价格与供求之间有着密切的关系，显然，要想促进绿色建筑的推广普及，就需要理清绿色建筑定价、消费者需求与供给之间的作用关系。绿色建筑的市场供需分析是十分必要的。

根据市场需求分析方法，分析绿色建筑的市场需求需要首先确定绿色建筑的目标客户群体，然后分析目标客户群体的收入水平，考虑人口数量、地域特征、消费偏好等因素，衡量其目标客户群体的实际购买能力，从而估算出实际可产生的购买需求。根据目标客户的不同，可以将绿色建筑的需求划分为业主单位对公共绿色建筑的需求与普通购房者对绿色建筑的需求。由于在目标群体与建筑用途等方面皆存在较大差异，因此，对公共绿色建筑的需求及对绿色建筑的需求应当分别分析。

一、绿色公共建筑的需求分析

第一，确定目标群体。

公共建筑包含办公建筑（写字楼、政府部门办公室等）、商业建筑（商场、金融建筑等）、旅游建筑（酒店、娱乐场所等）、科教文卫建筑（文化、教育、科研、医疗、卫生、体育建筑等）、通信建筑（邮电、通讯、广播用房）及交通运输类建筑（机场、高速公路、铁路、桥梁等）。

投资建设公共建筑的单位称为业主。一般来说，业主既是公共建筑的开发商也是公共建筑的运营者，建设项目采取招标的方式确定设计单位与承包商（在总承包项目中，设计单位与承包商为同一个单位）。因此根据公共建筑的范围，可知绿色公共建筑的目标群体——业主的范围可能来自政府部门、事业单位、公司及其他类型的组织。

第二，影响需求变动的因素。

由以上分析可知，绿色公共建筑的目标客户群体为各类型的组织。而组织决策的特点决定了组织的决策较为理性化。因此，可以去掉一些非理性的需求变动影响因素。归纳影响绿色公共建筑的需求变动因素如下。

(一)固定资产投资额变动

一个地区固定资产投资额度的变动不但能影响地区公共项目建设的总体需求,也能影响地区公共建设项目的需求结构。固定资产投资额度的增加无疑将极大地促进公共项目建设的投资力度与建设强度,同时建设项目预算额的增加也为采用先进技术,提高建筑节能性能提供了资金保障。

(二)地区绿色建筑增量成本

绿色建筑通常要比普通高耗能建筑高出5%～10%的建设成本,一些节能性能较高的建筑,例如一些示范性质的绿色建筑,建造成本有时超出50%左右。对于大部分业主来说,这部分额外的成本是其需要考虑的因素。

(三)可节省的建筑运营成本

绿色建筑优异的节能性与舒适性也同样吸引着一些业主,尤其是对绿色建筑有着较深认识的业主单位。对于绿色建筑而言,5%～10%的额外成本投入,即可换来50%的能耗降低,这能为业主节省一大笔运营开支。通常来说,绿色建筑在5～10年间即可收回增加的成本投入,而公共建筑的使用周期明显要远远长于10年。因此,总体来说,如果技术选用合理,绿色建筑是可以充分发挥生态经济优势的,可为业主单位带来可观的效益,也是业主单位在投资决策时的重要依据。

(四)政策影响

对于一部分业主来说,其建设项目的资金来源于政府投资,因此其项目决策势必受到政策的影响。例如,十二五期间,由科技部支撑计划支持了一大批绿色建筑的示范工程,极大地促进了绿色公共建筑的发展。

(五)组织的价值取向

绿色建筑是可持续的建筑,是社会发展的趋势。选择开发绿色公共项目对业主自身及全社会都有深远的积极影响。一些具有战略性眼光的企业家富于社会责任感,他们在决策时更倾向于绿色的消费模式。在这种绿色价值导向下,绿色公共建筑的需求也会随之发生变化。

(六)社会价值观的影响

任何个人与组织都是社会的一个细胞,都有与社会其他成员交互的需要。同样,每个组织也受到社会上其他组织的影响。当绿色建筑、绿色消费、绿色发展成为社会的一种流行风气时,组织在决策时势必会受其影响。

二、绿色建筑的需求分析

(一)目标群体与需求类别

绿色建筑通常是作为一种产品在房地产市场上流通,社会上每个个体、每个家庭都有可能成为绿色建筑的消费者。因此,绿色建筑的目标群体应当设定为社会中的个体,而非组织。根据马斯洛的需要层次理论,人的需要可分为五个层次:生理需要、安全需要、社交需要、尊重需要与自我实现的需要。这五个层次由低到高,反映了人从基本需求到高级需求的进化过程。但需求不同于需要,需要是在一定生产力水平和一定生产关系下,人们为了满足自己的生存和发展,对获得的物质财富和精神财富的一种有意识、可能实现的愿望或欲望。而需求是在商品经济条件下通过市场能够购买实际商品而表现出来的一种需要,需求是需要的实现,必须以货币为基础,掌握交换手段,具有支付能力。需求本质是有支付能力,是实现需要的条件。

实际上,人对住房的需要在五个需要层次中均有体现。第一,人的衣、食、住、行是生存的基本需要,而建筑则提供了“住”的基本需要;第二,人需要感受到安全感,而稳定的住所显然对构建人的安全感起到了很大的贡献;第三,社会中的人需要归属感,需要人与人之间的交流,而建筑所在的社区则提供了人们社交的需要,社区人文环境的不同给人带来不同的社交体验;第四,在一些情况下,每个人所拥有的建筑成为一种身份的象征,例如,豪宅意味着经济上的富有,而绿色建筑有时可反映出业主的责任心与较高的思想境界;第五,人在满足前四项需要后,会追求自我目标、自我价值的实现,而绿色建筑则可能成为其目标的一部分。

绿色建筑的消费者首先必须是有购房意愿的消费者,他们将面临的是普通建筑与绿色建筑的抉择。根据消费者购房的原因,购房需求可分为以下三大类。

1. 刚性需求

通常来说,每个家庭的第一套住房都可理解为刚性需求。此时每个家庭将满足基本的住的要求作为首要目标，因此，往往对建筑的环保性能、节能性能并不太关注。加之，目前对绿色建筑的宣传不足，公众对绿色建筑的优点认识不足，因此，在每户家庭购买首套住房的时候，对绿色建筑的需求并不大。但是，随着绿色消费的觉醒，人们开始关注绿色建筑，并认识到其低运行成本与环境友好等优点，如果配合适当的激励机制，刚性需求将转向绿色建筑。

2. 改善性需求

随着生活水平的提高，人们对居住空间的要求也不断提高。对一些家庭来说，原有的建筑已无法满足现实需要，人们需要更换更大、更好的房子，搬迁至环境更好的社区。对于改善性需求，由于这些家庭往往具备一定经济能力，对建筑的品质及环境有了更高的要求，因此，更容易成为绿色建筑的消费者。此外，随着绿色运动的兴起，人们对可持续发展、绿色建筑的认识在不断加深。绿色消费、绿色生活方式逐渐成为社会的主流。越来越多的家庭将意识到绿色建筑的优越性，随之旧房改造或购买新的绿色建筑的需求越来越多。

3. 投资性需求

住房不但能满足人们居住的需求，也能作为一种投资物品。一些富裕的家庭有投资房产的需求。对于这些家庭而言，具有最高升值潜力的建筑是其投资的首选。绿色建筑具有节能、节水与环境友好等特性，能提供舒适、健康的居住环境，随着人们对绿色建筑认识的不断加深，绿色建筑在可预见的未来将成为房地产市场的发展趋势，而传统的高耗能建筑势必遭到淘汰。因此，绿色建筑具有较高的升值潜力与升值空间。因此，一些有远见的投资者更倾向于投资绿色建筑。

（二）影响需求变动的因素

影响消费者绿色建筑消费需求的主要因素如下。

1. 目标群体的经济收入

居民的经济收入不仅影响消费需求总量，也影响消费需求结构。经济收入的变化与消费需求的变化之间存在数量依存关系。居民的经济收入升高意味着更多的无房者有能力购买首套住房，满足其购房的刚性需求；意味着更多家庭将出现改善性需求；意味着富裕的家庭有更多资金用于投资房产。因此，居民经济收入的增长对绿色建筑的消费有着正向的作用。

2. 价格

居民购买房屋是在房地产市场中完成,因此对建筑的交易价格格外敏感。绿色建筑的价格与普通建筑的价格差异,也会直接影响到绿色建筑的需求。同时,建筑的价格水平也会影响需求总量和需求结构。

3. 能效标识

绿色建筑具有节能的特性,然而这一性能只有被有效地传递给消费者,才能帮助其做出理性的决策。如果通过能效标识,消费者通过估算能在较短的时间内收回多支付的购房价格,则理性的消费者购买绿色建筑的意愿将大幅提高。

4. 人口数量与结构

不同的人口数量及人口结构对消费需求有着不同的影响,具体体现在消费总量和结构变化中。人口基数的上升无疑会导致刚性需求的增长,而人口结构的变化对绿色建筑的消费需求也有一定的影响。比如,中青年对绿色建筑的接受度较高,因此,人口结构以中年、青年为主体时,绿色建筑的需求也会随之增长。

5. 价值观导向

个体的行为实际上是受其价值观所支配的,受价值观影响的消费偏好对产品的需求具有一定的影响。例如,政府通过绿色运动,使消费者树立起绿色的消费观,则他们在消费时潜移默化地倾向绿色建筑。

三、绿色建筑消费需求潜力

(一)消费者剩余理论

具体而言,每个消费者出于什么原因购买商品我们很难获知,但有一点可以肯定:消费者通过购买行为使需求得到满足,否则理性的消费者就不会发生购买行为。消费者剩余(Consumer Surplus)是用来描述消费者从消费某种商品中得到的净收益，即满足的需求与成本之差。例如，现在有一套绿色建筑，两个购房者都想拥有购买这套住房，但每个人愿意为此付出的价格不一样，买家 A 认为买这套绿色建筑能给其带来 120 万元的收益，因而愿意最高支付 120 万元。同理，买家 B 对其估价为 105 万元。如果这套绿色建筑的价格为 100 万元，两人得到的消费者剩余见表 2—1。

表 2—1 消费者剩余

（单位：万元）

买家	支付意愿	消费者剩余
A	120	20
B	105	5

由表 2—1 可知，可以看出售价为 100 万元时，购房者 A 获得的净收益为 20 万元，因为 A 认为该绿色建筑值 120 万元，而他只支付了 100 万元。也就是说购房者 A 的消费者剩余是 20 万元。同理，购房者 B 获得的消费者剩余是 5 万元。

消费者剩余反映了商品对消费者的价值，即消费者对该商品的认可度。因此，从某种程度上来说，消费者剩余反映了该商品的消费潜力。如果在一个地区，该商品的消费者总剩余越高，则该商品的需求潜力越大。

（二）绿色建筑的消费者剩余分析

为了评估当前市场环境中绿色建筑的需求潜力，本书开展了一次抽样调查，分析消费者对绿色建筑的认知及绿色建筑的消费者剩余。调查发放问卷 300 份，收回 276 份，通过数据清洗及有效性校验，得到有效问卷 218 份，占收回问卷的 79%。问卷主要围绕消费者对绿色建筑的认知及购买意向做了调查。问卷中的问题主要涉及以下几个方面：

①消费者基本情况；

②消费者的绿色建筑意识；

③消费者剩余。

经统计，被调查对象的基本信息如表 2—2 所示。

表 2—2 调查对象的基本信息

特征	类别	样本数	比例%
性别	男	113	51.83
	女	10	48.17
年龄/岁	20～30	56	25.69
	30～40	122	55.96
	40～60	40	18.35
年收入/万元	2～5	68	31.20
	5～10	121	55.50
	10～50	23	10.55
	20 以上	6	2.75
学历	大专以下	68	31.19
	本科	64	43.11
	研究生	56	25.70

由表 2—2 中调查对象的背景信息可知，调查问卷的覆盖面较广，抽样数据可反映出一些基本的规律。

经过整理，消费者支付意愿调查结果如表 2—3 所示。

表 2—3 消费者支付意愿

项目		增加 1%～5%	增加 5%～10%	增加 10%～20%	增加 20%以上	不接受
人数		94	71	11	3	39
比例/%		43.1	32.6	5.0	1.4	17.9
性别	男	53	40	10	3	7
	女	41	31	1	0	32
年龄/岁	20～30	36	10	1	0	9
	30～40	48	49	8	3	14
	40～60	10	12	2	0	16
年收入/万元	2～5	28	9	0	0	31
	5～10	64	45	4	0	8
	10～20	2	15	4	2	0
	20 以上	0	2	3	1	0

续表

项目		增加 1%～5%	增加 5%～10%	增加 10%～20%	增加 20%以上	不接受
学历	大专以下	32	13	0	0	23
	本科	44	32	2	1	15
	研究生	18	26	9	2	1

根据表 2－3 显示的调查结果可以看出，大部分消费者愿意为绿色建筑支付 10%以内的额外购买成本，占调查总人数的 3/4 左右。而不同类型的消费者也表现出了不同的偏好，总体来说，男人比女人更能接受额外价格的支出；20～40 岁的人群更青睐绿色建筑，并愿意为此付费；而高收入与高学历群体也具有明显的绿色消费的倾向。

在被调查人群中，平均消费者剩余为 7.11%左右，即消费者愿意为绿色建筑多支出房价的 7%左右。从调查的结果看，消费者剩余还是较大的，绿色建筑具有一定的消费潜力。然而，在目前国内的房地产市场，房地产开发商具有强势地位，消费者只能被动选择。同时传统建筑具有较强的替代性，也就是说传统建筑也能满足人们的大部分基本需求。因此，要想切实推广普及绿色建筑的发展，还需要从供给着手。

第三节　绿色建筑的供给分析

需求是市场的一个侧面，供给是市场的另一个侧面。供给是指企业在某一特定时期内，对某种商品在每一价格水平下愿意而且能够提供的数量。如果价格太低，即使产品已生产，企业也不愿售出，就不能形成有效供给；如果价格太高，企业愿意大量供给，但消费者不愿接受，也不能实现商品交易。所以，在进行绿色建筑消费需求分析之后，也应该进行绿色建筑供给分析。

目前，国内建筑业革新重点主要体现在建筑节能上，而真正意义上的绿色建筑主要还是以示范性的，波及面有限。而绿色建筑本身涉及很多方面，绿色建筑全面发展的技术采用成本略高。主要原因：一方面，目前国内绿色建筑相关技术力量不够，新技术、新材料、新方法的使用必然会使价格略高；另一方面，市场的供给量不足，从经济学的角度来看价格影响供需平衡，反过来供需也会导致价格上下波动。

一、消费者需求对供给的影响

市场的供给行为除了受生产要素、生产成本等因素的影响之外，消费者的需求信息也是影响供给行为的主要原因。

从绿色建筑消费者需求潜力的问卷调查结果来看，人们的绿色消费意识正逐渐增强，且对于价格高于一般建筑5%以上的绿色建筑的消费者剩余约占39%，由此从消费者向供给者发出一个信息——绿色建筑的需求潜力巨大，可以成为新的投资方向。

同时，从问卷中可以看出约有17.9%的人对绿色建筑持怀疑态度。由于信息不对称，即供给者对绿色建筑的信息拥有量远大于消费者；加之供给者出于自身利益，借“绿色建筑”之名，使得大量的伪绿色建筑充斥市场，而真绿色建筑的宣传力度较弱，政府及有关绿色建筑协会等宣传范围波及较窄，宣传深度不够，从而出现“逆向选择”风险，人们不愿意购买绿色建筑。这种现象如不加以解决，其结果可能是导致绿色建筑退出市场。

再进一步分析，由于绿色建筑市场的需求在逐步增加，而供给严重不足，即绿色建筑不普及，绿色建筑以新产品的身份上市，而一般建筑的市场价格不断上升，是导致绿色建筑产品的价格比较高的又一个原因，反过来，又成为阻碍人们购买的原因。

从可持续发展观的角度，资源匮乏、环境破坏等现象也迫使人类建筑的发展走绿色建筑之路。从可持续发展观的角度，资源匮乏、环境破坏等现象也迫使人类建筑的发展必须走绿色建筑之路，而绿色建筑市场由于信息不对称、交易费用较高等原因不能有效完成交易，这时政府作为绿色建筑信息的传播者、社会的福利者，将以第三者的身份出现。

二、政策对供给的影响

市场本是遵循经济效益的规律发展，但市场经济的发展是基于提供物质的外部环境，当经济迅猛发展带来对环境的外部不经济时，就需要有外在力量的干预，不至于破坏到不可恢复，或者致命、灾难性的后果。外部环境恶化对市场经济的发展有反作用，从而阻滞其发展。那么，政府的干预，就是这个外在力量，可以有效控制这种外部不经济的继续加剧和恶化。我国建筑建筑业的发展带来的外部不经济日益凸显，严重地影响到外部环境。

市场行为是当事人双方的交易行为，由于社会分工不同，当事人双方对交易对象拥有的信息量是不对等的，这种信息不对称的现象会导致交易失效。或者在不完全信息情况下签订契约，却在实施时显现出弊病，产生纠纷，而当事人双方无法解决。政府需以第三方的身份出现，行使其行政职能，对市场进行有效干预。

对绿色建筑的倡导和推行尤为重要，而政府应是第一力量。从我国建筑业的发展现状来看，对于绿色建筑的市场供给，政策的引导既是必须，又是必要。政策引导的必须体现在以下几点。

第一，建筑材料的获取和使用。

建筑材料的原料获取。建材工业是对天然资源和能源资源消耗量最高、破坏土地最多、对大气污染最为严重的行业之一。据统计，我国每年为生产建筑材料要消耗各种矿产资源 70 多亿 t，其中大部分不可再生的矿石、化石类资源。同时，建筑材料的生产过程对环境也存在较大的污染。我国目前每生产 1t 水泥熟料要排放 1t 的 CO_2、0.74kgSO_2、130kg 粉尘，却要消耗 1.3t 的石灰石资源。

建筑材料的利用率。我国建筑业的发展与发达国家相比是高投入、低产出，建筑材料的利用效率很低。例如每平方米建筑建筑耗钢约 55kg，比发达国家高出 10%～25%，拌制每一立方米混凝土要多消耗水泥 80kg。

第二，建筑能耗及污染。

住房和城乡建设部副部长仇保兴在全国科技工作会议上介绍到“目前我国建筑能耗已占到全社会终端能耗的 27.5%，我国现有城乡建筑面积 400 多亿 m^2，95%左右都是高耗能建筑。建筑用能造成的污染严重。据测算，大气中二氧化硫浓度值采暖期平均为非采暖期的 6 倍”。

第三，资源匮乏。

我国资源总量和人均资源量都严重不足。在资源总量方面，我国石油储量仅占世界 1.8%，天然气占 0.7%，铁矿石不足 9%，铜矿不足 5%，铅矿不足 2%。在人均资源方面，我国人均矿产资源是世界平均水平的 1/2，人均耕地、草地资源是世界人均水平的 1/3，人均水资源是 1/4，人均森林资源是 1/5，人均能源占有粮食 1/7，其中人均石油占有量是 1/10。基于这些原因，政府对绿色建筑的推行责无旁贷，这是政府的工作、社会可持续发展的责任所在。

第三章　绿色建筑费用效益分析

第一节　全寿命周期成本的含义

一、全寿命周期成本的概念

全寿命周期成本(Life Cycle Cost,LCC)的概念起源于20世纪40年代美国通用电气公司(GE)提出的成本管理模式:价值工程理论。价值工程所说的成本是指产品寿命周期成本,而不是一般意义的产品生产成本。全生命周期成本也被称为全寿命周期费用。它是指产品在有效使用期间所发生的与该产品有关的所有成本,它包括产品设计成本、建设成本、采购成本、使用成本、维修保养成本、废弃处置成本等。每个成本又分为一些子成本(资本、安装、维护等),其具体构成如图3—1所示。

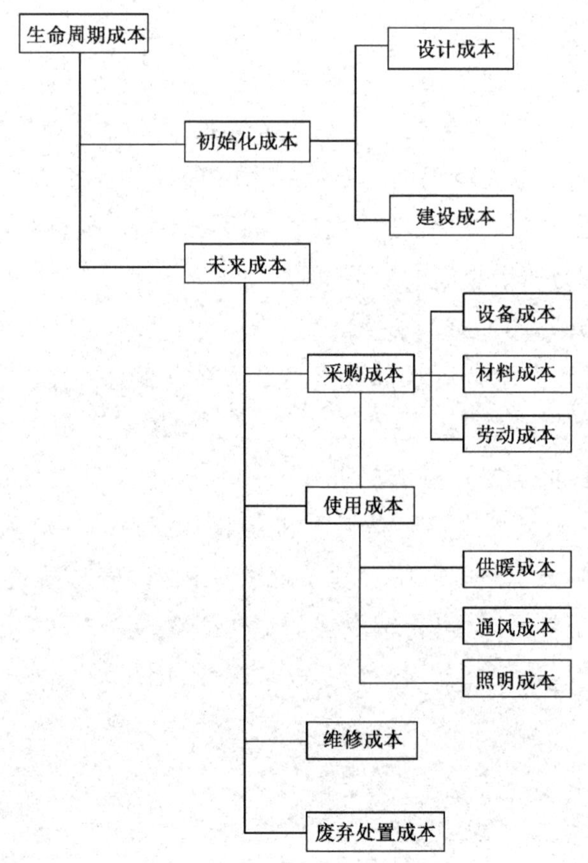

图3—1　项目全寿命周期成本构成

二、绿色建筑增量费用

(一)绿色建筑增量费用的概念

绿色建筑的增量费用是一个相当复杂的概念,设计建造一个绿色建筑项目,涉及多项技术策略的制定,各技术可预见的产出在不同的时间发生,因此,难以从产出量进行分析。从微观经济学角度来看,增量费用应当注重增量效益,尤其是绿色建筑的增量费用,应当考虑增量费用带来的节能节费的直接经济效益;建筑运营管理上的节约效益;污染减排和技术示范等社会及环保边际效益。因此,绿色建筑增量费用定义为:在建造符合《绿色建筑评价标准》要求的绿色建筑的目标下,因选择了节地与室外环境、节能与能源利用、节材与材料资源利用、节水与水资源利用、室内环境质量和运营管理利用技术方案而增加的费用。

绿色建筑的增量费用定义主要指绿色建筑成本和普通建筑成本之间的差价。不同经济主体对基准建筑的水平和定义理解不同。以目前国家或地方节能设计标准要求的设计方案为基准方案成本,项目实际设计因采用先进方案或高效设备而增加的成本即为增量成本。一般来说基准建筑费用可以定义为:在特定市场定位下的建筑要满足当前法定要求(法规、政策、规范)的建筑设计、建造及管理水平的成本。

国外,绿色建筑的增量费用包括软费用、绿色建筑技术费用和绿色建筑的认证费用。其中,软费用包括绿色建筑设计费用(绿色咨询费用)、调试费用、申报材料整理费用、模拟分析费用(也有人将认证费用包含在软费用中)。有数据资料表明 LEED 认证的软费用,大约占建造费用的 3%～5%。其中,整理申报材料费用为 0.05%～3.8%,小型建筑取上限,大型建筑取下限,平均为 0.7%;绿色设计增量费用大概占建造费用的 0.7%;计算机模拟分析费用约占建造费用的 0.1%;调试费用占建造费用的 0.5%～1.5%。

吉斯等人(KATS et al.)分析了 33 栋在美国加州内的绿色建筑物,此研究开启了国外对绿色建筑成本分析的潮流。研究指出,达到美国绿色建筑委员会的 LEED (Leadership in Energy and Environmental Design)基本认证的建筑物平均比常规建筑物要多投入 1.84%的成本。而要达到 LEED 金认证的额外成本约为 2%～5%。马西森和莫里斯(MATTHIESSEN & MORRIS)进行了一项综合性研究来分析绿色建筑的成本问题,比较了在美国 19 个州内各城市共 600 个项目的成本,结论认为:绿色建筑在同一市场中和其他非绿色建筑项目比较,不一定需要有任何增量成本的投入。美国联邦总务办事处(General Services Administration,GSA)调查指出如果在美国的新建或改建建筑要达到LEED认证的成本，指出额外成本可以由0(基本认证水平)到8%(金级水平)。国内，绿色建筑的增量费用一般包括咨询与设计成本、认证成本和技术增量成本。

(二)绿色建筑增量费用的计算原则

增量费用理论在实践中的应用可总结为以下通用公式：

增量费用＝绿色建筑费用－基准建筑费用

增量费用是由于增量而导致的总费用的变化量，针对绿色建筑的特殊性，本书研究分析增量费用的过程中主要采用以下原则。

1. 科学合理确定基准建筑费用

增量费用的起算点是增量费用计算过程中的关键因素，它直接影响到增量费用的最终计算结果。基准建筑费用为满足国家或者地区目前强制性节能要求的项目费用。绿色建筑的评价标准应满足住宅建筑或公共建筑中所有控制项的要求，并满足一般项数(共40项)，如节地与室外环境、节能与能源利用等和优先选项数(共9项)的程度，划分为一星、二星、三星三个等级。当本标准中某条文不适应建筑所在地区、气候与建筑类型等条件时，该条文可不参与评价，参评的总项目数相应减少，等级划分时对项目数的要求按原比例调整确定——节选自绿色建筑评价标准。《民用建筑节能管理规定》的实行要求：新建民用建筑应当严格执行建筑节能标准要求，现在中国绝大多数地区已经开始执行50%的节能标准，北京、上海、天津、重庆已经率先执行了65%的强制性节能标准，因此结合不同地区需合理确定基准建筑费用。

根据建设部《绿色建筑技术导则(试行稿)》《绿色建筑评价标准》《全国绿色建筑创新综合奖工程项目评审指标体系》及《夏热冬暖地区居住建筑节能设计标准》中的要求进行绿色建筑技术方案设计。应当注意的是，只有按照《绿色建筑评价标准》中所列出的一般项或者优选项的项目所引起的费用增量部分才可以计入绿色建筑的增量费用，若没有《绿色建筑评价标准》中所列出的一般项或者优选项或者没有达到地区居住建筑节能设计标准中的强制性节能标准，都不能计入增量费用。即使相对于基准建筑费用可判断为增量费用增加项，若没有达到所在气候区的强制性节能标准，也不能确定为增量费用项目。

2. 增量费用要基于合理的绿色建筑技术方案

绿色建筑技术方案的合理性关系直接关系到绿色建筑增量费用的真实性。

绿色建筑在我国推行时间不长，绿色建筑技术方案应征求各领域专家学者的意见，在确认绿色建筑技术方案合理的基础上，再对方案进行增量费用的计算。

3. 按照不同地区的最新建筑定额来计算费用项目

在确定技术方案和基准建筑费用后，计算每一项费用应查阅项目所在地最新版本的建筑工程定额，由于绿色建筑建设过程中使用了较多的先进技术与材料，而这些技术在最新的建筑定额中很难能够查到，因此，应综合考虑项目所在地的市场情况来确定新技术的费用定额。

（三）绿色建筑增量费用的计算方法

根据增量费用的计算原则，本书按照《绿色建筑评价标准》中对于技术项目所要求的一般项和优选项，具体从节地与室外环境、节能与能源利用、节水与水资源利用、节材和材料资源利用、室内环境质量、运营管理六个方面来计算增量费用。绿色建筑的增量费用的具体内容如表 3－1 所示。

表 3－1　绿色建筑增量费用构成表

<table>
<tr><th>一级内容</th><th>二级内容</th><th>一级内容</th><th>二级内容</th></tr>
<tr><td rowspan="6">节地与室外环境技术</td><td>已开发场地及废弃场地的利用</td><td rowspan="3">节材与材料资源利用</td><td>再生混凝土、高性能混凝土</td></tr>
<tr><td rowspan="2">建筑室内环境（声、光、热、风）</td><td>高强度钢筋</td></tr>
<tr><td>可循环利用材料等</td></tr>
<tr><td>透水路</td><td rowspan="4">室内环境质量</td><td>室内空气质量</td></tr>
<tr><td>住区公共服务设施</td><td>室内热环境</td></tr>
<tr><td>开发利用地下空间等</td><td>室内声环境</td></tr>
<tr><td rowspan="5">节能与能源利用技术</td><td>通风采光设计</td><td>室内光环境</td></tr>
<tr><td>高效能设备系统</td><td rowspan="4">运营管理</td><td>物业管理（节能、节水和节材管理）</td></tr>
<tr><td>照明节能设计</td><td>绿化管理</td></tr>
<tr><td>能量回收系统</td><td>垃圾管理</td></tr>
<tr><td>可再生能源利用等</td><td>智能化系统管理等</td></tr>
<tr><td rowspan="3">节水与水资源利用技术</td><td>雨水渗入</td><td rowspan="3">施工管理</td><td>目标管理</td></tr>
<tr><td>节水灌溉</td><td>进度管理</td></tr>
<tr><td>采用非传统水源技术</td><td>质量管理</td></tr>
</table>

三、绿色建筑增量费用分析模型

相比普通建筑，绿色建筑由于采取了相应措施，在改善居住舒适性，减少资源消耗和环境影响的同时，导致其全生命周期各项费用发生变化，其中增加费用称为绿色建筑的增量费用，具体如图 3－2 所示。

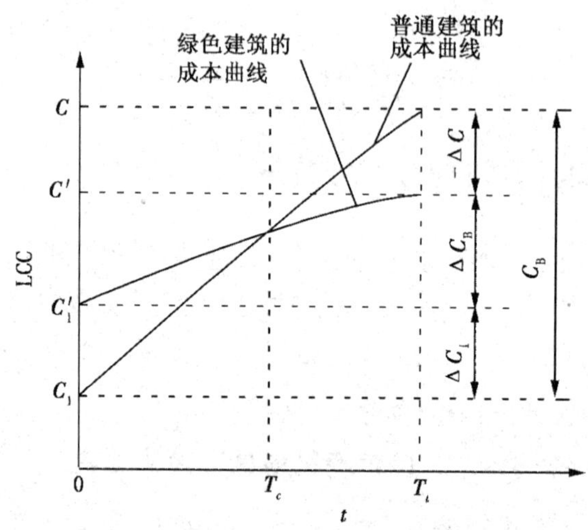

图 3－2　绿色建筑全生命周期成本曲线

绿色建筑的全生命周期费用：

$$C'=C'_1+C'_1 \tag{3-1}$$

增量费用：

$$\Delta C'=C'-C=\Delta C_1+\Delta C_M=\sum_i \Delta C_i+\sum_j \Delta C_j$$
$$i\in\{d,c\},j\in\{o,m,a,r,s,e\} \tag{3-2}$$

式中

C'_i——建设期费用；

C'_1——运营与拆除费用；

C'——绿色建筑全生命周期费用；

C——基准建筑全生命周期费用；

ΔC_i——建设期增量费用，在建设过程中由开发商支付，并在销售过程中转由购买者负担，通常为正值；

ΔC_1——运营增量费用，由消费者负担，其中既包括增加的运行、管理、维修和更换等成本，也包括因资源节约而节省的运营成本，因此取值有正有负；

{d,c}——{设计，施工}；

{o,m,a,r,s,e}——{运行,维护,管理,维修,更换,拆除}。

四、绿色建筑增量费用统计

(一)绿色建筑增量费用分析

目前,不同的绿色建筑,由于项目目标不同,造价成本差异非常大。绿色建筑可以按建筑成本不同分为节能主导型、技术探索型和研究示范型三种。三类绿色建筑是建立在对绿色建筑理解的逐层深化和逐步提高,在费用上也体现出一个递增。

第一,节能主导型绿色建筑费用分析。

节能和能源利用是绿色建筑的核心,现阶段的一些绿色建筑的设计还主要是将建筑围护结构节能设计和可再生能源的利用作为绿色建筑的内容。因此,增量费用集中在围护结构节能和太阳能、地热能、风能等可再生能源的利用方面。上海某酒店就是这样一个典型范例,它的示范增量费用如表 3－2 所示。由表中数据可以看出,太阳能光伏发电增量费用达 1306.44 万元,折合单位面积增量费用为 659.82 元/m^3。

表 3－2　上海某绿色酒店建筑增量费用统计表

技术措施	应用部位	增量费用/万元	单位面积增量费用/(元/m^2)
外墙保温	全部	18.3	9.24
断热铝合金低辐射节能外窗	全部	53.20	26.87
种植屋面	全部	73.90	37.32
太阳能光伏发电	全部	1306.44	659.82
地源热泵	全部	302.00	152.53
太阳能热水	全部	22.24	11.23
合计		1776.08	897.01

第二,技术探索型绿色建筑费用分析。

技术探索型绿色建筑的主要特点是开发商本身对绿色建筑的理解较为深入,因此对绿色建筑设计的要求从单一的节能建筑上升到了“四节一环保”的高度,广泛采用较为成熟的节能技术及其他绿色建筑技术,尝试采用还处于发展完善中的技术,整体建筑已经可以充分体现绿色建筑的内涵。万科集团在上海开发的一个住宅小区,就是这样一个范例,其增量费用统计见表 3－3。

表 3—3　上海某住宅小区绿色建筑增量费用统计表

技术措施	应用部位	增量费用/万元	单位面积增量费用/(元/m²)
百叶中空玻璃	全部建筑卫生间窗	274.13	14.64
双层窗	80%的建筑	874.30	46.68
地板辐射供暖(燃气)	60%的建筑	1938.33	103.49
电辐射供暖	40%建筑的卫生间	217.36	11.60
太阳能热水	25%建筑	151.32	20.08
声控光感照明	全部建筑	1.95	0.10
中水回用、节水器具	全部建筑	468.60	25.69
电梯井、楼板隔音	全部建筑	608.71	32.50
智能家居系统、安保、物业	60%的建筑	3225.96	172.23
总计		7773.15	427

第三,研究示范型绿色建筑费用分析。

目前国内的清华大学、上海建科院、深圳建科院及国外的一些研究结构纷纷在中国设计建造了一些节能示范和绿色示范建筑,这类建筑在规划设计上充分体现了绿色建筑理念,同时集成了大量较为先进的绿色建筑技术,其总体投入一般比较高。张江集团总部办公楼是张江集团投资兴建的绿色建筑示范楼,这栋楼同时兼顾了研究示范和实际使用的功能,是引领上海张江高科园区的标志性建筑,属于研究示范型绿色建筑,其增量费用数据见表 3—4。

表 3—4　上海某办公建筑绿色建筑增量费用统计表

技术措施	应用部位	增量费用/万元	单位面积增量费用/(元/m²)
外墙 XPS 内保温	全部建筑	52.50	22.14
佛甲草生态屋面改造	除掉太阳能热水的全部屋面	179.14	75.55
中庭幕墙	生态中庭	96.97	40.90
活动硬遮阳	所有东、南、西向玻璃幕墙	505.11	213.04
固定遮阳	连接廊道	26.22	11.06
太阳能光电系统	生态中庭	350.56	147.85
太阳能光热	全部	65	27.41
透水地面	整个园区	30	12.65
人工湿地	园区西北块	86.12	36.32
BA 控制系统生态展示系统	所有建筑	100	42.18
生态数据采集	1/3 建筑	22	9.28
管理、组织其他费用		316.58	133.52
总计		2608.10	1100

(二)绿色建筑费用比较

绿色建筑的费用统计是一项比较复杂的工作,除了开发商本身商业数据的保密问题,还有两个方面制约着统计的准确性:一方面,绿色建筑方案的费用与传统建筑方案的费用缺乏比较的基础;另一方面,由于开发商开发计划和目标的不同,某些费用存在着划分为基础投资还是增量投资的差异。为排除统计不准确性的影响,本书所列的三个项目的数据是在得到项目原始的基础数据后,按照统一标准进行统计和整理,并且三个项目都是同年启动,排除了货币时间价值的影响,相对比较准确。经过统计计算,三类绿色建筑的增量费用见表 3－5。绿色建筑中不同的技术分类费用统计如表 3－6 所示。

综合六大指标,根据调查分析,当前实施绿色建筑的各项指标增量成本比例如表 3－5 所示。一星级每平方米增量在 100 元左右,二星级为 200 元左右,三星级为 350 元左右,各星级绿色建筑增量部分占建筑整体造价的百分比如表 3－5 所示。随着绿色建筑产业化的进一步发展和设计水平的提高,绿色建筑的增量仍将有一定的下降空间。

表 3－5　绿色建筑造价增量比例统计

类型	项目总投资/亿元	绿色建筑造价增量比例
节能主导型	2.09	8.5%
技术探索型	7.55	10.3%
研究示范型	1.88	13.9%

表 3－6　绿色建筑分项增量费用比例统计

类别	增量费用/(元/m²)	绿色建筑★★★标准	占建筑费用比例	
			住宅	公建
围护结构节能	70	65%的节能标准	4.6%	1.73%
地热	100	50%采用	6%	2.25%
太阳能热水	10～20	50%采用	0.6%	0.23%
太阳能光电	350～400	10%能源比例	20%	7.50%
中水利用,雨水收集	35～40	非传统水源利用率不低于 30%	2.6%	0.98%
室内环境控制	100～250	满足热、声、光、通风要求	8%	1%
建筑智能化	住宅 150 公建 40	满足智能建筑要求	10%	1%

注:住宅建筑的造价按 1500 元/m^2 计算,公共建筑造价按 3000～4000 元/m^2 计算。

第二节　绿色建筑增量效益

绿色建筑的增量效益根据可分为直接效益和间接效益。一般来说,直接效益可直接体现出来,且受益主体清晰;而间接效益一般不直接体现出来,受益主体多而杂。通常来说,直接效益是由绿色建筑带来的,能够为其投资主体带来的经济利益,可以通过计算相关的财务指标对其进行评价,绿色建筑增量效益构成如图3—3 所示。

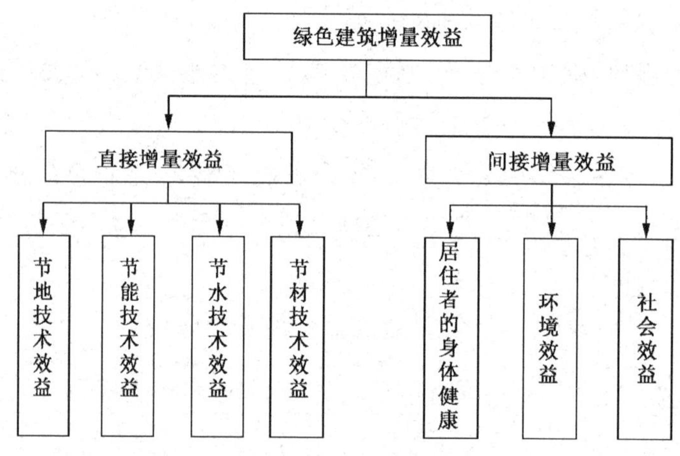

图 3—3　绿色建筑增量效益构成图

一、直接增量效益的识别与估算

绿色建筑亦同时会带来增量效益,而增量效益亦可以经济价值来衡量比较。绿色建筑的增量效益可以包括以下的效应:第一,较常规建筑在运营生命周期中节省的能源费用;第二,业主及开发商可能得到政府在支持绿色建筑运营方面的财政激励(税收减免、财政补贴等);第三,企业员工在绿色建筑内工作生产力的提升;第四,企业通过使用绿色建筑而建立的企业形象和品牌价值。在以上的增量效益中,最受到注意的是在能源节省而带来的经济效益,亦即企业由于使用绿色建筑而可以节省的能源费用,这是由于节省的能源费用在建筑物全生命周期整体带来的效益是明显的。

直接增量效益是指能够量化且能够用货币表示的效益,主要是指绿色建筑的节地、节能、节水、节材而产生的,能够为其投资主体带来的经济利益。直接增量效益估算是对绿色建筑产生的能够货币量化，且由投资者享有的效益进行估量。主要包括因节地、节能、节材、节水等产生的投资减少和运营费用减少，即绿色建筑与传统建筑相比而产生额外收益。直接增量效益具有效益范围划分明确、获利主体清楚、市场体系完善等特点，因此通常利用市场价值法对其进行量化估算。

市场价值法又叫生产率法，是直接增量效益分析的常用方法。由于环境质量的变动对相应商品的市场产出水平有影响，而这种影响又会对销售利润产生影响。因此，可以用商品产出水平的变动导致商品销售利润变化的变动量来衡量环境价值的变动。销售利润的变动量可以用产品的产量、市场价格、费用来表示。因此利用市场价值法计算直接增量效益的公式为：

$$V_d=(\sum_{i=1}^{k}P_iQ_i-\sum_{i=1}^{k}C_iQ_i)_x-(\sum_{i=1}^{k}P_iQ_i-\sum_{i=1}^{k}C_iQ_i)_y \tag{3-3}$$

式中

V_d——直接增量效益；

P——产品的市场价格；

Q——销售量；

C——产品的成本；

i——受环境影响的产品种类；

x,y——分别表示环境变化前后。

市场价值法是适用最广、最易于理解的估算手段，但其有以下明显的缺点。

第一，已发生的环境变化可能是源于一个或多个原因，而很难把其中一种原因同其他种原因区别开。比如绿色建筑物经济寿命延长，可能是使用绿色环保建材和绿色技术使得建筑能耗大幅降低，也可能是城市绿化使得空气污染指数降低，很难清晰区别。

第二，当环境变化对市场有显著影响时，需要采取更复杂的方法来观察、了解市场结构、弹性系数和供求反应等。当市场不是很有效时，市场价格是不准确的，而在完全有效的市场上，如果存在明显的消费剩余，价格也会低估经济价值。这时，就要对市场价格进行调整，甚至用影子价格来取代市场价格。

绿色建筑的直接增量效益表现在绿色建筑节地而减少的土地成本支出、建筑节能而减少的能耗支出、建筑节水而减少日常水费、建筑节材而减少的材料费用及增加的回收价值等。通过将上述减少的费用支出或增加的收益进行汇总和折现即可求得绿色建筑的直接效益。

(一)绿色建筑节地技术增量效益

节地项目经济效益为节省的土地购置费。节地,从建筑的角度上讲,是建房活动中最大限度地减少地表面积,并使绿化面积少损失或不损失。在城市中,节地的主要途径有建造多层、高层建筑,以提高建筑容积率,同时降低建筑密度;建设城市居住区,提高住宅用地的集约度,为今后的持续发展留有余地,增加绿地面积,改善住区的生态环境;在城镇、乡村建设中,提倡因地制宜,因形就势,多利用零散地、坡地建房,充分利用地方材料,保护自然环境,使与自然环境互生共融,增加绿化面积。

绿色建筑要达到节地的目标,就必须做到建筑用地的集约化利用,高效利用土地,提高建筑空间的利用率,减少城市用地压力,着眼于长远的可持续土地利用开发。绿色建筑节地技术包括以下方面。

第一,建筑的利用。

绿色建筑鼓励在现有社区和已开发区域内进行开发,提倡旧区改造,延长现有建筑的使用周期。一方面可以减少随意扩张对环境造成的多重破坏;另一方面可以节约建设和维护基础设施所需的自然资源和财力资源,降低由于制造和运输新建筑材料对和环境造成的影响,并减少废弃物。

第二,废弃场地的建设。

整治实际或被认为受到环境污染而使开发受到影响的场地,提高城市土地利用效率,减少未开发土地所承受的压力,有效抑制城市对新开发土地的需求量,从而减缓城市的扩张,避免城市发展对自然环境的过度侵占;并通过对废弃场地上不良地表状况的生态化改造,消除废弃场地对生态环境的消极影响,重新发挥积极的生态效益。

第三,地下空间的利用。

提高建筑的地下空间利用率,有利于缓解城市用地紧张的问题,并降低大量开发土地的影响。在条件允许的情况下设计尽可能多的地下室、地下停车库和设备机房,以提高地下空间的使用率。这种将地面还给城市空间,用地而不占地的设计可收到良好的节地效果。

(二)绿色建筑节能技术增量效益

绿色建筑的节能技术包括建筑围护结构的节能技术、使用提高能源使用效率的节能技术、可再生能源的利用和绿色照明等。

第一,绿色建筑节能技术增量经济效益估算基本方法。

绿色建筑的节能率为 α_1,能耗值为 Q_1;

基准建筑的节能率为 α_2,能耗值为 Q_2;

非节能建筑节能率为 0,能耗值为 Q_3。

其中基准建筑是指在满足国家及项目建设所在地强制节能标准基础的同规模、同功能建筑,其节能率 α_2 即为当地强制节能标准的节能率。例如,在北京为 65%。由定义可知:

$$\alpha_1 = \frac{Q_3 - Q_1}{Q_3} \tag{3-4}$$

$$\alpha_2 = \frac{Q_3 - Q_2}{Q_3} \tag{3-5}$$

a. 绿色建筑与基准建筑的能耗差

$$\Delta Q = Q_2 - Q_1 = \frac{Q_1(\alpha_1 - \alpha_2)}{1 - \alpha_1} \tag{3-6}$$

b. 根据标准煤热值将节能量换算成节煤量

$$S_M = \frac{\Delta Q}{H} \tag{3-7}$$

c. 绿色建筑节煤费用

$$S_C = S_M \times P \tag{3-8}$$

式中

H——标准煤热值,取值为 29 307,kJ/kg;

S_M——节煤量,kg;

P——煤价,元/kg;

S_C——节煤费用,元。

第二,围护结构和提高能源使用效率节能技术增量经济效益。

建筑围护结构体系是由包围空间或将室内与室外隔离开来的结构材料和表面装饰材料构成,包括墙、窗、门和地面。围护结构必须平衡通风和日照的需求,并提供适应于建筑地点的气候条件的热湿保护。围护结构是建筑运营耗能的一个重要影响因素。

绿色建筑围护结构的节能设计是应根据当地气候条件,决定合理的围护结构材料和相应的建筑设计方案。例如,在干热气候地区里采用高热容量材料,是因为高热容量和足够厚度的建筑材料可以减少和延缓外墙的温度变化对室内的影响。在干热气候下，日落后室外温度大幅度下降形成了热惯性，因此在白天建筑内部比外部凉，而在夜间建筑内部比外部暖和。并根据对昼光照明及供热和通风的仔细分析，确定围护结构上的门、窗和通风口的大小和位置。夏天给围护结构的开口加装遮阳设施，减少太阳直射进入室内，并在恰当的场合为窗选择合适的玻璃。同时考虑建筑围护结构的反射率选择外墙装饰材料及在建筑外部采用控制太阳辐射以减少太阳得热的原则选择屋顶材料。

因此，绿色建筑的围护结构对建筑物能耗的影响主要体现在供热隔冷和供冷隔热，绿色建筑围护结构节能技术的增量经济效益估算应从冬季供暖期节煤效益和夏季空调用电节省效益两方面进行估算。

绿色建筑提高能源效率的节能技术即为提高供暖空调系统的效率，例如采用优秀的冷热电联产、空调蓄冷系统、冷却塔供冷系统、置换通风加冷却顶板空调系统、变风量（VAV）空调系统等高舒适度低能耗的暖通空调系统。所以，绿色建筑围护结构和提高能源使用效率节能技术增量经济效益估算如下。

1. 冬季供暖期节煤效益估算

假设绿色建筑中采用节能率为 α_1 的建筑节能标准的建筑面积为 A，供暖天数为 H_D，标准煤的热值为 H，标准煤的价格为 P，绿色建筑物耗热量为 Q_1，根据《严寒和寒冷地区居住建筑节能设计标准》，建筑围护结构及供暖系统节能改造后每年节煤量 S_{M1} 和节省燃煤费用为 S_{C1} 的步骤如下。

a. 计算绿色建筑热源处耗热量：

$$Q'_1 = Q_1/\eta_1\eta_2 = H_1 \times 24 \times 3600 \times H_D \times \frac{A}{\eta_1\eta_2} \tag{3-9}$$

b. 计算与基准建筑的能耗差：

$$\Delta Q_1 = Q'_1 \frac{(\alpha_1 - \alpha_2)}{1-\alpha_1} \tag{3-10}$$

c. 将节热量换算成节煤量：

$$S_{M1} = \frac{\Delta Q_1}{H} \tag{3-11}$$

d. 计算冬季供暖期节煤费用：

$$S_{C1} = S_{M1} \times P \tag{3-12}$$

式中

Q_1——绿色建筑物能耗值，kJ；

η_1——室外管网输送效率；

η_2——锅炉运行效率；

H_1——供热指标，W/m^2

H_D——采暖天数，d；

A——建筑面积，m^2；

α_2——基准建筑节能率；

H——标准煤热值，取值为 29 307，kJ/kg；

P——煤价，元/kg。

2. 夏季空调节省用电效益估算

假设绿色建筑夏季空调用电能耗为 Q_2，标准煤热值 $H=29\ 307/3\ 600=8.141$ kW·h/kg，夏季空调的节煤量 S_{M2} 和节能效益 S_{C2} 的计算步骤如下：

a. 确定建筑物空调的年度终端耗能量：

$$Q'_2=\frac{Q_2}{\eta} \tag{3-13}$$

b. 计算与基准建筑的空调年度耗能差：

$$\Delta Q_2=\frac{Q'_2(\alpha_1-\alpha_2)}{1-\alpha_1} \tag{3-14}$$

c. 将建筑空调耗能差换算得得出节煤量：

$$S_{M2}=\frac{\Delta Q_2}{H} \tag{3-15}$$

d. 计算绿色建筑空调用电节煤费用：

$$S_{C2}=S_{M2}\times P \tag{3-16}$$

式中

η——一次转化为电能的效率；

α_1——绿色建筑节能率；

α_2——基准建筑节能率；

P——煤价，元/kg。

3. 可再生能源应用技术增量经济效益估算

绿色建筑对可再生能源的利用主要包括太阳能、地下冷热源及风能、生物能、地热能等其他可再生能源的利用。

太阳能的利用主要体现在对太阳能的光热利用和光电利用。建筑物太阳能光热利用是依靠光热转换,采用各种集热器把太阳能收集起来,并用这些热能产生热水,进而以不同途径与方法实现建筑的供热和供冷。而建筑物太阳能光电利用是依靠光电转换,即将太阳能转换为电能。目前,太阳能用于发电的途径主要是光伏发电,就是利用太阳能电池的光电效应,将太阳能直接转变为电能。

绿色建筑对地下冷热源的利用主要指地源热泵技术。地源热泵是以大地为热源对建筑进行空调的节能技术。冬季通过热泵将大地中的低位热能提高后对建筑供暖,同时蓄存冷量,以备夏用;夏季通过热泵将建筑内的热量转移到地下对建筑进行降温,同时蓄存热量,以备冬用。地下水源热泵系统分为两种:一种是开式环路系统;另一种是闭式环路系统。开式环路系统是通过潜水泵将地下水直接供应到每台热泵机组,之后将井水回灌地下。这种形式的系统管路连接简单,初投资低,但由于地下水含杂质较多,当热泵机组采用板式换热器时,设备容易堵塞。另外,由于地下水所含的成分较复杂,易对管路及设备产生腐蚀,因此不建议在地源热泵系统中直接应用地下水。闭式环路系统是通过一个板式换热器将地下水和建筑物内循环水分开,避免了地下水对热泵机组和循环管路的腐蚀,延长了设备的寿命。地下水循环系统和建筑内水循环系统相互独立,便于管理和维护。取出的地下水通过板式交换器换热后直接回灌地下,避免了地下水质的污染。所以,绿色建筑对地下冷热源的利用大都采用闭式环路的地下水源热泵系统。

当其他电力来源成本较高时,风能发电作为孤立地点的电力生产,较适用于多风的海岸线地区。或者高层建筑引起的强风也可作为风能发电机的能源。生物能的利用可以体现在:在没有燃气供给的区域,设置沼气发生、供给及燃烧设备,用来提供清洁充足的能源,同时减少了木材的能耗及对大气的污染。另外在有利的地点,可以直接利用来自地壳深处的地热能来加热或发电。

绿色建筑可再生能源应用技术增量经济效益的估算主要包括广泛的太阳能技术,即太阳能光热系统和太阳能光电系统技术及地下热冷源的利用,即地源热泵技术带来的经济效益。

(1)太阳能光热系统应用技术增量经济效益估算

太阳能热水系统应用技术的增量经济效益进行估算,其具体步骤如下。

a.计算出太阳能光热系统应用技术节省的能耗:

$$\Delta Q_3 = Q_W C_W (t_{cxd} - t_i) \times f \tag{3-17}$$

b.根据标准煤热值将节热量换算成节煤量:

$$S_{M3}=\frac{\Delta Q_3}{H} \tag{3-18}$$

c. 绿色建筑运用太阳能技术的节煤费用：

$$S_{C3}=S_{M3}\times P \tag{3-19}$$

式中

Q_W——年度总用水量，kg；

C_W——水的比热容，取值为4.1868，kJ/(kg・℃)；

t_{exd}——储水箱内的终止水温，℃；

t_i——水的初始温度，℃；

f——太阳能保证率，一般为0.3～0.8；

H——标准煤热值，取值为29 307，kJ/kg；

P——煤价，元/kg。

(2)太阳能光电系统应用技术增量经济效益估算

a. 计算太阳能光电系统应用技术节省的能耗：

$$\Delta Q_4=J\times A_C\times\eta \tag{3-20}$$

b. 将节热量换算成节煤量：

$$S_{M4}=\frac{\Delta Q_4}{H} \tag{3-21}$$

c. 计算绿色建筑冬季供暖期节煤费用：

$$S_{C4}=S_{M4}\times P \tag{3-22}$$

式中

J_T——该地区太阳能年辐照量，kJ/m²；

A_C——太阳能光伏阵列采光面积，m²；

η——光伏阵列的转换效率；

H——标准煤热值，取值为29 307，kJ/kg；

P——煤价，元/kg。

(3)地源热泵技术增量经济效益估算

a. 分别计算出闭式环路的地下水源热泵空调系统夏季供冷负荷和冬季供热负荷：

$$Q_C=G_C\times C_{P.W}\times\Delta t/(\frac{EER+1}{EER}) \tag{3-23}$$

$$Q_H=G_H\times C_{P.W}\times\Delta t/(\frac{COP-1}{COP}) \tag{3-24}$$

b. 将节热量换算成节煤量：

$$S_{MC}=\frac{Q_C}{H} \quad (3-25)$$

$$S_{MH}=\frac{Q_H}{H} \quad (3-26)$$

c. 计算地源热泵技术夏季、冬季空调节煤费用：

$$S_{CC}=S_{MC}\times P \quad (3-27)$$

$$S_{CH}=S_{MH}\times P \quad (3-28)$$

计算地源热泵技术夏季、冬季空调节煤费用：

式中

Q_C——建筑物夏季设计冷负荷，kW·h；

Q_H——建筑物冬季设计热负荷，kW·h；

G_C——夏季供冷所需地下水流量，kg/s；

G_H——冬季供热所需地下水流量，kg/s；

$C_{P,M}$——水的比热容，kJ/(kg·k)；

Δt——换热器的进出水温差，℃；

EER——热泵机组夏季制冷能效比；

COP——热泵机组冬季制热性能系数；

H——标准煤热值，取值为 8.141，kW·h/kg；

P——煤价，元/kg。

4. 绿色照明技术增量经济效益估算

绿色照明技术能大幅度节约照明用电，减少环境污染，同时提高照明质量，建立优质高效、经济舒适、安全可靠、有益环境、改善生活质量、提高工作效率、保护居住者身心健康的照明环境。

假设绿色建筑绿色照明能耗为 Q_5 煤热值取 8.141 kW·h/kg，基准建筑的照明节能率为 0，绿色照明技术的节煤量 S_{M5} 和节能效益 S_{C5} 的计算步骤如下：

确定建筑物绿色照明终端耗能量：

$$Q'_5=\frac{Q_5}{\eta} \quad (3-29)$$

b. 计算绿色建筑与基准建筑年度照明耗能差：

$$\Delta Q_5=Q'_5\,\frac{(\alpha_1-\alpha_2)}{1-\alpha_1} \quad (3-30)$$

c. 将建筑照明能耗差换算成节煤量：

$$S_{M5}=\frac{\Delta Q_5}{H} \tag{3-31}$$

d. 计算绿色建筑绿色照明节煤费用：

$$S_{C5}=S_{M5}\times P \tag{3-32}$$

式中

η——一次转化为电能的效率；

α_1——绿色建筑的节能率；

α_2——基准建筑的节能率；

P——煤价，元/kg。

(三)绿色建筑节水技术增量效益

在传统建筑中，水的供给和消耗是线性的，形成了一种低效率的转化，即：自来水——用户——污水排放，雨水——屋面——地面径流——排放。而绿色建筑除了采用节水型器具方式降低用水量，同时要求楼顶雨水的再回收和再利用，地面雨水要根据实际现状进行收集或通过利用可渗透的路面材料使雨水能渗入地下，保持水体循环，居住小区和建筑排水原位处理后回用于生活、景观和绿地浇灌。

绿色建筑采用的节水与水资源利用技术主要包括供水系统节水技术、中水处理与回用系统、雨水收集与利用系统和基于非传统水源利用的景观水体水质保障技术。

第一，供水系统节水技术。

绿色建筑供水系统节水技术主要包括采用分质供水、避免管网漏损、限定给水系统出流水压、降低热水供应系统无效冷水出流量、使用节水器具、防治二次污染及绿化节水灌溉技术等节水技术。采用节水系统技术后可直接节水20%～30%。

第二，中水处理与回用系统。

绿色建筑一般采用分质排水和中水回用的节水方案：住宅及公用建筑的优质中水通过中水管道收集系统收集，并经过工艺处理，最终用于绿色建筑小区道路冲洗和绿化浇灌用水、建筑杂用水或景观环境用水。其余未由中水管道收集系统收集的黑水则通过传统污水管道进入市政污水管网排出小区。

第三，雨水收集与利用系统。

绿色建筑小区雨水主要可分为路面雨水、屋面雨水、绿地及透水性铺地等其他雨水。雨水资源化综合利用技术主要包括雨水分散收集与处理系统、雨水集中收集与处理系统、雨水渗透系统。

第四，基于非传统水源利用的景观水体水质保障技术。

《绿色建筑评价标准》规定景观用水不采用市政供水和自备地下水井供水，使用非传统水源时，应采取用水安全保障措施，且不对人体健康与周围环境产生不良影响。由于景观水体非传统水源污染物浓度相对较高，而且水体的稀释自净能力较天然水体差，因此需要加强景观水体的水质安全保障，以提高绿色建筑小区节水率和非传统水源利用率。

绿色建筑节水项目实施后，中水回用、雨水收集及水循环净化系统用于洗车、绿化、道路冲洗、动水景补水等的供给，直接降低了市政供水量，节水系统水量平衡如图 3－4 所示。

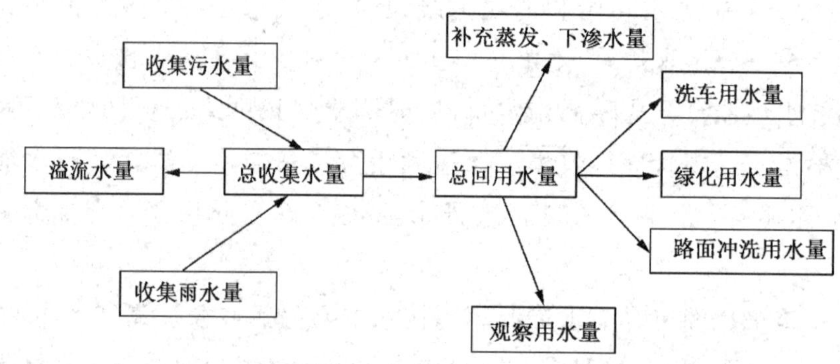

图 3－4　节水系统水量平衡图

由图 3－4 可知：

$$Q_{总}+Q_{中水}+Q_{雨水}+Q_{溢流量}=Q_{蒸发下渗}+Q_{洗车}+Q_{绿化}+Q_{路面}+Q_{景观} \quad (3-33)$$

$$Q_{中水}=Q_{优质中水}\times\eta_{中水回用率} \quad (3-34)$$

$$Q_{雨水}=Q_{优质雨水}\times\eta_{雨水利用率}=\varphi\times\alpha\times\beta\times A\times H\times\eta_{雨水利用率} \quad (3-35)$$

绿色建筑节水项目生命周期内节水直接效益为

$$S_{C6}=Q_{总}\times P \quad (3-36)$$

式中

φ——径流系数；

α——季节折减系数；

β——初期弃流系数；

A——汇水面积；

H——年均降水量；

P——居民水价，元/m^3。

(四)绿色建筑节材技术增量效益

建筑节材涉及建筑材料的生产制造、建筑的设计与施工、建筑的装修、建筑的使用维护及建筑拆除后废弃物的重复使用与资源化再生利用等方面。

绿色建筑节材主要技术包括以下几点。

第一，采用高强、高性能建筑材料技术。通过采用高强建筑钢筋、高强度等级水泥及高强高性能混凝土等高强建筑材料技术可减少建筑承重结构和围护结构材料用量。

第二，提高材料耐久性。延长建筑物的使用寿命，从宏观上可以说是对建筑材料的最大节约。所以，采用高耐久性能混凝土材料，钢筋高耐蚀技术及高耐性的防水材料、墙体材料等，可为提高建筑寿命提供支撑，从而产生较大的节约效益。

第三，材料生态化技术的应用。主要指对建筑材料的选择尽量考虑废弃后的可重复使用和可再生利用问题，尽量提高资源利用率。同时，对建筑垃圾进行分类回收和资源化利用，以降低建材产品的成本。

绿色建筑节材技术中对先进建筑材料的应用技术，一般列入建筑主体节能技术增量成本一项中进行估算，未避免重复估算，对项目的增量经济效益估算不考虑此项。对于建筑垃圾分类回收再利用技术难以量化成能耗量进行估算，估算时暂不考虑。

二、间接增量效益的识别与估算

间接增量效益是指绿色建筑因环境保护、资源节约而产生的诸如改善环境质量、实现资源可持续利用、提升居住舒适度等外部效益。该部分效益无法直接用货币进行量化。为此，结合环境生态学提出了疾病成本法、替代市场法、意愿调查法等方法对绿色建筑的间接效益进行评估。

(一)疾病成本法

疾病成本法利用人体生病或过早死亡引起的成本或损失来评估环境污染或舒适度降低对人体健康造成不利影响。而绿色建筑通过采用各种绿色技术改善环境、提高环境质量，营造舒适、健康、高效的居住空间，有利于减少环境污染对人体的不利影响。因此，可以利用疾病成本来评估绿色建筑对人体健康的积极影响。

疾病成本法估算所有因为环境污染而引起的疾病所支付的成本。如缺勤的收入损失和医疗费用。人力资本法估算由污染引起的过早死亡的成本。它用损失的收入去评估过早死亡的成本，即人失去寿命或工作时间的价值等于这段时间中个人劳动所创造的价值。估算方法如下：

$$C=I_c+I_d=\sum_{i=1}^{k}(L_i+M_i)+\sum\frac{P_{t+i},E_{t+i}}{(1+r)^i} \tag{3-37}$$

式中，

I_c——由于环境质量变化所导致的疾病损失成本；

I_d——由于环境污染导致过早死亡而损失的收入；

L_i——第 i 类人由于生病缺勤所带来的平均工资损失；

M_i——第 i 类人的医疗费用（门诊费、医药费、治疗费等）；

P_{t+i}——年龄为 t 的人活到 $(t+i)$ 年的概率；

E_{t+i}——年龄 $(t+i)$ 时的预期收入；

r——贴现率。

（二）替代市场法

当环境的改变不一定导致商品和劳动产出量发生变化时，却可能影响产品的代用品、市场价格和数量的变化。在这种情况下，无法用市场价值法对环境的效应进行评估。此时可借助市场信息如市场价格，间接地估计环境质量变化的损益。如绿色建筑带来的美好居住环境、舒畅的心情等没有直接的市场价格，则可用某种市场价格的替代物间接衡量类似没有市场价格的环境效果的价值。替代市场法常用于评价由于环境改变对房地产价值的影响。房地产的价值主要体现在产品本身的质量及其所处的位置及环境，当建筑的质量和位置都相同时，环境的差异必然导致价格的差异，购房者对不同的环境也具有不同的支付意愿。此时，房地产价格的差距或购房者意愿支付的差距就可认为是环境带来的效益。

对于绿色建筑所产生的环境效益，包括居住环境质量的提升、居住舒适度的增加等必然会对绿色建筑的市场价格产生影响，进而对人们的支付意愿产生影响。在其他影响因素相同的情况下，人们意愿支付的差额就是绿色建筑所产生的环境改变的价值。可用如下公式表示：

$$E = \Delta P = \sum A(Q_2 - Q_1) \tag{3-38}$$

式中

Q_2，Q_1——分别为绿色建筑和传统建筑的环境质量水平；

A——改变的建筑环境的边际支付意愿；

ΔP——绿色建筑价格的变化。

(三)意愿调查法(人类享受的福利)

意愿调查法是指通过调查消费者对于某种产品或服务的支付意愿来评估产品或服务的价值的方法。它适用于难以精确计量的产品外部经济性或非市场形态的消费。支付意愿是指消费者愿意花费多少的价值去享受商品和劳务。支付愿望可通过对个体消费者的调查或者给定消费者一定的货币，观察其消费进而获得。将个体消费者的支付愿望进行平均就是社会支付愿望。同样，对个体消费者在不同价格或环境条件下的需求量进行调查并累计构成全体消费者的需求量。需求量与支付意愿的乘积就是绿色建筑的环境效益。

意愿调查法是建立在对消费者支付意愿和需求量的调查基础上。构建社会需求量曲线，通过需求曲线的变动可以快速获得环境改变的价值。

第三节　绿色建筑费用效益分析

一、费用效益分析概述

费用效益分析(Cost Benefit Analysis，CBA)是评估项目对环境影响的主要评价技术，也是鉴别项目的经济效益和费用的系统方法。在进行项目可行性分析的同时，纳入了环境影响，是坚持可持续发展战略的表现。

费用效益分析从社会不同主体的角度将项目对环境和社会产生的积极影响效果及付出的费用进行识别和估算，以评估项目对社会福利的贡献程度。而绿色建筑费用效益的分析有其特点，主要表现在以下几方面。

第一，绿色建筑采用全寿命周期成本法。该方法中项目的成本支出并不是片面考虑初始投资，而是考虑全寿命周期内包括运行、维护等后期的全部费用，将其折算到评价初期，做全寿命周期成本分析。

第二，绿色建筑的有无对比法。对绿色建筑而言，绿色建筑费用效益和环境经济损益有些不同。绿色建设项目是在原有传统建筑背景的基础上进行的，改变了原有建筑环境系统的运行状况，使建筑环境质量发生了总体的变化。绿色建筑在传统建筑基础上，采用许多绿色技术、节能措施对社会和环境有所贡献，因此费效分析采用"有无"对比法。"无项目"指传统建筑，"有项目"指采用绿色技术、节能措施的建筑系统。通过经济对比量度客观反映绿色项目社会、环境和经济可行性。相互对比的思路贯穿于评价过程始终。

第三，评价过程中指标与参数的选择。根据项目的实际情况，充分考虑社会各个层次上的利益追求.结合相关的建筑行业规范和经济评价的国家标准，并且参考国内外多项案例的实际操作，在此基础上进行合理的确定。

二、费用效益分析的步骤

第一，确定范围。在进行绿色建筑的费用效益分析时，确定分析范围是第一步。要考虑绿色建筑对所涉及各方面的影响有哪些，哪些影响作为将要分析的对象。由于绿色建筑是在传统建筑的效益流失的基础上提出，所以在对绿色建筑费用效益进行分析时，可以更多地分析绿色建筑与一般建筑在经济、环境、社会等方面的比较。但现实生活当中事物之间的相互关系非常复杂，没有必要将所有因素都考虑在内，一是工作量很大，二是没有必要。而只需要对主要的影响予以分析和判别，并采用定量与定性相结合的方式。

第二，分析和识别。分析和确定绿色建筑对环境、社会影响的主要方面和后果，并分析这些后果带来的是经济损失还是经济收益。

第三，量化。对绿色建筑的费用效益分析进行量化，首先是影响结果的定量化，然后进行货币量化。对绿色建筑的费用效益影响结果从定性到定量的过程，可以采用各种影响结果的物理性能单位、效果对比的百分比等绝对或相对指标的予以定量。而进行货币量化则是经济分析的基础，或者说使不同的费用和效益有了相同的度量方式，具有了可比性。

第四，比较。如果量化是使费用和效益有了可比性，那么，比较则是需要货币数据具有可比性。由于货币在市场经济条件下，是有时间价值的，不同时间相同数量的货币反映的货币价值是不同的；而不同时间的不同货币数量可能在价值上是等量的。因此，在分析时应该是折算到同一时点的费用效益，才能够进行比较。

第五，结论。任何问题的分析，最终目的都是要得到一个结果，通过这个结果可以知道绿色建筑是否能带来效益，是否值得去投资。

三、费用效益评价指标

通常，绿色建筑初始投资的费用与传统建筑相比有一定程度的增加，但在运营阶段中它所体现出的资源节约和健康效益又能弥补初始阶段的投资增加费用，所以通过绿色建筑与传统建筑的相互比较才能更好地体现它的优势。在比较的过程中，首先，绿色建筑的数据必须建立在传统建筑的基础上，计算出绿色建筑在各阶段相对于传统建筑的费用和效益的变化，在共同的折现率与研究周期的情况下，用相应的经济指标评定绿色建筑在经济上的可行性，最终为决策提供帮助。本书以社会折现率为资金折现的计算标准，采用以下指标作为评价的依据。

（一）增量投资净现值(NPV)

增量投资净现值表示在项目的全寿命周期内，绿色建筑的增量收益的现值与增量投资的差值。增量投资净现值考虑资金的时间价值，充分反映了绿色建筑方案的经济可行性。其计算公式为：

$$\mathrm{NPV}=\sum_{t=0}^{n}(CI-CO)_t(P/F,i,t) \tag{3-39}$$

式中

n——全寿命周期；

$(CI-CO)_t$——表示第 t 年的净现金流量，即绿色建筑每年的增量收益与增加费用的差值；

i——基准收益率或预期的目标收益率。

增量投资净现值通过绿色建筑相对传统建筑增加的投入及获得的增量收益，在考虑资金时间价值的条件下进行折现计算，反映了项目的获利能力及其经济可行性。具体为：当 NPV<0 时，表示该绿色建筑方案所产生的增量收益不能为投资者带来预期的收益水平，该方案经济上不可行；当 NFV$\geqslant 0$ 时，表示绿色建筑方案产生的增量收益满足或超过投资者的预期收益，该方案经济上可行。同时，当项目具有两种或两种以上互斥方案时，可利用 NPV 进行方案的必选，即在同样的统计口径、计算规则和基准收益率的前提下，NPV 越大，则方案的经济性越好。

（二）增量效益费用比

按社会折现率计算的项目，全寿命周期内绿色建筑所获得的增量收益现值与增量费用现值的比值。其计算公式为：

$$R=\frac{\sum_{t=0}^{n}CI_1/(1+i_c)^t}{\sum_{t=0}^{n}CO_t/(1+i_c)^t} \tag{3-40}$$

其中

R——增量效益费用比率；

CI_t——第 t 年的增量效益；

CO_t——第 t 年的增量费用；

i_c——社会折现率；

n——全寿命周期。

当 $R>1$ 时，表明绿色建筑方案相对于传统建筑方案更经济可行；当 $R=1$ 时，说明该绿色建筑方案有待改进；当 $R<1$ 时，说明该绿色建筑方案一般不可行。

（三）增量投资回收期

增量投资回收期是指收回增量投资所需要的时间，反映了绿色建筑的获利能力。绿色建筑抵充增量投资的收益是指绿色建筑相对于传统建筑因资源节约而产生的经济效益，如建设期土地节约而产生的收益，建筑使用阶段因节能、节水而减少的费用支出，将这部分减少的费用支出称之为绿色建筑的增量收益，政府的政策支持及税收减免，建筑拆除时回收价值等。在估算建筑使用阶段的增量收益时应扣除绿色建筑增加的围护费用。增量投资回收期根据是否考虑资金的时间价值分为静态增量投资回收期和动态增量投资回收期，其计算式分别如下：

(1)静态投资回收期

定义公式：

$$\sum_{t=0}^{P_b}(CI-CO)_t=0 \tag{3-41}$$

也可由下式计算：

$$P'_b=(n-1)+\frac{\left|\sum_{i-0}^{n-1}ND_i\right|}{ND_n} \tag{3-42}$$

式中

P'_b——静态增量投资回收期；

$(CI-CO)_t$——表示第 t 年的净现金流量，即绿色建筑每年的增量收益与增加费用的差值；

n——累计净现金流量出现正值的年份；

ND_n——第 n 年的净现金流量。

(2)动态增量投资回收期

定义公式：

$$\sum_{t=0}^{P_b}(CI-CO)_t(P/F,i,t)=0 \qquad (3-43)$$

也可由以下公式计算：

$$P_b=(n-1)+\frac{\left|\sum_{t=0}^{n-1}ND_t(P/F,i,t)\right|}{ND_n(P/F,i,t)} \qquad (3-44)$$

式中 $(P/F,i,t)$——折现系数。

增量投资回收期在一定程度上反映了初始增量投资的回收周转速度。回收期越短，则绿色建筑的经济性越好，项目投资建设的风险越低。当投资回收期小于或等于行业基准投资回收期或预期的投资回收期，则表示该项目经济上可行。

(四)增量内部收益率(IRR)

内部收益率的实质就是使项目在整个计算期内各年净现金流量的现值累计等于零时的折现率，是反映国民经济贡献率的相对指标。内部收益率的经济含义是在项目结束时，保证所有投资被完全收回的折现率。内部收益率是投资方案占用的尚未回收资金的获利能力，而不是初始投资在整个计算期内的盈利率，因而它不仅受到项目初始投资规模的影响，而且受到项目计算期内各年净收益大小的影响。

对于绿色建筑而言，内部收益率就是净现值为零时的收益率，其数学表达式为：

$$\mathrm{NPV(IRR)}=\sum_{t=0}^{n}(CI-CO)_t(P/F,IRR,t)=0 \qquad (3-45)$$

增量内部收益率的计算应先采用试算法，然后采用内插法求得。内部收益越大，说明项目的获利能力越大；将所求出的内部收益率与行业的基准收益率或目标收益率相比，当时，则项目的盈利能力已满足最低要求，在财务上可以被接受。

第四章　绿色建筑节能经济评价体系

第一节　绿色建筑经济评价体系

一、绿色建筑的主要特征

绿色建筑是以节约资源和保护环境为要求，提供人类居住活动空间为目的，以可持续发展为原则，实现人与自然的和谐与统一的历史性革新建筑，这就决定了绿色建筑必然具有以下几个方面的特征。

（一）节能

此处所指的节能是一个广义范畴，包括节地、节水、节能、节材等各个方面，也就是说，绿色建筑从规划建设到运营使用及拆除都具有降低资源消耗的特点。一方面，绿色建筑在规划和建设过程中，尽可能减少资源浪费，用最小的资源投入完成建筑的建设；另一方面，绿色建筑在运营和使用过程中，需要发挥各项节能技术，直接利用各种自然能源或间接利用生物能的循环特性等手段降低建筑能耗。例如直接利用太阳能、风能，将自然能源转化为建筑内的使用能源；通过绿化种植等手段，对建筑起到冬季保温节水、夏季加强隔热、调节室内气候的作用。

（二）环保

绿色建筑的环保特点表现在节约资源、保护环境、循环利用、降低污染。在城市规划、建筑的设计与建造甚至使用等流程中始终贯穿"绿色建筑"理念，首先在建筑规划、选址时就要考虑与周边环境的协调，不破坏周围环境，尽可能采用清洁的、可再生能源与材料（例如废弃混凝土）在施工中通过科学管理、采用先进的施工技术、使用清洁的、可再生的建筑材料，减少能耗，避免对自然环境造成干扰。

（三）宜居

建筑的目的是为人类提供居住、工作、活动的生活空间，绿色建筑并不能够单纯地追求节能和环保而降低对建筑使用功能的要求。如果绿色建筑抛弃了其基本的使用功能而单纯地追求节能和环保,就会适得其反,反而造成了不必要的资源浪费和环境破坏。所以绿色建筑所追求的是节能环保与使用功能的最大效益比。而相较一般建筑而言,绿色建筑对于地理位置的选择、材料的使用、施工的工艺与技术、环境负荷、使用过程中的生态循环等各个方面都有更为严格的要求。可以说,绿色建筑比一般建筑更为健康、舒适和安全,是为人类提供高质量生活空间的宜居建筑。

(四)回归自然

人类活动与自然环境息息相关,建筑作为人类活动的场所,不可能孤立于自然环境而单独存在。绿色建筑并不是盲目的运用高科技手段,实现建筑的节能与环保,而是根据气候、资源、环境、文化、习俗等地域性差别,因地制宜地进行规划、设计与建设,在降低资源消耗、减小环境影响的基础上,实现建筑与自然的和谐统一。比如陕西的窑洞,建筑原理极为简单,造价也不高,但却有效地结合了当地环境特点,使得建筑冬暖夏凉、健康舒适,充分体现了节能和环保,并满足了使用功能的要求,不失为绿色建筑之典范。

(五)可持续性

绿色建筑是在全球推行可持续发展的过程中提出来的,绿色建筑与生俱来的一大特点便是可持续性。绿色建筑的可持续性的理念就是追求降低环境负荷,与环境相结合,且有利于居住者健康,其目的在于减少能耗、节约用水、减少污染、保护环境、保护生态、保护健康、提高生产力、有利于子孙后代。

二、绿色建筑与一般建筑的对比

根据绿色建筑的内涵和特征,绿色建筑与一般建筑存在着很大的对比。住建部副部长仇保兴在首届国际智能与绿色建筑技术研讨会上就表示,绿色建筑与一般建筑相比,主要有以下六大对比。

第一,一般建筑在结构上趋向于封闭,在设计上力求与自然环境完全隔离,室内环境往往不利于健康;而绿色建筑的内部与外部采取有效连通的办法,会对气候变化自动进行适应调节,就像鸟儿一样,它可以根据季节的变化换羽毛。

第二,一般建筑随着建筑设计、生产和用材的标准化、产业化,大江南北建筑的形式一律化、单调化造就了“千城一面”;而绿色建筑推行本地材料,建筑将随着气候、自然资源和地区文化的差异而重新呈现出不同的风貌。

第三,一般建筑是一种商品,建筑的形式往往不顾环境资源的限制,片面追求批量化生产,低成本建设,自我创造形象;而绿色建筑则将被看作一种资源,建筑及其城市发展都将以最小的生态和资源代价,在广泛的领域获得最大利益。

第四,一般建筑追求“新、奇、特”“大、洋、贵”,追求标志效应;而绿色建筑的建筑形式将从人与大自然和谐相处中获得灵感,“美存在于以最小的资源获得最大限度的丰富性和多样性”。重返2000多年前古罗马杰出建筑师维特鲁威提出的“紧固、适用、愉悦”六字真经上。

第五,一般建筑能耗非常大,建筑业是所有产业中的耗能大户和污染大户;绿色建筑极大地减少了能耗,甚至可以自身产生和利用可再生能源。一般而言,发电节能提高5%,汽车节能提高10%极为困难,而建筑节能轻易可达50%至60%。

第六,一般建筑仅在建造过程或者是使用过程中对环境负责,而绿色建筑是在建筑的全生命周期内,为人类提供健康、适用和高效的使用空间,最终实现与自然共生,从被动地减少对自然的干扰,到主动地创造环境的丰富性,减少资源需求。

三、绿色建筑经济评价的理论方法

(一)生命周期理论

1. 生命周期

(1)生命周期的概念

生命周期本是一个生命科学的术语,代表生物体从孕育、出生、成长、成熟、衰退到死亡的全部过程。美国经济学家雷蒙德·弗农却认为客观事物同样具有生命周期,他在发表的《产品生命周期中的国际投资与国际贸易》中提出了产品的生命周期理论。从此生命周期有了更加广泛的含义,国际标准化组织(International Standard Organized)也对产品的生命周期做出了更为准确的定义。

生命周期(Lift Cycle)即寿命周期,是指产品系统中前后衔接的一系列阶段,从自然界或从自然资源中获取原材料,直至最终处置。简单说就是产品系统“从自然中来，再回到自然中去”的一系列过程。对于产品系统而言，全生命周期也可称为全寿命周期，就是包括了原材料的获取、能源和材料的生产、产品的制造和使用、产品末期的处理和最终处置等各个阶段的整个过程。

按照雷蒙德·弗农提出的观点，生命周期一般可以分为创新期、成长期、成熟期、标准化期和衰亡期五个不同的阶段，可以总结概括为“从摇篮到坟墓”(Cmdle to Gmve)的一系列阶段。自生命周期的概念产生以来，其概念经过了不断地深化、扩展和完善，形成了一套适应性极强的理论，已被广泛应用于政治、经济、环境、技术、社会等各个领域。

(2)建筑的生命周期

按照生命周期理论，建筑作为产品系统中的一个种类，同样也应该具有生命周期。建筑的生命周期是指建筑从建造、使用直到拆除的一系列阶段。建筑的全生命周期就是这一系列阶段的全过程，包括原材料的获取，建筑材料与设备的加工制造，建筑的规划设计、施工建造、运营使用与维护、翻新改造及建筑最终的拆除与处置。

2. 生命周期评价

(1)生命周期评价法

运用生命周期原理可以对产品从产生到消亡的全过程进行客观整体的评价，即生命周期评价。生命周期评价(Life Cycle Assessment)又称为生命周期评估、生命周期分析，是指对一个产品系统的生命周期中输入、输出及其潜在环境影响的汇编和评价。通俗地说，就是衡量个产品在其生命周期中所消耗的资源和能量、产生的价值和废物及这些活动对自然环境和社会造成的影响和改变，其衡量对象包括资源、生态、人类健康及社会范畴内的所有属性和因素，最后评价减少这些负面影响的机会。

生命周期评价作为一种评估决策的方法，主要评价资源利用和废弃物排放的影响及评价环境改善的方法。其核心内容：由目的与范围确定(Goaland Scope Definition)、清单分析(Inventory Analysis)、影响评估(Impact Assessment)、解释说明(Interpretation)四个相互关联的部分组成，能够识别并避免产品在各阶段或各环节的潜在环境负荷的转移。生命周期评价作为一项可持续环境管理工具，既可用于产品的开发设计，又能够支持有关部门制定相关环境政策，是分析产品环境效益的主要方法手段，也是估计产品环境成本的重要前提条件。

(2)建筑的生命周期评价

按照生命周期评价的方法,我们可以对建筑生命周期中几个直接对环境造成影响的阶段进行客观评价。

①原材料获取阶段

原材料获取阶段实质上是人们为了取得生产建筑材料、设备所需的原材料而对自然资源进行开发、采掘的这一过程。许多沉积地下多年的物质因为人类活动而加入地球生物化循环,严重影响到地球物质的自然循环及环境负荷的平衡。随着需求的增加,开采范围和深度也在不断扩大,强烈冲击着生态系统和自然环境,地质结构遭到破坏、地质灾害随之发生,地球物理环境发生了不可逆的变化。

②材料设备加工制造阶段

材料设备加工制造阶段对环境的影响主要来源于两个方面:首先,在加工制造的过程中会产生诸多废料废渣,人们在弃置这些不需要的废料废渣的时候,会增加环境负荷、影响生态平衡。其次,经过加工制造的多道工序后,原材料发生了许多物理、化学变化,生成了许多自然界本不存在的物质。这些掺杂人类智慧结晶的制造物很难再回到地球物质的自然循环之中,其最终的处置也会对环境产生各种难以预估的影响。

③施工建造阶段

建筑的施工建筑阶段对环境的影响比较直接,最容易引起人们的关注。人们能够直观地感受到由于施工产生的粉尘、垃圾、污水、噪声对自己生活的环境造成的影响,都希望通过有效的技术措施和手段改善建筑的施工工艺和建造模式,减少施工建造对环境产生的负面影响。

④运营维护阶段

运营维护阶段是在建筑全生命周期中时间最长的一个阶段。建筑在单位时间内对环境的影响可能不像前几个阶段那么明显,常常容易被人们忽略。但是,这一阶段的各种负面影响是长期存在的,并且经过长期的累积后影响十分巨大。由于这一阶段的长期性,可以说运营维护阶段是影响建筑生命周期评价的关键。

⑤最终处置阶段

建筑的拆除虽然意味着建筑使用功能的结束,但并不代表建筑生命周期已经完结。建筑拆除后的大量建筑废弃物会产生巨大的环境负荷,我们可以一些适当的处理方式减轻这种环境负荷。对于可重复使用的材料进行回收再利用,对于有可能使用的废弃物转为其他适当用途,对于完全不可用的废弃物妥善进行粉碎、降解、掩埋处理等,尽可能降低建筑对环境造成的压力和危害。

3. 生命周期成本

(1)生命周期成本法

传统意义上的产品成本通常是指产品在生产过程中的支出费用，即生产成本。从生命周期的角度来看，产品系统的成本总量不应该仅限于生产成本，应该是生命周期成本。生命周期成本(Life Cycle Cost)是指产品在整个生命周期中所有支出费用的总和，也就是从原材料的获取及产品的研发设计，直到产品的使用和废弃处置的所有支出费用，包括了企业的开发成本、生产成本和用户的使用成本。从广义上讲，生命周期成本甚至还包括了贯穿于整个生命周期中政府的责任成本，主要是污染处理、环境改善、社会保障等方面的财政支出费用。

生命周期成本法作为一种研究生命周期内的所有成本费用的具体方法，是衡量产品系统所需总投入的重要依据。不仅可以用于产品的成本计算，还可以预估资产的成本变化，分析劳动力的成本构成，能够真实地反映出各个阶段的各项成本。其过程主要分为确定基本成本分类、细化成本分类、定义和量化成本组成要素、估计体系经济寿命、合计成本总量五个步骤，关键就在于确定生命周期和成本分类。

对于不同的产品系统，根据其共性，生命周期成本大体可分为生产、运行、处置三个阶段。一般情况下，生产阶段成本影响因素最多，成本投入变化最大；运营阶段成本投入最为稳定，单位时间内的成本也最低；处置阶段成本投入会有所回升，成本会由于不同的产品性质而大有不同。

(2)建筑的生命周期成本

建筑既是一种产品(房地产、商品房)，也是一种资产(自持物业、公共建筑)，运用生命周期成本法可以完整地分析计算建筑在生命周期中所需的各项投入及成本总量。对于建筑生命周期成本而言，从经济角度来看可分为内部成本和外部成本，从主体对象来看可分为企业成本、用户成本、政府成本，从时间角度来看可分为初始成本和未来成本，从生命周期来看可分为规划设计成本、施工建造成本、运营维护成本、最终处置成本。将各种成本分类进行整合与细化可以更直观地理解建筑的生命周期成本，如表 4－1 所示。

表 4—1　建筑的生命周期成本分类

<table>
<tr><td colspan="2" rowspan="2">对象
阶段</td><td colspan="2">内部成本</td><td>外部成本</td></tr>
<tr><td>企业</td><td>用户</td><td>政府</td></tr>
<tr><td rowspan="2">初始成本</td><td>规划设计</td><td>方案规划设计成本
报批报建费用
土地成本</td><td rowspan="2">购置成本税金</td><td>行政成本</td></tr>
<tr><td>施工建造</td><td>材料成本
机械设备成本
施工能耗成本
人力成本
税金
规费</td><td rowspan="3">行政成本
污染治理成本
环境改善成本
社会保障成本
社会发展成本未</td></tr>
<tr><td rowspan="2">未来成本</td><td>运营维护</td><td></td><td>资源使用成本
排污处理费用
设备维护成本
建筑维修成本</td></tr>
<tr><td>最终处置</td><td></td><td>弃置成本
残值回收</td></tr>
</table>

其中，部分成本会由于经济活动与政府调控而发生成本转移，比如企业在规划设计和施工建造阶段的各项成本会转变为用户的购置成本，而政府的各项基本成本也会从税金及规费中得到补贴。为了避免因成本转移而重复计算，在进行成本统计时需要将转移后的成本进行前置。于是，我们从成本根源入手综合考虑生命周期与对象主体因素来分析建筑生命周期成本构成，将其分为生产者成本、使用者成本、社会责任成本，并考虑残值收益。

考虑到生命周期内各项成本的时间价值，于是建筑的生命周期成本可以按公式(4—1)计算：

$$LCC=C1+\sum_{t=0}^{T}C2(1+i_c)^{-1}+\sum_{t=0}^{T}C3(1+i_c)^{-1}-S(1+i_c)^{-T} \qquad (4-1)$$

式中

LCC——建筑的生命周期成本；

$C1$——建筑的生产者成本；

$C2$——第 i 个周期内建筑的使用者成本；

$C3$——第 i 个周期内的社会责任成本；

S——建筑的残值收益；

i_c——折现率；

t——折现计算周期；

T——生命周期。

从生命周期成本的角度出发，绿色建筑会因为合理的规划设计及绿色建筑技术措施的有效运用，导致设计、建造阶段产生较大的成本投入，而在运营维护及环境补偿方面使成本有所节约，即生产者成本的增加换来使用者和社会成本的降低。增加的成本势必会成为绿色建筑的增量成本，节约的成本则会变相成为绿色建筑的经济效益。为了使统计模型简单直观，我们把绿色建筑与一般建筑进行对比，主要分析绿色建筑的增量成本和效益。然而绿色建筑并非只产生经济效益，还会带来一些环境和社会方面的效益，要衡量这方面的效益，就需要引入经济的外部性理论。

（二）外部性理论

1. 外部性

外部性（Externality）又称为外部成本、外部效应、溢出效应，是指经济活动中的一个主体的行为直接对另一个主体产生的非市场性影响。这种影响一般产生于生产和消费的过程中，影响结果可能有益也可能有害，有益的影响称为正外部性或外部经济，有害的影响称为负外部性或外部不经济。通俗地讲，外部性就是生产者或消费者的行为对别人产生了有益或有害的影响，却没有因此而得到补偿或付出代价。

外部性产生的原因主要是由于经济活动中的某种行为产生了难以被市场价值所衡量的额外影响，这种影响产生于决策之外，或者并非经济主体的一致意愿，以至于产生这种影响的行为无法通过市场交易得到相应的市场回报。外部性虽是经济活动中产生的效应，却涉及自然环境与社会的一切生物与非生物因素，具有广泛的研究意义。

外部性最早只是一个简单的经济学概念，起源阿尔弗雷德·马歇尔提出的“外部经济”。后来经过“庇古税”学说和“科斯理论”的丰富和深化，才逐渐形成了如今的外部性理论。运用外部性理论能够更好地理解经济活动的社会总价值，有助于研究外部效应的内部化方法和手段。

2. 建筑的外部性

建筑作为多项经济活动的集合体，对经济、环境、社会都会产生一定程度的影响，而这些影响并不能完全回报给建筑活动的主体，即生产建设者和消费使用者，因此建筑具有强烈的外部性特征。基于这个前提下，我们通过进行生命周期评价会发现建筑所造成的外部效应影响巨大，外部成本不可忽视；通过进行生命周期成本分析，可以认为建筑的外部成本就是生命周期成本中由政府承担的环境成本与社会成本。通常建筑的生产者与使用者不必承担这部分外的成本费用，致使建筑在生产使用的过程中不愿为降低外部成本的技术措施买单，间接地将某些成本转嫁给政府和社会。为了改变这种现状，除了政府的宏观调控手段外，更需要改变建筑的性质特征、转变建筑的生产与使用方式，于是绿色建筑孕育而生。

绿色建筑主要是通过绿色技术措施的实施，来减小对环境影响的负外部效应，并对社会的发展产生正外部效应。虽然绿色建筑会因为采用某些技术措施而增加内部成本投入，但其外部成本费用支出也会随之减少，于是产生了外部效益。评价绿色建筑是否经济的关键，就在于分析绿色建筑的这种外部效益。其实质就是要计算绿色建筑这种成本投入的增加是否能换来有效的外部效益回报，也就是绿色建筑内部成本的增加是否能够减少社会总成本投入，即内部成本增加量是否小于外部成本减少量。因此，除了使用外部性理论外，还要运用一些外部效应内部化的方法，下面就简单介绍几种外部性的量化方法。

3. 外部性的量化方法

(1)疾病成本法

疾病成本法(Cost of Illness Approach)是一种评价环境污染对人体健康和劳动能力损害造成的经济损失的方法。运用疾病成本法可以计算所有由疾病引起的成本，主要包括疾病治疗费(门诊费、住院费、医药费、护理费等)和误工费(由于疾病使劳动时间减少或劳动效率下降造成的收入损失)。计算的关键就在于确定一个可以反映污染程度对健康影响程度关系的函数，主要步骤分为确定污染量、确定疾病增加量、额定相关成本费用、最后计算由于污染引起的疾病造成的各项费用和损失。

可见，疾病成本法可以很好地计算环境变化对健康造成影响的外部成本，而我们可以通过计算这种外部成本的增减来对环境影响造成的损害或带来的效益进行价值评价，从而量化具有环境外部性项目的外部效应。通过生命周期评价和外部性理论可以判断建筑会对环境造成巨大影响,具有较强的环境外部性,于是运用机会成本法就能够量化这种建筑的外部效应成本,据此可以比较绿色建筑与一般建筑在环境方面产生的不同效应量,从而衡量绿色建筑所产生的环境效益。

(2)机会成本法

机会成本法(Opportunity Cost Approach)是指在无市场价格的情况下,资源使用的成本可以用所牺牲的替代用途的收入来估算。也就是说保护环境的价值,不是直接用环境资源的收益来测量,而是用为了保护环境而牺牲的可替代选择的最大价值去测量。例如政府为了治理污染、改善环境需要投入巨大成本,若某个项目能够降低环境负荷就能够减少政府在这方面的成本投入从而产生外部效益;机会成本法就是通过计算这种外部效应影响所需的外部成本来衡量项目所产生的外部效益量。

因此,机会成本法不仅可以用于项目环境与社会价值的评估,还可用于项目环境与社会效益的量化与比较,为具有不同环境和社会外部效应的项目提供择优和决策的依据。要比较绿色建筑与一般建筑的外部效应区别,体现出绿色建筑的外部效益并衡量这种外部效益,就需要运用机会成本法对建筑的外部效应部分进行量化比较。

(3)成本效益分析法

成本效益分析法(Cost Benefit Analysis)又称为费用效益分析法,是通过统计并比较项目的全部成本和效益来评估项目价值的一种方法。也就是说,成本效益分析法是从全社会的角度来分析需要为项目付出的经济、环境、社会代价和项目所能产生的经济、环境、社会效益,然后量化这些代价和效益并进行比较,最后通过计算相应的经济指标反映出项目的实际价值,并对项目的经济性、合理性做出评价。

成本效益分析法的概念雏形是法国经济学家朱乐斯·帕帕特在19世纪提出的“社会的改良”,后来直到“卡尔德—希克斯准则”的诞生,才形成了成本效益分析的理论基础。随着经济的发展与政府投资项目的增加,成本效益分析法常被用于政府投资项目的决策之中。其过程一般包括以下五个步骤:成本与效益的识别、投入成本的确定、额外效益与可节约成本的确定、评估难以量化的成本与效益、计算成本效益的经济评价指标。

成本效益分析涵盖了项目对资源的全部消耗和产生的全部经济效益,能够真实地反映项目投入、产出的经济价值,对一些特殊项目的分析具有不可替代的作用。一般情况下,具有垄断特征的项目、产出具有公共产品特征的项目、外部性显著的项目、资源开发项目、涉及国家经济安全的项目、受过度行政干预的项目都应该采用成本效益分析法来评估项目价值。对于外部性显著且涉及资源开发的绿色建筑而言，就必须采用成本效益分析法才能对绿色建筑的成本与效益进行完整准确的分析。

第二节　绿色建筑经济评价指标

一、净现值

净现值(Net Present Value)本用于计算投资方案获利能力的动态评价指标，是按行业收益率或投资折现率将各年的现金流量折现到初始起点的现值之和。将其用于绿色建筑的经济性评价，就是把绿色建筑成本增量视为投资费用，把绿色建筑效益视为投资回报来计算绿色建筑所增加的投入是否物有所值。计算方法如公式(4－2)所示：

$$\mathrm{NPV}=\sum_{t=0}^{T}(B-C)(1+i_c)^{-1} \tag{4－2}$$

式中

NPV——财务净现值；

B——第 i 个计算期内的绿色建筑效益；

C——第 i 个计算期内的绿色建筑增量成本；

i_c——折现率；

t——折现计算周期；

T——绿色建筑的生命周期

NPV＝0 时，表示绿色建筑增量成本刚好能够通过绿色建筑效益收回；NPV＞0 时，表示绿色建筑增量成本投入不仅能够收回，还能够产生而外收益，并且数值越大这种收益就越大；NPV＜0 时，表示绿色建筑增量成本无法通过绿色建筑效益收回。

二、投资回收期

投资回收期也叫本金返还期，是指通过效益回收成本所需的时间，是反应成本投入回收能力的重要指标。对绿色建筑而言，投资回收期就是绿色建筑增量成本与绿色建筑效益经济价值等效的时间。可按是否考虑成本效益的时间价值，分为静态投资回收期和动态投资回收期。

(一)静态投资回收期

静态投资回收期就是在不考虑成本效益时间价值的前提下,计算效益收回成本的时间。计算原理如公式(4—3)所示:

$$\sum_{t=0}^{T}(B-C)_t=0 \tag{4—3}$$

式中

P——绿色建筑增量成本的静态投资回收期;

B——第 t 个计算期内的绿色建筑效益;

C——第 t 个计算期内的绿色建筑增量成本;

t——折现计算周期。

用原理公式计算静态投资回收期比较困难,所以在具有恒定的未来净收益的项目中,即未来每年效益与增量成本的差值一定时,为了计算方便,我们可以采用公式(4—4)的方法来计算静态投资回收期:

$$P=\frac{C_x-B_x}{B_y-C_y} \tag{4—4}$$

式中

P——绿色建筑增量成本的静态投资回收期;

C_x——初始增量成本;

C_y——未来每年的增量成本;

B_x——初始效益;

B_y——未来每年的效益。

(二)动态投资回收期

动态投资回收期就是在考虑成本效益时间价值的前提下,计算效益收回成本的时间。计算原理如公式(4—5)所示:

$$\sum_{t=0}^{P_t}(B-C)(1+i_c)^{-t}=0 \tag{4—5}$$

式中

P_t——绿色建筑增量成本的动态投资回收期;

B——第 t 个计算期内的绿色建筑效益;

C——第 t 个计算期内的绿色建筑增量成本;

i_c——折现率；

t——折现计算周期；

动态投资回收期比较难以计算，一般可以通过计算出每年的净现金流量现值的办法来求出动态投资回收期。

三、内部收益率

内部收益率(Internal Rate of Return)实质上是折现率，它使得项目的总收益现值等于总成本现值，简单来说就是能使净现值等于零的折现率。对绿色建筑而言，内部收益率反映的是绿色建筑增量成本投入所能达到的实际收益率，是衡量绿色建筑增量成本产生效益的能力的重要指标。其计算原理如公式(4－6)所示：

$$\sum_{t=0}^{T}(B-C)(1+\mathrm{IRR})^{-1}=0 \qquad (4-6)$$

式中

IRR——内部收益率

B——第 t 个计算期内的绿色建筑效益

C_y——第 t 个计算期内的绿色建筑增量成本

t——折现计算周期；

T——绿色建筑的生命周期

内部收益率的计算，一般是先找出两个折现率 i_1、i_2，使得与之对应的净现值尽可能接近零，且 $\mathrm{HNPV}_1>0$，$\mathrm{NPV}_2<2$，然后使用内插法求的新折现率 i^*；比较 i_1、i_2、i^* 后，在保证其净现值一正一负的前提下舍弃一个绝对值较大的净现值所对应的折现率，然后再进行上一步操作，如此迭代多次直至求得满足误差要求的内部收益率为止。

四、投资收益率

投资收益率是衡量投资方案获利水平的静态评价指标，是项目能够获得稳定收益后每年项目的净收益额与投资额的比率，表示项目的单位投资每年所能创造的净收益额。对于收益额变化较大的项目，可以计算其年平均收益额与投资额的比率。投资收益率由于计算简单、应用广泛，容易被人们所理解而常被用于投资决策。对绿色建筑增量成本而言，就是反应单位初始净投入额所能产生的未来年平均净收益。计算方法如公式(4－7)所示：

$$R=\frac{B_y-C_y}{C_x-B_x} \tag{4-7}$$

式中

R——投资收益率

C_x——初始增量成本；

C_y——未来每年的增量成本；

B_x——初始效益；

B_y——未来每年的效益。

五、净现值指数

净现值指数(Net Present Value Index)是项目的净现值与总投入现值的比值，表示单位投入额所能产生的净现值量。净现值指数作为一个考察项目单位成本投入的获益能力的指标，常常作为净现值的补充，与净现值一同被视作项目盈利能力的衡量依据。对于绿色建筑而言，就是要计算其单位增量成本所能产生的效益现值。可按照公式(4—8)计算：

$$\mathrm{NPVI}=\frac{\mathrm{NPV}}{C_{al}} \tag{4-8}$$

式中

NPVI——净现值指数；

NPV——净现值；

C_{al}——总增量成本；

六、净现值贡献率

净现值贡献率(Net Present Value Contribution Rate)是在净现值指数的基础上计算出来的，是单项净现值指数与累计净现值指数的比率，能够反应项目中某个分项的单位投入额所产生的净现值对整个项目净现值的贡献程度，也就是收益贡献程度。对绿色建筑而言，就是计算某项绿色建筑技术措施或某个分项的增量成本投入产生的净现值对整个项目净现值的贡献率，可按公式(4—9)计算：

$$\mathrm{NPVCR}_j=\frac{\mathrm{NPVI}_j}{\sum_{j=1}^{n}\mathrm{NPVI}_j} \tag{4-9}$$

式中

$NPVCR_j$——j 措施或分项的净现值贡献率；

$NPVI_j$——j 措施或分项的净现值指数；

n——绿色建筑措施或分项的总数。

第三节　绿色建筑节能经济性评价

一、绿色建筑及节能理论

(一)绿色理论

1. 绿色建筑概念

“绿色建筑”的“绿色”并非指狭义上增加建筑植被绿化，而是指在项目初期融入良好的设计理念和技术手段，使得建筑在整个生命过程中实现生态环保和资源节约，从而实现建筑的绿色化。

对于绿色建筑的定义，可参考《绿色建筑评价标准》，其中明确指出绿色建筑考察范围是其整个全生命周期，目的在于尽可能多地实现能耗、土地、建材、水资源等的节约，减少建筑建造和运行阶段带给环境的污染，为人们提供更宜居、健康、高效的建筑空间，实现人、建筑、自然的和谐共存。

通俗来说，绿色建筑就是通过设计方案的优化和绿色技术支持，降低建筑对环境生态的不利影响，并充分利用自然可再生资源(太阳能、自然光和风能等)，降低建筑对传统能源的依赖，从而为人创造更加健康、舒适、接近自然的生活环境。

2. 绿色建筑的特点

(1)专注到建筑全生命周期

所谓全生命周期包含从建筑材料的制造开始，到选址、规划及单体设计、施工建造、投入运营及拆除回收的整个过程。这个生命周期意味着项目在初期建材选择上就该遵循就近取材的原则，并考虑较多的利用再生可循环利用材料，降低建材环节的运输成本和对环境的损害。因此，绿色建筑的理念是渗透到建筑方方面面和整个生命过程之中的，并且需要在前期就考虑充分。

(2)强调各类能源的节约

我国评价标准对绿色建筑提出“四节一环保”的要求，并最新强调施工过程的绿色措施和环境保护。

(3)运行维护费用低

绿色建筑在前期投入大量精力优化设计,并采用先进技术降低能耗,积极利用自然资源和可再生资源,使得项目建成投入使用后,绿色建筑具备较普通建筑更低的运行费用,实现后期收益。

(4)实现人、建筑、自然的统一

绿色建筑要求实现和周边自然环境的共生,尽可能地减少建筑能耗,降低环境的碳排放压力,并严格控制建筑建造过程中产生的污染、使用可再生建材降低建筑垃圾对环境的损害。力求创造健康、舒适、无毒的室内居住环境和绿色、洁净的室外活动空间,实现人、建筑和环境的和谐统一。

3. 绿色建筑、低碳建筑、生态建筑

建筑行业在面临行业转型的压力下,“绿色建筑”并非是响应环保和能源困境而提出的唯一概念。与其相近的还有“低碳建筑”“生态建筑”,其内涵看似相似但并不完全相同,明晰这些概念的含义和之间的区别。

绿色建筑考察范围是其整个全生命周期,目的在于尽可能多地实现能耗、土地、建材、水资源等的节约,减少建筑建造和运行阶段带给环境的污染,为人们提供更宜居、健康、高效的建筑空间,实现人、建筑、自然的和谐共存。

低碳建筑同样也是考察建筑的全生命周期,力求在建材生产、项目施工和使用运营的全过程中,提高能源利用率,降低对化石能源的依赖,从而实现 CO_2 的减排,可见低碳建筑着重强调建筑的 CO_2 减排方面,也是面对能源危机、环境破坏应运而生的一种建筑形式。

对于生态建筑而言,特别重视建筑与其所处生态环境之间的关系,将生态学合理运用到建筑上来,以期实现建筑与生态环境的有机结合,并保证建筑内部环境具备良好的生态微气候环境和较强的生物气候自我调节能力,使得居住者获得更舒适自然的生活环境,最终在人、建筑与自然生态环境之间建造出一个良性循环系统。由此可以看出,生态建筑追求的是在建筑中营造一种自给自足的良性生态循环模式,是建筑与生态结合的又一建筑形式。

从以上分析中可以看出,三者都是建筑业为改善环境、应对能源危机而出现的新的建筑形式,都是力求建筑与自然的和谐发展。而低碳建筑和生态建筑各有其发展的侧重点,绿色建筑的内涵更加全面,低碳建筑和生态建筑可视作实现绿色建筑的不同形式和方法。

(二)建筑节能理论

1. 建筑节能的概念

建筑节能可以从广义和狭义两个角度来阐述。广义上的建筑节能从建筑全生命周期的角度出发,包含建材设备的制造过程、项目施工过程、投入运营使用过程及拆除回收的整个建筑生命过程,通过节能技术手段实现节能目标。而狭义上的建筑节能仅针对建筑投入使用后的运营能耗节能优化,其重点在于如何降低维持建筑运营的一系列设备能耗值,如采暖、空调、照明等各部分能耗。

建筑能耗是全生命周期中运营使用部分产生的能耗,即为狭义上的建筑能耗。这是因为建筑投入使用后的运营能耗占整个生命周期的约80%,是其全部能耗的最大部分,并且建筑在除使用阶段过程外的能耗,并不是建筑设计所需关注的主要对象。

我国最新版《公共建筑节能设计标准》中指出,公共建筑的节能设计要依据当地的自然气候条件,提高围护结构的保温隔热性能和建筑设备的能效,并不能以牺牲建筑室内环境舒适度为代价。此外,可积极采用清洁、可再生能源代替传统能源,从而减低建筑运营能耗。实现建筑节能最主要的三个方法:一是通过提高建筑围护结构的保温隔热性能;二是提高建筑设备系统的能效;三是积极利用清洁和可再生能源。

从中看出,建筑节能的主要目的是在保证建筑的使用功能和居住环境的前提下,通过设计和技术手段减低建筑使用阶段的运行能耗。本书针对绿色建筑节能部分展开详尽研究,力求涵盖节能部分可能包含各个分项部分。对于绿色建筑所涉及的节水、节材、节地,甚至施工过程和运营管理部分经济性评价研究,在今后的论文中可沿用本书的分析方法进行详细拓展研究。

2. 绿色建筑节能的设计原则

(1)整体设计原则

绿色建筑的节能设计要求整体出发,其节能设计应渗透到方方面面,从最初规划设计到方案设计再到深化设计的各个阶段之中。节能设计不能是在方案完成之后,为了实现所谓的“绿色”,再额外增加一些绿色技术措施,比如增设太阳能、种植绿化等这些“表面功夫”。绿色建筑应重视整体方案的节能设计,从前期开始着手研究,每一步都要考虑到对节能性能的改善,重视项目方案与高性能设备的联合使用。

(2)地域适应性原则

绿色建筑的设计讲求因地制宜,应结合所在地地形及气候条件采用不同设计方案,不同热工分区的绿色建筑具备其相应的地域特征,如若将温和地区的绿色建筑照搬到严寒地区,甚至可能无法满足强制性节能要求。建筑的绿色性不能仅仅依靠主动式设备实现,更应该从建筑本身设计出发,而被动式节能和地域条件息息相关,不同地区的地形条件、气候条件都会有所差异,例如建筑布局和建筑朝向都受到日照和风向等因素的影响。因此绿色建筑节能设计应遵循地域适应性。

(3)生态性原则

绿色建筑追求的终极目标是实现和自然的和谐共生,这就要求绿色建筑设计要遵循生态性原则,即用现代技术结合生态学理论构建绿色设计理念,遵循自然、保护自然,实现建筑与环境的良性发展。同时,绿色建筑应尽可能多地利用自然资源,如太阳能、风能、地热能等,减少对传统化石能源或其他高污染能源的依赖,降低环境治理压力,构建和谐的生态人居环境。

(4)构建宜居的室内环境原则

绿色建筑的节能目标不能通过牺牲室内舒适度实现,绿色建筑应实现节能和室内环境舒适度的双赢,即在保证甚至提高室内舒适度的前提下,减低建筑的运行能耗。如依靠地热能进行空调采暖改善室内热环境,利用外遮阳降低夏季太阳辐射得热,采用高性能的建筑保温隔热材料减少冷热负荷。

二、工程经济学相关理论

(一)工程经济学分析原则

工程经济学是针对既定的工程技术实践活动目标,分析技术实践过程所付出的代价及实现目标后的贡献,以此为基础设计、评价、以最少的代价,可靠的实现目标或相对令人满意的方案的学科。即工程经济学主要是对工程实践活动的经济效果进行分析和评价。其分析应遵循以下基本原则。

1. 技术与经济相结合原则

技术的进步促进了经济的发展,而技术又是在当下的经济条件中产生和变革的,因此评价分析建设项目的经济可行性和财务合理性时,必然不能将其与对技术可行性的论证脱离开来,必须坚持技术与经济相结合原则。

2. 定性与定量分析相结合,定量分析主导

定性分析是指以相关政策法规和产业发展规划为基础,预测并评价建设项目未来的发展情况。定量分析则是依据项目评价各个指标的具体计算数值评价项目未来发展走向的方法。二者都是对经济情况的评价手段。

任何工程项目都需要对财务、价值、风险等问题采取详细的定量分析,来明晰项目今后的发展趋势,但与此同时实际中也会存有一些难以量化的指标,比如对社会环境、人员健康及满意度、国家经济的影响,此时就需要结合必要的定性分析。在实际操作中,将定性分析与定量分析相结合,并以定量分析为主,辅以定性分析,相互补充优化,使得对工程项目的经济评价更加全面。

3. 动态与静态分析相结合,动态分析主导

所谓动态分析指的是在对项目经济评价的过程中,考虑到资金的时间价值和项目发展的时间内外部环境发生变化,因此,要求在对经济评价指标计算过程中采用动态评价,以求计算结果更加真实符合实际。

4. 系统分析原则

在对工程项目进行经济分析时要从整个项目系统整体出发,任何工程项目都具备开放性和整体关联性,因此需把绿色建筑看成一个完整、独立的整体,不能把技术和建筑分裂开来,用系统工程的思维对项目评价结论做综合的分析。

(二)绿色建筑增量成本理论

1. 绿色建筑增量成本的概念

经济学上的增量成本概念指的是当生产量增加后商品的总成本与生产量增加前总成本的差额,即商品价格受销售量的密切影响的那部分成本。此外,当有多个方案比较时,选取其中一个方案成本作为基准,其他方案与之比较的成本差额,也是增量成本的一种表现形式。而对于绿色建筑而言,增量成本是指建设项目按照《绿色建筑设计标准》设计,旨在获得绿色评级而使得在项目建设过程中增加的成本份额。绿色建筑增量成本是绿色建筑成本减去基准建筑成本的成本差额,满足国家或地区标准强制标准要求的项目成本称为基准建筑成本,而绿色建筑成本是指项目为满足《绿色建筑评价标准》中条例要求导致的成本。综上所述,

绿色建筑节能增量成本是指绿色建筑相较于基准建筑为提高其节能性能而增加的成本投入。

2. 绿色建筑增量成本的影响因素

我国幅员辽阔，全国共有五个热工分区，包括 11 个子区（严寒 A、B、C 区、寒冷 A、B 区、夏热冬冷 A、B 区、夏热冬暖 A、B 区、温和 A、B 区），气候条件差异巨大，所以全国并非执行同一部节能标准，查阅不同地区强制性节能标准后发现，由于我国不同地区执行不同的节能标准，各项要求存在差异，比如，不同省市对于建筑太阳能热水系统使用率的要求不同，节能率要求也有所差异。这就造成基准建筑的节能要求不同，基准成本衡量标准不同，从而导致绿色建筑增量成本存在差异化。

此外，各地区资源情况存在差异，经济发展也有所不同，导致建材及设备采购成本也存在差额。在计算项目增量成本时，应根据项目所在地市场的价格计算其增量成本，使得分析结果更真实可靠。

总的来说，绿色项目的增量成本主要受两部分因素影响：硬性因素和软性因素。硬性因素主要指一些政策层面因素，如地方的节能标准要求及地方对可再生能源的政策。软性因素涉及绿色项目的规模、对于室内环境质量的要求、市场上相关技术产品的价格及大众绿色意识的影响。

（三）绿色建筑增量理论

1. 绿色建筑增量效益的概念

经济学上增量效益的概念是指改扩建项目在同一时间条件下，相较于不改扩建项目的效益增量。那么对于绿色建筑而言，其增量效益指的是达到绿色要求的绿色建筑相较传统建筑，在投入运营后带来的收益增量。这个增量效益包括三个方面，分别是直接经济效益、环境效益和社会效益。直接经济效益由于收益直接、受益主体明确又称作显性效益，环境效益和社会效益因收益间接，且受益主体复杂故又称作隐形效益。

2. 绿色建筑增量效益组成

直接经济效益是指因绿色建筑具备的节能性能，而在投入使用阶段比传统建筑节约的各类运行能耗费用，可通过分析绿色建筑能耗，算出其节能量，即计算出其较基准建筑所降低的能耗，再按照绿色建筑所在地区的能源价格，折算出节约的经济效益值。

绿色建筑环境效益又可分为两部分，即室内环境效益和室外环境效益。室内环境效益主要针对的是室内空气质量带来的效益，建筑室内装修和各类设备气体排放是造成室内环境污染的最主要元素。建筑室外环境的影响有两个部分组成，其一是绿色建筑减少的碳排放，绿色建筑节能性保证绿色建筑在运营过程中消耗更少量的传统能源，节约的传统能源降低了发电中对煤炭的消耗，减少了 CO_2 及其他污染性气体的排放，减弱城市的温室效应和酸雨现象，保护了环境；其二是减少的建筑垃圾污染，按照我国绿色建筑评价标准的要求，绿色建筑与传统建筑相比，更多采用本地建材和可回收再利用的建筑材料，省去了大量的建材运输费用，建筑材料本身也较为环保，也将建筑拆除后的建筑垃圾对环境的影响破坏降低到最小。

绿色建筑社会效益的含义较为广泛，大致上包括微观和宏观两个方面，微观效益是指较好的居住环境对居住者生活质量的提高，降低其患病概率，提高其工作效率；宏观上是指对社区城市精神面貌的改善，同时提升人民的绿色意识，改变其传统的生活和消费习惯，通过人和社区城市的共同努力构建自然和谐的社会状态，促进国家的稳固发展。

（四）绿色建筑经济评价理论

1. 绿色建筑经济评价内涵

对建设项目采取经济评价指的是在选定的计算周期内，对方案采用的相关技术的经济效果，即对成本与产出的经济、财务数据进行详细研究和分析，给出方案的经济效果预判和评价。当存在多个方案的时候，可依次对各个方案的经济效果进行分析，研究其经济财务上的可行性和合理性，全方面、多层次地比较筛选，为从经济角度评判待建项目可行性提供参考依据。

经济学上对项目经济效果的评价，依据评价的角度、构成、参数，方法和依据的不同，分为财务评价和国民经济评价两种，其中财务评价是从企业管理的角度出发，分析所投项目对公司的盈利效果；国民经济评价是从国家管理的角度出发，旨在探求项目对国民经济的推动作用。考虑到本书是从开发商角度出发，希望帮助开发商在项目投资初期更好地判断绿色建筑的经济效果和财务可行性，因此，选用更为全面的财务分析评价绿色建筑。

2. 绿色建筑经济评价指标

如何全面真实地评价绿色建筑项目的经济效果，其正确性取决于两个方面：一是对项目评价的经济财务数据是否完整可靠；二是经济评价选取的指标体系是否合理正确。只有当选取评价指标合理，用到的基础数据正确有效，才能保证最终得到的经济评价结果符合项目建设的实际情况，才具备参考价值。

经济学上评价投资项目的经济指标有很多，大致上可以分成三大类，包括价值型指标、效率型指标和时间型指标。价值型指标中包括净现值(NPV)和净年值(NAV)；效率型指标中有外部收益率(ERR)内部收益率(IRR)、净现值指数(NPVI)、效益费用比(B/C)、投资回收率(R)等；时间型指标有投资回收期(其中又分动态投资回收期和静态投资回收期)和借款偿还期等。

评价投资项目经济性指标的选择并不固定，根据评价的侧重点、所需深度要求、基础数据条件及项目自身条件，酌情采用不同的指标，可以选用最需要的单个指标，也可选用多个指标从不同角度综合评判。本书从投资的角度出发，希望在拟建项目投资之初对其经济效果进行预判，为迎合开发商对投资回报期长短的关注及评价结果更贴近实际指标考虑到资金的时间价值。

3. 绿色建筑的敏感性分析运用

将敏感性分析运用到绿色建筑项目的经济性分析中，有助于投资者从多个不确定性变化因素中找到对经济效果影响最大的部分，并具体分析其对经济效果的影响情况，帮助投资者了解项目的潜在影响如何及在面临风险时的项目的经济情况，并更好地对这些不确定因素加以灵活控制。有助于投资者在项目各阶段对成本、政策、效益等因素进行动态控制。

三、绿色建筑节能经济性评价

(一)绿色建筑增量成本

1. 节能成本分析

绿色建筑的节能成本，是指为确保建筑具备节约能耗性能而产生的一系列费用。建筑节能性能主要从围护结构、空调采暖系统、采光照明系统及可再生能源系统四个方面着手，即通过提高围护结构的保温隔热性能改善其热工性能及提高空调采暖系统及机械设备的效率，同时更加注重利用自然采光并使用高效的照明灯具，最后积极利用各类可再生能源。

(1)围护结构成本

在整个建筑热损耗中，通过围护结构热传导导致的热量损耗占70%～80%，所以加强绿色建筑节能性能，首要考虑的就是提高围护结构的热工性能，这对提高建筑整体节能的意义重大。围护结构节能成本包括外墙节能、门窗节能、屋顶节能、外遮阳节能等，下面具体展开介绍。

建筑外墙是围护结构重要组成部分，绿色建筑通常通过复合构造提高外墙保温隔热性，主要分为外保温、内保温及中间保温三大类，外墙节能性评价主要考察的是外墙平均传热系数值，外墙节能成本即指外墙为达到节能标准而付出的资金成本。

建筑外门窗的热损失主要由两方面造成：一是由门窗主体结构传热散失；二是由门窗缝隙渗透散失。因而降低门窗热损耗提高其热工性能是非常必要的，主要通过：①提高门窗气密性，降低冷风渗透量。②控制窗墙比，我国《民用建筑热工设计规范》中明确了各地区不同朝向的住宅窗墙比。③提升门窗保温隔热性能，如外门增加保温层、采用双层玻璃等。外门窗的节能成本即为此投入的资金成本。

屋面热损失仅次于外墙和门窗，由于受太阳直接照射，其温度通常要高于其他围护结构，因此热辐射在很大程度上影响室内空气温度，容易造成顶层冬冷夏热现象。屋面与外墙相似主要靠增设保温层加强其保温隔热性能，屋面节能性评价主要也考察的是屋面平均传热系数值。屋面节能成本即指屋面为达到节能标准而付出的资金成本。

近年来外遮阳越来越受重视，合理设置外遮阳可以大大减少太阳对建筑室内的直接热辐射，避免眩光，提高建筑的节能性。外遮阳的节能性评价主要考察的是窗户遮阳系数值。外遮阳节能成本即为其达到节能标准而付出的资金成本。

综上所述，围护结构节能成本包括外墙节能成本、门窗节能成本、屋顶节能成本、外遮阳节能成本等，主要指各部分为达到节能标准而付出的资金成本。

(2)空调采暖系统成本

空调采暖系统是绿色建筑能耗中又一重要部分，在绿色建筑投入使用后，建筑能耗中很大一部分用于空调采暖系统的运行使用上，因此为降低绿色建筑的运营能耗，需采用高效的空调采暖系统。我国各地节能设计标准和绿色建筑评价标准中也对空调采暖系统中各个能效指标值提出了明确要求。

绿色建筑在前期设计中降低空调系统能耗的方法有降低设计负荷、调节新风和送风温差、采用节能的冷热源、降低系统动力能耗等方法。空调采暖系统成本指的是系统为满足节能指标要求而付出的资金成本，主要指设备及系统购买成本。

(3)采光照明系统成本

采光照明系统是建筑能耗又一重要部分，照明节能主要通过采用高效节能灯组和提高自然光源利用率实现。同样，我国各地节能设计标准和绿色建筑评价标准中对灯具、控制系统和自然光利用提出了明确要求。采光照明系统成本即指系统为满足节能指标要求而付出的资金成本，主要指购买灯具、控制系统及自然采光系统的资金成本。

(4)可再生能源成本

除了传统能源的节约利用，绿色建筑节能更强调对可再生能源的利用，如太阳能、地热能、风能等。我国绿色建筑评价标准根据项目可再生能源提供的生活用水、空调冷热量、电量的比例，给出了明确的加分标准。可再生能源成本指的是项目为利用可再生能源而投入的资金成本。

(二)增量成本界定原则

绿色建筑增量成本是相较基准建筑，其采用了更多的绿色技术而导致各方面的投资差异。强调因实施绿色方案而增加的成本部分，等于绿色建筑成本与基准建筑成本的差值，即：

增量成本＝采用绿色方案后的成本总额－基准建筑成本总额

基准建筑的前提是同绿色建筑的设计和使用功能完全一致，其各项节能指标满足我国及所在地强制节能标准的要求，其投资成本为基准建筑成本，即增量成本的起算点。增量成本的过程中主要采用以下原则。

1. 合理确定增量成本起算点

影响增量成本计算准确性的关键因素就是起算点的合理设定。某些对增量成本研究中将基准建筑标准选定为 90 年代建成的老旧建筑，这不符合建筑业现状，我国目前新建建筑必须满足强制性条例要求，因此选用老旧建筑为基准建筑未能与时俱进，也无端增加了绿色建筑增量成本。此外，经解读《绿色建筑评价标准》其中部分条文已为国家强制节能标准限定，故即使满足此类条文的绿色建筑措施，也不应计入其增量成本中。

2. 不同地区的基准建筑标准存在差异

上条中明确基准建筑的确定依照强制性节能标准，而我国幅员辽阔，气候差异巨大，不同热工分区或省市执行的强制节能标准均有所不同。因此，在计算绿色建筑增量成本的时候，应注意基准建筑总成本应根据项目所在地的节能标准进行核定，故不同省份的基准建筑成本会略有不同。

3. 增量成本合理性要基于恰当的技术方案

绿色建筑技术方案是否恰当会威胁到增量成本合理性，我国绿色建筑起步较晚，为保证研究的效度，促进绿色建筑的健康发展，项目技术方案的选用应征求专家意见，在确认技术方案合理的基础上，开始计算增量成本。

4. 按照所在地最新建筑报价来计算成本

由于绿色建筑通常会采用较多的先进技术与材料，这些技术价格差异、波动较大，因此在计算过程中应根据最新报价并综合考虑项目所在地的市场情况统计。

四、绿色建筑增量效益

绿色建筑节能效益，是指绿色建筑因采用节能措施而在投入使用后节约的运营能耗费用及对环境的保护、对社会的贡献。绿色建筑的环境效益主要指节能带来的二氧化碳减排收益，社会效益是指因绿色建筑居住环境提升使得居住者的工作生活效率提高带来的效益。绿色建筑经济效益仍从围护结构、空调采暖系统、采光照明系统及可再生能源系统四个方面着手分析。

（一）围护结构效益

围护结构效益是由于各部分热工性能的提高，使得通过围护结构造成的热损失下降而节约的空调采暖能耗费用。

（二）空调采暖系统效益

在空调采暖系统中冷、热源机组和水泵是主要耗能部分，采用高效机组和水泵后，相较普通系统节约的运行费用即为空调采暖系统效益。

(三)采光照明系统效益

采光照明系统节能主要通过采用高效节能灯组和提高自然光源利用率实现。因此其经济效益即为高效节能灯组相较普通灯具节约的能源费用及利用自然光源节约的照明费用。

(四)可再生能源效益

可再生能源效益指的是利用可再生能源而节约的传统的能源费用。

第五章　绿色建筑评价标识

第一节　绿色建筑评价标识概述

一、我国绿色建筑评价标识产生的背景

随着绿色建筑概念在我国的兴起和人们环保意识的增强，这一概念在业内逐渐形成讨论热点。专家们纷纷对其做出不同诠释，房产商也给自己的房屋打上“绿色”牌，以此进行宣传、促销，而这也误导了很多人对绿色建筑概念的认知。因此，我们很有必要研究如何确定一个建筑是否是绿色建筑，是否真的节约资源、舒适健康和环保。

为了统一学界的认识，规范绿色建筑相关行业，更好地引导未来绿色建筑的发展方向，建设部出台的《绿色建筑评价标准》。《绿色建筑评价标准》是我国第一部从住宅和公共建筑全寿命周期出发，多目标、多层次对绿色建筑进行综合性评价的推荐性国家标准。标准中，绿色建筑的定义为在建筑的全寿命周期内，最大限度地节约资源（节能、节地、节水、节材），保护环境和减少污染，为人们提供健康、适用和高效的使用空间，与自然和谐共生的建筑。可以说，《绿色建筑评价标准》的发布，为我国“绿色建筑”制定了规范，使绿色建筑规模化发展有了依据和保障。

而以《绿色建筑评价标准》为基础和依据并作为具体实施工作的绿色建筑评价标识体系，也随之应运而生。住房和城乡建设部相继出台了《绿色建筑评价技术细则（试行）》和《绿色建筑评价标识管理办法》，开始逐步建立适合中国国情的绿色建筑评价体系。

（一）绿色建筑评价标识的定义

所谓绿色建筑评价标识，就是指根据《绿色建筑评价标准》《绿色建筑评价技术细则》等国家相关标准与规定，由国家住建部及全国各地方省市住房与城乡建设部门组织专家，从节地与室外环境、节能与能源利用、节水与水资源利用、节材与材料资源利用、室内环境质量及运营管理六大技术体系对正在设计、施工或者

已完工的住宅与公共建筑项目进行考核，并根据考核内容对其六个方面执行标准的情况予以判定，并对六个方面的权重系数选择适宜的数据，最后予以归纳评价，以确定该工程项目是否符合绿色建筑各项标准的一种评价活动。

绿色建筑评价标识分为“绿色建筑设计评价标识”（仅适用于绿色建筑设计阶段）和“绿色建筑评价标识”（用于已建成运营的绿色建筑）。

“绿色建筑设计评价标识”和“绿色建筑评价标识”是依据《绿色建筑评价标准》《绿色建筑评价技术细则》和《绿色建筑评价技术细则补充说明（规划设计部分）》《绿色建筑评价技术细则补充说明（运行使用部分）》，分别对处于规划设计阶段和运行阶段的住宅建筑和公共建筑，按照《绿色建筑评价标识管理办法》中规定的程序和要求，对建筑物确认其等级并进行信息性标识。设计评价标识有效期为 1 年，评价标识有效期为 3 年。

“绿色建筑评价标识”分为一、二、三星级三个等级，三星级为最高级别。

绿色建筑评价标识有着严格的标准和严谨的评价流程。评审合格的项目将颁发绿色建筑证书和标志。另外，没有进行标识的建筑物则不得冠以绿色建筑。

（二）绿色建筑评价标识的评价原则

我国现行的绿色建筑评价标准是从 2006 年开始建立的。由于国内绿色建筑发展迅速，类型繁多，情况复杂，并且每年都出现新的材料、技术与产品，因此现行评价体系的条文，并非总能完全适应所有的申报项目。一些条文判断指标存在一定的灵活性，具体评价过程中需要专家依照下面的原则进行准确判断，保证绿色建筑评价标识的科学、公开、公平和公正。

1. 符合国家的法律法规和相关标准要求的原则

符合国家的法律法规与相关的标准是参与绿色建筑评价的前提条件。绿色建筑的评价除应符合该标准外，还应符合国家的法律法规和相关的标准，体现经济效益、社会效益和环境效益的统一。

该标准只着重评价与绿色建筑性能相关的内容——节能、节地、节水、节材与保护环境等方面，但对建筑的其他未列入该标准的基本要求，如结构安全、防火安全、使用安全等，应遵循相关法律法规和标准的规定。

2. 因地制宜的原则

“绿色”概念源于可持续发展思想，本身就强调实事求是和因地制宜。因地制宜的原则是指在评价绿色建筑时，结合建筑所在地域的气候、资源、自然环境、经济、文化等特点进行评价。不能盲目地照搬国外技术，或生硬地采用某种技术。

在具体的评价工作中，例如，气候方面，评价时应考虑地理位置、建筑气候类别、温度、湿度、降雨量的时空分布、蒸发量、主导风向等因素；资源方面，应考虑当地能源结构、地方资源、水资源、土地资源、建材生产、既有建筑状况等因素；自然环境方面，应考虑地形、地貌、自然灾害、地质环境、水环境、生态环境、大气环境、交通环境等因素；经济方面，应考虑人均 GDP、水价、电价、气价、房价、土地成本价、装修成本价、精装修的认知度、建筑节能的认知度、可再生能源利用的认知度等因素；文化方面，应考虑城市性质、建筑特色、文脉、古迹等因素。

因地制宜可以说是我国绿色建筑发展的核心理念，也是评价过程中专家对于技术方案合理性的重要评判准则。

3. 资源平衡和总量控制的原则

绿色建筑希望消耗最少的能源和资源，给环境和生态带来的影响最小，同时为居住和使用者提供健康舒适的建筑环境与良好的服务，这本身就存在一定的矛盾。一般来说，追求优良的建筑质量往往需要付出较大的资源与环境负荷，并导致建设成本与运行成本的增加。由于彼此矛盾，过多偏向一方面而造成另一方面的损失，如节能、节材方面，为达到节能指标盲目采用外墙外保温技术而消耗过多墙体材料；室外环境、节水方面，为片面追求小区景观而过多地用水；为减少资源消耗，而降低建筑的功能要求和适用性，都是不符合绿色建筑要求的。

绿色建筑的关键就是通过合理的规划设计与先进的建筑技术来协调这一矛盾，并在总量上进行控制，这也符合中国人口基数大，人均资源消耗、环境负荷略为提高就会对总量带来巨大影响的现实情况。

因此，在评价一个绿色建筑项目时，会考虑该项目在为使用者提供健康舒适的环境的同时，能否尽可能地减少能源与资源的消耗；在平衡性方面是否符合绿色建筑的要求。

（三）绿色建筑评价标识的管理与申报

1. 绿色建筑评价标识的管理

为了进一步加强和规范绿色建筑评价工作，引导绿色建筑健康发展，由建设部科技发展促进中心与绿色建筑专委会共同组织成立的绿色建筑评价标识管理办公室(以下简称绿标办)于 2008 年 4 月 14 日正式成立。绿标办设在建设部科技发展促进中心,成员单位有中国建筑科学研究院、上海建筑科学研究院、深圳建筑科学研究院、清华大学、同济大学等。绿标办主要负责绿色建筑评价标识的具体组织实施等日常管理工作,对申请的项目组织评审,建立并管理评审工作档案,受理查询事务。受理三星级绿色建筑评价标识,指导一、二星级绿色建筑评价标识活动,并接受建设部的监督与管理。

2. 绿色建筑评价标识的申报

第一,申报条件。

对于绿色建筑评价标识的申报应满足下列条件。

①绿色建筑评价标识的申报应由业主单位、房地产开发单位提出,鼓励设计单位、施工单位和物业管理单位等相关单位共同参与申报。

②参与申报绿色建筑运行标识的住宅建筑和公共建筑应当通过工程质量验收并投入使用一年以上,符合国家相关政策,未发生重大质量安全事故,无拖欠工资和工程款。

③申报单位应当提供真实、完整的申报材料,填写评价标识申报书,提供工程立项批件,申报单位的资质证书,工程用材料,产品、设备的合格证书,检测报告等材料及必须的规划、设计、施工、验收和运营管理资料。

第二,申报所需材料。

申报材料的具体内容和要求如下。

①《绿色建筑评价标识申报声明》一式两份。

②《绿色建筑评价标识申报书》一式两份。

③《绿色建筑评价标识自评估报告》一式两份。

④所有申报材料均需另附光盘一份。

其中,《绿色建筑评价标识申报声明》的电子模板可登录绿色建筑评价标识网下载;《绿色建筑评价标识申报书》和《绿色建筑评价标识自评估报告》的电子模板,在完成注册手续后,由绿标办发至申报单位。

第三,申报方式。

申报采用网上申报形式,申报单位登陆绿色建筑评价标识网(www.cngb.org.cn),进入绿色建筑评价标识申报系统,按要求进行申报。

第四,申报流程。

①“申报意向”可由申报单位通过电话、传真或电子邮件的方式向绿标办提

出，绿标办确认申报项目是否满足申报条件，并采用电话、传真或电子邮件的方式答复申报单位。

②“注册手续”是指在网上申报系统中注册账号并签署申报声明。

“绿色建筑评价标识申报声明”为申报单位确认参与绿色建筑评价标识并遵循相关规定的承诺书，申报单位登录绿色建筑评价标识网站的绿色建筑评价标识申报系统，在网上注册账号申报项目并签署申报声明，将申报声明打印、盖章后，寄至绿标办。

③“培训会”是指申报单位提出申请，绿标办组织绿色建筑专家召开培训会，介绍绿色建筑评价标识流程要求和注意事项，回答申报单位提出的与申报相关的问题。

④“申报材料”包括申报项目的申报书、自评报告和证明材料。申报单位进入绿色建筑评价标识申报系统后下载“绿色建筑评价标识申报软件”填写申报书、自评报告，并按要求准备证明材料，之后将申报材料寄至绿标办。申报材料提交后，仅允许在“形式审查”“专业评价”和“专家评审”阶段各有一次补充材料的机会，且补充材料不得改变原有设计方案、图纸等，否则不予受理。

⑤“形式审查”是指对申报单位资质、申报材料完整性和有效性的审查。“形式审查报告”（“绿色建筑设计评价标识申报材料形式审查报告”或“绿色建筑评价标识申报材料形式审查报告”的简称）是经绿标办形式审查后提交给申报单位的审查结果报告。

⑥“专业评价”是指绿标办成员的单位中工作经验丰富、熟悉绿色建筑评价工作的专业人员根据已通过形式审查的申报材料，核实申报单位自评结果。专业评价组依据绿色建筑评价标准在绿色建筑评价标识申报系统上填写《绿色建筑（设计）评价标识专业评价报告》，提出需申报单位补充或说明的材料清单及专业评价过程中存在的疑义，绿标办汇总后向申报单位提交补充材料清单。

⑦“专家评审”是指“绿色建筑评价标识专家委员会”委员对申报材料和专业评价结果进行核实和确认。

a. 对于“绿色建筑设计评价标识”，可在无疑问后给出专家评审结论。

b. 对于“绿色建筑评价标识”还需对项目落实情况进行现场核实。如专家对于现场情况无疑问，则给出专家评审结论；如有疑问，专家对需要进一步核实的项目提出现场检测要求，由申报单位委托具有资质的第三方检测机构对相应项目进行现场检测并提供现场检测报告等补充材料，由专家对补充材料进行重审后给出专家评审结论。

⑧“函审”是指绿标办将函审材料递送给评审专家，评审专家采用绿色建筑评价标准等依据在绿色建筑评价标识申报系统上填写函审意见，并汇总在核实申报材料和专业评价报告时存在的疑义。

⑨“专家评审会”是指在查阅评审资料、询问专业评价组和申报单位代表的基础上，评审专家逐项填写《绿色建筑(设计)评价标识专家评审报告》，明确申报单位需进一步补充或说明的材料。对于“绿色建筑评价标识”，还需由绿标办工作人员、相关专业专家各1名组成的核查组赴申报项目现场逐项核查达标落实情况。

⑩“公示”是指通过专家评审的项目将在住房和城乡建设部网站(www.mohurd.gov.cn)、住房和城乡建设部科技发展促进中心网站(www.cstcmoc.org.cn)和绿色建筑评价标识网站(www.cngb.org.cn)上进行公示，公示期为30天。任何其他单位或个人对公示的项目持有异议，均可在公示期内向住房和城乡建设部及住房和城乡建设部科技发展促进中心提供书面材料。

“公告”是指经公示后无异议或有异议但已协调解决的项目，由住房和城乡建设部发布公告，颁发绿色建筑评价标识证书和标志、绿色建筑设计评价标识证书，并备案，由住房和城乡建设部科技发展促进中心向申报单位提供《绿色建筑(设计)评价标识报告》。“标识报告”是指绿标办向参与绿色建筑评价的单位提供的“绿色建筑评价标识报告”，报告包含对项目的评价意见和达标情况。

二、国外绿色建筑评估体系简介

随着绿色建筑设计方式的不断进步及绿色建筑实例的不断涌现，国际上对于绿色建筑的评价大致经历了以下三个阶段。

①第一阶段主要是进行相关产品和技术的一般评价、介绍与展示。

②第二阶段主要是对与环境生态概念相关的建筑热、声、光等物理性能进行方案设计阶段的软件模拟与评价。

③第三阶段以“可持续发展”为主要评价尺度，对建筑整体的环境表现进行综合审定与评价，这一阶段在各个国家相继出现了一批作用相似的评价工具。

在这个过程中，绿色建筑从理念到实践都在不断完善与发展。近十余年来，发达国家制定和完善了多个绿色建筑评估体系，通过具体和可操作的指标体系，为可持续发展建筑赋予了明晰的概念界定。目前，国际上绿色建筑评估体系中较优秀的有：美国LEED评估体系、英国BREEAM评估体系、日本CASBEE评估体系、德国DGNB评估体系、澳大利亚NABERS评估体系、荷兰Green Calc评估体系、加拿大GB Tool评估体系、新加坡、瑞典等。

不同国家绿色建筑的评估者并不一样:美国 LEED 评估体系是由非营利组织美国绿色建筑协会 USGBC 开展的咨询和评估行为,是属于社会自发的认证评估活动;英国 BREEAM 评估体系由英国建筑研究所制定,也是属于非官方性质的认证评估活动;日本 CASBEE 评估体系是由日本国土交通省组织开展、分地区强制执行的权威的认证评估活动。德国 DGNB 评估体系由德国交通、建设与城市规划部和德国绿色建筑协会共同参与制定,也是具有国家标准性质,有很高的科学性和权威性。

这些绿色建筑评估体系编制水平高、涵盖面广、内容较为科学完善、有很多值得我国学习和借鉴的地方。

(一)美国 LEED 评估体系

LEED 是英文 Leadership in Energy and Environmental Design 的缩写,意为"能源和环境设计先锋"。美国绿色建筑委员会(USGBC)的成立,USGBC 在经过初步实践和测评后,很快意识到推动可持续发展的首要任务是建立一个科学合理的系统,来定义和评估绿色建筑。因此,USGBC 相继推出了 LEED2.1 及 LEED2.2 认证评估体系。

LEED 是自愿采用的评估体系标准,主要目的是规范一个完整、准确的绿色建筑概念,防止建筑的滥绿色化,推动建筑的绿色集成技术发展,为建造绿色建筑提供一套可实施的技术路线。它提供了一系列性能评估标准,包括可持续性场地开发、节水、节能、材料选择和室内环境质量这五个重要方面,对建筑物的功能进行认证,来促进建筑的可持续性。一个建筑项目要获得 LEED 的认证,首先需要满足 7～8 个前提条件,而后必须在每个范畴内达到功能基点数,才能最终获得认证。通过认证的建筑,根据所获得的分数,最终将被评定为四种等级:认证级、银级、金级和钳金级。

LEED 标准体系是目前世界各国建筑环保评估、绿色建筑评估及建筑可持续性评估标准中最完善、最有影响力、商业化运作模式最成熟的绿色建筑评估标准,已成为世界各国建立各自绿色建筑及可持续评估标准的模板,目前广为世界各国所引用。

自从 LEED 认证评估体系发布以来,已被美国 48 个州和国际上 7 个国家所采用,美国俄勒冈州、加利福尼亚州、西雅图市已将该标准列为法定强制标准加以实行;美国国务院、环保署、能源部、美国空军和海军等部门也已将其列为所属部门建筑的标准,如美国驻中国大使馆新馆就采用了该标准。国际方面,加拿大政府正在讨论将LEED作为政府建筑的法定标准。中国、澳大利亚、日本、西班牙、法国、印度等国都在对LEED进行深入研究，并在此基础上制定了本国绿色建筑的相关标准。

最近几年，LEED在中国发展迅速，截至2017年8月，USGBC在中国已有会员单位52家，已注册项目926个，有223个项目正式获得了LEED认证。在中国的外资企业十分重视LEED评估体系，如开利、Rockwell. 诺基亚、可口可乐等国际知名的跨国企业都将国内的新建项目申请了LEED认证；国内某些政府机构、国有大型企业、知名公司，如华能集团、中石油、中粮集团、招商银行、平安保险、建设银行等也都在不同程度上涉足LEED认证。

同时，LEED也逐渐引起了国内众多商业地产开发商的关注，大型的房地产开发商，如里安、万科、嘉里建设集团、凯德置地、新鸿基地产等知名发展商都将其作为公司发展的战略方向。从万科大梅沙总部到"京城第一高楼"国贸三期，LEED逐渐走向中国的商业地产项目。

中国国家建设部目前也在借鉴LEED认证标准，现行的有《绿色奥运建筑评估体系》和《中国生态住宅技术评估手册》，上海通过的《绿色生态小区导则》也在一定程度上借鉴了LEED认证标准的内容。

（二）英国BREEAM评估体系

BREEAM（Building Research Establishment Environmental Assessment Method）体系，是世界上第一个绿色建筑评估体系，由英国建筑研究所制定。英国建筑研究所对多种建筑类别公布了五种适用评估版本。

BREEAM体系下的绿色建筑评估涉及管理、健康和舒适、能源、交通、水、材料、土地利用和生态、垃圾、污染这9个方面的内容。BREEAM结果按照各部分权重进行计分，计分结果分为5个等级，分别是：通过（Pass）≥30%，良好（Good）≥45%，优秀（Very Good）≥55%，优异（Excellent）≥70%，杰出（Outstanding）≥85%。

虽然该体系属于非官方性质，但它的评估要求高于建筑规范的要求，有效地降低了建筑对环境的影响。如今，在英国及全世界很多国家和地区，BREEAM体系已经得到了各界的认同和支持。

在全世界，有超过11万幢建筑完成了BREEAM认证，另有超过50万幢建筑已申请了认证。英国建筑研究院通过BREEAM体系帮助联合国环境规划署和包括荷兰、法国、俄罗斯、西班牙、沙特、阿联酋等国在内的组织和国家创立了适用于当地的绿色建筑评估标准，包括汇丰银行全球总部、普华永道英国总部、联合利华英国总部、伦敦斯特拉大厦、巴黎贺米提积广场、德国中央美术馆购物中心在内的一大批全球知名地标建筑都采用了 BREEAM 评估体系进行绿色建筑评估认证。

BREEAM 评估体系在中国也有涉足。由欧洲地产开发巨头 Redevco(领德高)和里安房地产在武汉 CBD 共同开发的武汉天地成为中国第一个开展 BREEAM 评估的商业地产项目。在短短两个月后,位于天津滨海新区的天津开发区现代服务产业区(泰达 MSD)低碳示范楼项目成为中国第二个开展 BREEAM 评估的商业项目。

(三)日本 CASBEE 评估体系

日本自行发展的绿色建筑评估法有几个版本,但其中以国土交通住宅局支持的"建筑物综合环境性能评估系统"(CASBEE)最为权威。CASBEE 是由一系列强制政策、配套及激励政策相结合的官方性质的强制性绿色建筑评估体系。

日本建筑物综合环境性能评估体系 CASBEE 在国土交通省支持下,从开始进行研究,主要由日本可持续建筑协会 JSBC 开发。颁布的针对新建建筑的评价标准后,先后颁布了针对既有建筑、改建建筑、新建独立式住宅、城市规划、学校及热导效应、房产评估的评价标准。

CASBEE 是为提高建筑居住性(室内环境)和降低地球环境负荷等一体化的综合环境性能评估体系。明确划定评价对象的边界是用地边界和建筑最高点之间的假想封闭空间。独创性地引入了"建筑环境效率 BEE"。将"建筑物环境质量与性能 Q"与"建筑物的外部环境负荷 L"严格划分,分别进行评价。

目前,应用 CASBEE 可进行"建筑物环境效率评价"和"$LCCO_2$ 评价",其中"建筑物环境效率评价"根据"建筑物环境效率 BEE"的数值,更为简洁。明确地将建筑物的评价结果由高到低划分为 S、A、B+、B-、C 五个等级,冠以"红色标签"。三星级 B+以上为绿色建筑。"$LCCO_2$ 评价"则是针对从建筑建设、运用直至废弃的全生命周期 CO_2 排出量的 $LCCO_2$ 评价。引入了自动而简单的计算 $LCCO_2$ 的标准计算方式,且为了明确表示 $LCCO_2$ 的性能,加入了基于 BEE 的综合评价,将评价建筑与参考建筑(拥有与节能建筑判定标准相当的假象标准建筑)的 $LCCO_2$ 进行比较,标明比率。它同样划分为五个等级,冠以"绿色标签"。

(四)德国 DGNB 评估体系

经过大量的分析调查和研究工作,德国推出的第二代可持续建筑评估体系——DGNB，该评估体系由德国交通、建设与城市规划部（BMVBS）和德国绿色建筑协会共同参与制定，因此，具有国家标准性质与很高的科学性和权威性。作为欧洲工业化程度最高的国家，德国的工业技术水平和产品质量体系经过多年发展和实践已具备一套相当高的标准，DGNB评估体系则是构筑在现有工业化标准体系之上。在产生背景和基础方面，德国DGNB评估体系具有以下优势。

第一，DGNB评估体系不仅是绿色建筑标准，而是涵盖了生态、经济、社会三方面因素的第二代可持续建筑评估体系。

第二，DGNB评估体系推出了建筑全寿命周期成本（LCC）的科学计算方法，包含建造成本、运营成本、回收成本的动态计算。DGNB的认证过程能在项目的初期阶段为业主提供准确可靠的建筑建造和运营成本分析，使绿色建筑真正能够达到既定的建筑性能优化和环保节能目标，展示如何通过提高可持续性获得更大经济回报。

第三，DGNB评价标准以确保达到业主及使用者最关心的建筑性能为核心，如建筑能耗、室内舒适度、环境指标等，而不是以简单衡量以有无措施为标准，这种方式为业主和设计师达到目标提供了广泛途径。而第一代评估体系许多方面只是简单考察是否采用某项技术，这类技术有时只提高建造和维护成本，对业主、使用者和节能环保没有任何意义。

第四，DGNB评价标准环节如建筑节能、视觉舒适度、产品环保性能，皆以高水准严格的德国和欧洲工业标准为基础，保证了可持续建筑认证的严谨科学性。

第五，DGNB评估体系是建筑整体综合评估体系，它可以展示不同技术体系应用相关利弊关系，如中水技术应用在水系统评估中获得加分，但在节约能源和建设及运营成本方面得到减分。最终效果如何，需要看综合指标。这种科学体系有效地克服了第一代评估体系片面孤立地评价技术的缺点。

第六，DGNB评估体系推出了建筑材料和设备生产排放量及建筑使用过程中的排放量这一建筑全寿命周期环境评估（LCA）体系，致力于逐渐建立起一套以降低生命周期消耗为目标的材料、构件全生命检测与回收的制度，这是一个势必经历曲折与阵痛的过程，但这样一套体系将大大提高建筑的可持续性标准。同时，DGNB评估体系包含了评价建筑温室气体排放、臭氧层消耗量、减少酸雨等内容，以更有力的手段让投资者和建造者分担环境保护的社会责任。

第七，DGNB评估体系作为沟通开发商、业主和使用者的有效交流工具，使三方在建筑可持续性上达成共识；作为一项质量保证的标志，获得DGNB认证的建筑意味着更高的建筑环境性能和用户满意度，使得该建筑商品将具有更突出的商业吸引力，提高了商业竞争力。

第八，DGNB评估体系是建立在德国建筑工业体系之上的高水平质量标准体系，同时按照欧盟标准体系原则，可适用于不同地区的国家环境经济情况。凭借德国在绿色建筑理论方面的多年探索和节能技术方面长期的市场运作经验，为该系统在欧洲甚至世界范围内的适用提供了可能性。

（五）澳大利亚 NABERS 评估体系

NABERS是由澳洲温室评估体系（ABGR）改进而来，最初是由澳大利亚环境与遗产部（DEH）开发出来的一种评估体系，并由 NABERS 全国指导委员会监督其执行。

NABERS评估体系主要用于对既有建筑进行绿色星级评估认证，并通过相应的各项指标来评估既有建筑在运营过程中对周边环境的影响。NABERS评估体系也是按各指标所获得的总分值大小来划分绿色建筑星级。目前，国际上现存的评估体系主要是针对建筑进行设计和竣工阶段的评价，而 NABERS 评估体系是针对已建成的建筑各项指标进行评测并评定星级。另外，NABERS 评估体系已制定出各类型建筑评价系统，包括办公建筑、居住建筑、旅馆建筑、商业建筑（1.5 万 W 以上）等，为评价各类建筑运营情况提供依据。

NABERS评估体系广泛应用于大型办公建筑星级评定中，据统计，澳洲有近60%的办公建筑采用了 NABERS 评估体系进行星级认证。

（六）荷兰 Green Calc 评估体系

随着荷兰建筑评估工具 Green Calc 的出现，荷兰国家公共建设管理局有了“环境指数”这个指标，它可以表征建筑的可持续发展性。建筑评估工具 Green Calc 是基于所有建筑的持续性耗费都可以折合成金钱的原理，就是我们所说的“隐形环境成本”原理。隐性环境成本计算了建筑的耗材、能耗、用水及建筑的可移动性。Green Calc 评估体系正是按这些指标计算的。

（七）加拿大 GB Tool 评估体系

绿色建筑挑战（Green Building Challenge）是由加拿大自然资源部（Natural Resources Canada）发起并领导。GBC 2000 评估范围包括新建和改建翻新建筑，评估手册共有 4 卷，包括总论、办公建筑、学校建筑、集合住宅。

评价的标准共分8个部分：环境的可持续发展指标、资源消耗、环境负荷、室内空气质量、可维护性、经济性、运行管理和术语表。GBC 2000采用定性和定量的评价依据结合的方法，其评价操作系统称为GB Tool，也采用的是评分制。

第二节　我国绿色建筑评价标识的发展

一、我国绿色建筑评价标识体系的特点

我国的香港和台湾有自己的绿色建筑评价标识体系，下面主要介绍大陆地区的绿色建筑评价标识体系。

和国外发达国家绿色建筑评价标识体系相比，我国的绿色建筑评价标识体系有以下几个特点。

第一，政府组织和社会自愿参与相结合。

我国的绿色建筑评价标识，既不像美国LEED那样，属于社会自发、商业运作的评估体系，也不像日本CASBEE那样，属于政府组织并强制性执行的评估体系，而是一方面由住房和城乡建设部及地方建设主管部门开展评价，即政府组织行为；另一方面是社会自愿参与的、非强制性的评估体系。

坚持“节约资源和保护环境”的政策使得我国政府对发展以“四节二环保”为基础的绿色建筑极为重视，这就促成了“由政府组织开展”的良好局面；但同时由于我国绿色建筑起步较晚，技术和政策基础都不完善，强制执行绿色建筑评价标识尚不成熟，因此，希望国内建筑市场中意识靠前、实力较强的建筑工程项目自愿参与评价和标识，也就是“社会自愿参与”。采用政府组织和社会自愿参与相结合的模式，也是借鉴了发达国家的经验，并考虑到了我国的具体国情，以达到取长补短、优势互补的目的。

第二，框架结构简单易懂。

目前，全球采用的绿色建筑评估体系框架可分为三代：从第一代绿色建筑评估体系（英国BREEM和美国LEED的措施性评估体系）到第二代绿色建筑评估体系（国际可持续发展建筑环境组织的GB Tool），再到第三代绿色建筑评估体系（日本CASBEE和香港CEPAS的性能评估体系）。这些评估方法的演化过程是从简单到复杂、从无权重到一级权重体系再到多重权重，从线性综合到非线性综合。其评估水平越来越高、越来越科学、越来越复杂。

考虑到我国的绿色建筑发展尚处于起步阶段，为便于绿色建筑概念的推广和普及，编委们选择了结构简单、清晰，便于操作的第一代评估体系的框架，即以措施性评估为主的列表式评估体系(Checklist)。虽然不如国外一些评估体系水平那样高、结构那样复杂，但比较适合目前我国的国情，易于快速起步。当然，这一评估体系的框架本身也存在着一些不足，如缺乏对建筑的综合分析能力和对不同地域或建筑的适应能力等。但目前我国大部分省市的绿色建筑评价标准都按照此框架编写的，充分反映了此框架简单、合理、易用的特点。因此，简单易懂的框架结构确实起到了良好的推广和普及作用。

第三，符合我国国情。

各国建设行业的情况相差甚大。目前，中国建设业有以下两个特点。

①各个环节分段管理

由于中国建筑量大，为保证其建设质量，中国建设行业在各个建设环节的监管制度严于他国，并非设计主体和建设主体所在行业自身认可就行，而是基于我国行政管理制度而设立第三方机构进行监管，以确保监督管理的有效性。

②根据自身国情制定标准

建设行业的国家标准或行业标准是结合中国实际建设水平和相关技术应用水平而制定的，这样既保证了标准的可实施性，又可以在此基础上结合国家国情制定切实可行的指标，例如，由于我国建筑能耗水平远高于发达国家能耗水平，同时我国建设行业强调贯彻建筑节能的发展战略政策，因此，我国的绿色建筑评价标识中将满足我国建筑节能相关标准的节能项作为评价建筑的重点。2008 年开始实施的“绿色建筑评价标识”，正是按照我国的建设行情、监管制度及相关标准实施并逐步完善相关管理制度的技术体系。因此，具有节能优先、各项技术要求因地制宜、严格执行我国强制性标准和节能政策的特点。

二、我国绿色建筑评价标识的意义

绿色建筑评价标识体系的建立，对于规范我国绿色建筑市场，保护人民群众的重要利益，推动我国绿色建筑行业的发展有着十分重要的意义。

首先，该评价标识工作经过官方认可，具有唯一性和权威性。什么样的绿色建筑才是“货真价实”的绿色建筑？该绿色建筑的“绿色”程度有多少？现在，通过绿色建筑评价标识的实施，一、二、三星级绿色建筑证书与标志的颁发，就能够使人一目了然。从而规范了我国的绿色建筑市场，使其朝着健康的方向发展。

同时，实施绿色建筑评价标识也是对适合我国国情的绿色建筑发展道路的探索。我国绿色建筑起步较晚，从 20 世纪 90 年代零星的工程实践到“十八”期间系统的研究，到我国第一部绿色建筑标准颁布，再到绿色建筑评价标识制度的建立，我国在探索过程中一步一个脚印，并稳步地向前迈进，初步找到了一条适合我国国情的绿色建筑发展之路。绿色建筑评价标识的开展填补了我国绿色建筑评价工作的空白，使我国告别了以往国内建筑需要国外标准来评价的历史，在我国绿色建筑发展史上揭开了崭新的一页。

因此，绿色建筑评价标识的实施，无疑会更加规范我国的绿色建筑市场，促进整个绿色建筑行业的繁荣和发展。

三、我国绿色建筑评价标识工作的开展状况

(一)我国绿色建筑评价标识工作的开展

绿标办成立后，第一批绿色建筑设计评价标识项目申报、评审和公示，最终共有 6 个项目获得了绿色建筑设计评价标识。

通过总结第一次评价工作，绿标办修订了《绿色建筑评价标识实施细则》，组织编制了《绿色建筑评价技术细则补充说明(规划设计部分)》，制定了《绿色建筑评价标识使用规定》，成立了绿色建筑评价标识专家委员会，并进一步完善了绿色建筑设计评价标识的申报评价程序。

随着绿色建筑评价标识工作的逐步开展，也为下一步在全国范围内的推广打下了坚实的基础。

(二)我国绿色建筑评价标识工作的推广

中国住房与城乡建设部将一星、二星两级绿色建筑评价标识工作放权给了地方省市住房与城乡建设部门。随后，各省市的绿色建筑评价标识管理办法和实施细则也相继出台，有利促进了绿色建筑评价标识在全国的推广与普及。

(三)取得的进展

近年来，我国绿色建筑呈现出快速发展的态势，绿色建筑评价标识体系的推广工作也取得了很大的进展。财政部、住房和城乡建设部出台了《关于加快推动我国绿色建筑发展的实施意见》，提出了绿色建筑的发展目标和要求，采取“强制”与“激励”相结合推进绿色建筑发展的手段初见端倪。经过这几年的发展，标准体

系进一步完善,促进绿色建筑发展的法规政策陆续出台,宣传普及空前高涨,绿色建筑评价标识工作项目数量稳步增加,标识评审机构基本覆盖全国,能力建设不断增强,人才队伍不断扩大。我国已迎来了绿色建筑快速发展的崭新局面。

第一,标准体系进一步完善。

《绿色建筑评价标准》正按计划有条不紊地开展修订工作,经广泛征求意见,已完成送审稿。《绿色办公建筑评价标准》已报批,《绿色医院建筑评价标准》《绿色商店建筑评价标准》正在编写,《绿色超高层建筑评价技术细则》正式颁布,铁道部《绿色铁路客站评价标准》基本完成,《绿色饭店建筑评价标准》《既有建筑改造绿色评价标准》《绿色博览建筑评价标准》即将制定。甘肃省、山东省、吉林省、河南省、四川省、海南省、青海省、上海市等省和直辖市颁布实施了地方绿色建筑评价标准。部分地区正在尝试制定涵盖全寿命期的绿色建筑标准,例如重庆市出台了《绿色建材评价标准》、吉林省出台了《吉林省绿色建筑工程定额》、北京市和福建省出台了《绿色建筑设计标准》、安徽省出台了《安徽省绿色建筑施工导则》、福建省出台了《福建省绿色建筑检测及运营技术规程》等。

甘肃省《绿色建筑评价标准》已经发布实施,《绿色居住建筑设计标准》《绿色公共建筑设计标准》《绿色居住建筑检测标准》《绿色公共建筑检测标准》《绿色建筑施工验收规范》《绿色建筑能耗限额标准》《建筑气候气象资料》等系列标准已经编制完成征求意见稿。适合不同建筑类型、不同气候区、涵盖全寿命期的绿色建筑标准体系正逐步建立。

第二,宣传普及工作开展广泛。

随着国家对发展绿色建筑的目标和要求逐渐明确,社会各界对发展绿色建筑的共识逐渐形成,宣传绿色建筑理念,普及绿色建筑知识的热潮空前高涨,全国各地开展了丰富多彩的绿色建筑宣传推广活动。例如,第八届国际绿色建筑大会的召开,由国际组织和我国各大部委支持的"中国国际绿色创新技术产品展"的"国际绿色建筑标准论坛";内蒙古自治区、山西省、海南省、贵州省等省区的住房城乡建设主管部门组织召开了绿色建筑推进会;辽宁省举办了"东北亚绿色建筑博览会";上海市组织召开了"绿色建筑实践之路"国际论坛;山东省组织召开了绿色建筑评价标识现场工作会和产品博览会等,推动了绿色建筑理念的宣传。

此外,中国大陆绿色建筑发展的成果也越来越受到中国台湾及香港等地区的高度关注。住房和城乡建设部科技发展促进中心组织大陆典型企业赴台湾参加了由香港中文大学、中国城市住宅研究中心(台湾)主办的"中国绿色建筑评价标识台湾宣讲交流会",通过宣讲、展览等形式,向台湾专业人士介绍了大陆绿色建筑标识、标准、技术、产业等方面的情况，交流了台湾在发展绿色建筑方面的经验，取得了较好效果。中国城市科学研究会绿色建筑研究中心与中国绿色建筑委员会在香港主办了“中国绿色建筑成果展”，展期内共展出已获得我国绿色建筑评价设计标识的 4 个香港项目和 8 个内地项目及绿色建筑相关成果，将我国绿色建筑理念以更直观的方式传递给香港民众及专业人士，得到了热烈反响。

第三，评价标识项目稳步增加。

近年来，我国绿色建筑评价标识项目不但数量增长快，而且规模较国外绿色建筑大，建筑面积平均在 10 万 m^2 左右。

我国绿色建筑评价标识项目数量逐年稳步增加，尤其是近三年增长较快。2012 年全年共评审出标识项目 389 项，其中公共建筑 188 项，住宅建筑 198 项，工业建筑 3 项；三星级项目 94 项，二星级项目 154 项，一星级项目 141 项，设计标识项目 364 项，运行标识项目 25 项，总建筑面积 4094 万 m^2。2016 年所评项目数量与建筑面积均超过前四年总和，与 2011 年相比，项目数量增长 61.4%，建筑面积增长 62.2%。2017 年度项目数量排名前 5 位的省市依次为江苏省、广东省、山东省、河北省和湖北省，项目建筑面积排名前 5 位的省市依次为江苏省、广东省、山东省、福建省和北京市。

2018 年度住房城乡建设部建筑节能与科技部共公示了 17 批绿色建筑标识项目 518 项(公示项目)，其中一星级 179 个，二星级 237 个，三星级 102 个。2017 年绿色建筑标识前十位的省、市为山东、广东、天津、河北、江苏、河南、上海、湖北、陕西、安徽(北京)，其中河北、河南、湖北、陕西、安徽这几个省是增长最快的，也表明了各省对于绿色建筑行动方案的决心。

截至 2018 年底，全国共评出 1260 项绿色建筑评价标识项目，其中一星级绿色建筑项目标识 418 个，二星级绿色建筑项目标识 530 个，三星级绿色建筑标识 312 个。从项目数量上来看，2010 年至 2018 年，绿色建筑标识项目数量增长较缓慢，2014 年和 2015 年增长速度很快，其中 2015 年项目数量均与前四年总和相当。与 2014 年相比，项目数量增长 61.4%。

第四，各地方标识评审机构相继建立。

2015 年，绿色建筑评价标识推行工作在原本相对落后的贵州省、云南省、海南省相继成立了地方一、二星级绿色建筑评价标识管理机构和专家委员会，确定了技术支撑单位，颁布了地方一、二星级绿色建筑评价标识管理办法，并经住房城乡建设部批复同意开展所辖地区一、二星级绿色建筑评价标识工作。至此，全国已有 32 个省、自治区、直辖市和计划单列市获得开展一、二星级绿色建筑评价标识工作的批复,地方一、二星级绿色建筑评价标识管理和评审机构基本覆盖全国。此外,截至 2018 年底,已有 26 个已获批复省市开展了一、二星级绿色建筑评价标识工作,6 个已获批复省市尚未开展工作,地方共评出标识项目 293 项,占标识项目总数的 39.5%。

第五,标识评价能力建设不断增强、人才队伍不断扩大。

为使绿色建筑评价标识专家委员会成员深入理解、准确把握绿色建筑评价标准和相关技术要求,统一绿色建筑评价尺度,推进各地一、二星级绿色建筑评价标识工作健康开展,根据《住房和城乡建设部机关培训计划》安排,住房和城乡建设部建筑节能与科技司先后在昆明市和天津市组织召开了两次全国"绿色建筑评价标识专家培训会",累计 900 余人参加了培训和考核。

住房和城乡建设部科技发展促进中心根据《关于开展一、二星级绿色建筑评价标识培训考核工作的通知》的要求,2016 年先后协助湖南省、山东省、安徽省、新疆维吾尔自治区、内蒙古自治区和青岛市的住房城乡建设主管部门召开了地方一、二星级绿色建筑评价标识培训会,完成了针对地方管理人员、评审专家、专业评价人员 1500 余人的培训,其中 600 余人参加了考核。培训期间,住房和城乡建设部领导出席培训会,阐述我国发展绿色建筑的意义,介绍了国家的相关政策,宣传了绿色建筑理念,与会专家对《绿色建筑评价标准》进行了逐条解读,详细介绍了评价原则和评价方法,并现场解答疑问。此外,住房和城乡建设部科技发展促进中心还先后协助湖南省、安徽省、新疆维吾尔自治区、大连市、河南省、云南省 6 个省市完成 10 余项地方一、二星级绿色建筑评价标识项目的试评工作。自开展培训工作以来,住房城乡建设部科技发展促进中心已先后协助 20 个省市开展了培训考核和项目试评工作,累计 5000 余人参加了培训,1500 余人通过了考核,试评项目 40 余项。

中国城市科学研究会绿色建筑研究中心与中国绿色建筑委员会合作,先后在北京、上海共组织两批绿色建筑宣贯培训班,来自 14 个省的共 431 位学员参加了培训,402 人获得培训合格证书。授课内容紧密结合绿色建筑技术的最新发展动态和发展趋势,分析具有典型意义的项目案例,重点强调适用性技术与被动技术,还包括了绿色工业建筑、绿色超高层建筑等绿色建筑评价新领域的宣贯。截至目前,中国城市科学研究会绿色建筑研究中心共举办 9 批绿色建筑宣贯培训,参加培训的学员来自 18 个省共 1514 位。

通过开展各类培训及考核,使得我国绿色建筑标识评价能力建设不断增强,人才队伍不断扩大。

(四)绿色建筑评价标识数据统计及分析

1. 历年来整体数据统计

截至 2018 年 1 月,全国累计评出绿色建筑评价标识项目 742 项,总建筑面积 7581 万 m^2。由于经济发展水平、气候条件、政策支持力度等的不同,我国绿色建筑标识项目分布仍不均衡,项目数量和总建筑面积排名前 5 位的省市依次为江苏省、广东省、上海市、山东省和北京市,上述 5 省市标识项目数量占全国的 57.5%,总面积占全国的 53.7%,其中仅江苏省就占全国的 23.6%。

742 项绿色建筑评价标识项目中,设计标识项目 694 项,建筑面积为 7066 万 m^2;运行标识项目 48 项,建筑面积为 515 万 m^2。

742 项绿色建筑评价标识项目中,一星级项目 239 项,建筑面积为 3050 万 m^2;二星级项目 293 项,建筑面积为 2934 万 m^2;三星级项目 210 项,建筑面积为 1597 万 m^2。

742 项绿色建筑评价标识项目中,住宅建筑项目为 391 项,建筑面积为 5206 万 m^2,公共建筑 348 项,建筑面积为 2361 万 m^2;工业建筑 3 项,建筑面积为 15 万 m^2。

742 项绿色建筑评价标识项目中,夏热冬冷地区的项目数量和建筑面积最大,均占 40%以上,其次是寒冷地区和夏热冬暖地区,项目数量和建筑面积之和均占 50%左右。

2. 宏观经济分析

通过分析绿色建筑评价标识项目数量与宏观经济因素的相关性,可了解我国绿色建筑评价标识工作与国民经济的关系。

绿色建筑评价标识的项目数量与当地 GDP 的关系最为密切,其线性相关程度高于其他几个因素,其次为当地人口,之后为当地城镇人均可支配收入,最后为当地人均 GDP。绿色建筑评价标识项目数与国民经济的关系是:当地 GDP 越高、人口越多、人均可支配收入和人均 GDP 越高,获得绿色建筑评价标识的项目数量越多。

3. 技术应用情况

根据 742 项绿色建筑评价标识项目中 416 个提供了技术应用数据的项目,按达标项目数对绿色建筑标识项目采用的技术情况进行统计分析。应用较多的技术有复层绿化,合理开发地下空间,室外透水地面,分项计量/室温调控,节水器具,雨水入渗措施,预拌混凝土,一体化设计施工,完善的智能化系统,水、电、燃气分户计量和自动监控系统等。

4. 评价指标达标情况

根据742项绿色建筑评价标识项目中227个项目提供的评价指标达标信息,统计了全国绿色建筑标识项目的总体达标情况。

住宅建筑和公共建筑虽然总体项数和条款内容上有些差距,但达标情况相近。其中,住宅建筑一般项中,节地、节水、室内环境不达标条款数较高;优选项中,节地、节能、节水、节材不达标条款数较高。公共建筑一般项中,节能不达标条款数最高;优选项中,节地、节能不达标条款数较高。

(五)目前存在的不足及应对措施

1. 目前存在的不足

虽然目前取得了一定的成绩,但从全国来看,各省市评价标识工作的开展还很不均衡。有的省份标识评价工作推广速度较快,所获星级绿色建筑项目也更多,如福建省、湖南省;有的省份则发展滞后。由于我国绿色建筑起步较晚,技术和政策基础都不完善,也影响到了绿色建筑评价标识体系的发展和完善,因此,有必要分析目前存在的一些问题,以使绿色建筑评价标识工作能够发展得更快更好。

第一,评价标准体系的统一性有待提高、灵活性不足。

目前,我国绿色建筑评价标准体系仅有一本《绿色建筑评价标准》,主要适用于办公建筑、商业建筑和住宅建筑。尽管在此基础上编制了《绿色建筑评价技术细则》和《绿色建筑评价技术细则补充说明》,仍无法满足越来越多的建筑类型和绿色建筑新技术的发展要求;尽管一些地方标准也陆续颁布,但与国标不一致的内容也不同程度的存在,从而影响了体系的统一性。具体来说,现行评价标准体系存在以下几个有待完善的问题。

①条文判断指标模糊

绿色建筑是正在迅速发展的新事物,而且每年都会出现新的材料、技术与产品。现行评价体系的条文与评价方法越来越无法满足日新月异的建筑发展需求。

例如,“住宅建筑不适宜采用集中空调系统”这一观点,属于暖通行业的常识,但在评价中并未对其进行重点说明,并对采用了集中空调系统的住宅项目仍设有鼓励其优化系统的评价条款。这就造成了一个误区,使得很多建设者认为住宅建筑中采用集中空调是可行的,从而在项目的具体建设中为追求所谓“高品质”生活而对房间负荷程度各不相同的住宅都要求必须采用同时供冷、供热的集中空调系统。但是,这种做法是不节能的,之所以发生这种现象是由于技术畸形发展导致的。由于评价时未考虑技术的畸形发展,仅对技术本身的合理性进行评价而不是对系统的合理性进行评价,最终会产生自相矛盾的问题,造成对不合理现象难以合理评价的窘境。又如“热岛强度”的评价,设置这个指标的出发点是好的,但是在实际评价时难以操作,缺乏具体的检测评价方法。

②地域灵活性不强

由于全国范围内,各个地区气候、经济条件、地方政策、资源和环境条件、建筑类型各不相同,因此,现行评价体系中部分数据指标很难做到“因地制宜”。例如,非传统水源利用在非缺水地区的适应性远小于缺水地区,在综合考虑社会、经济、自然条件后的优化方案并非要求所有地区所有建筑都采用非传统水源。而我国哪些地区为缺水地区,由于标准不一,尚无定论,使得此项指标只能根据专家的经验进行主观判断,很难做到定量的区分参评条件。

第二,管理体系与工作机制不健全、缺乏有效的监督措施。

虽然在国家颁布的相关政策标准中,对绿色建筑任务目标、各个环节需达到的参数等都做了明确规定。然而,在具体实施过程中,却出现了许多问题:一些开发商为了达到绿色建筑评级要求,弄虚作假;或在实际运营中,管理不当。例如,开发商在建造建筑时,为了达到评价等级中的项目数量,在建筑中增加了一些没有必要的项目,如某建筑本不涉及风能等可再生能源的利用技术,但是开发商为了达到或者获得更高的评价等级,便在建造时加入了这一项。虽然表面上看起来增加了新技术的应用成分,然而在实际应用过程中,这一技术没有或者很少使用,这本身就是一种极大的浪费,违背了绿色建筑的初衷,使得绿色建筑不再“绿色”。

为此,住建部将绿色建筑评价标识分为“设计标识”和“运行标识”。相比“设计标识”,对“运行标识”的审定要求更高:申报的建筑要运行一年以上,并现场核查合格才能授予。然而,获得“运行标识”的绿色建筑比获得“设计标识”的要少得多,如 2018 年 518 个绿色建筑标识中,获得绿色建筑运营标识的项目只有 50 个。这就说明在绿色建筑的设计阶段,符合国家相关标准、获得“设计标识”更容易,但是要获得“运行标识”、通过实践的考验，就变得困难。而出现这种状况也是由于对“运行标识”的重视不够、缺乏有效的监督管理措施造成的。

2. 应对措施

上述问题对我国绿色建筑评价标识系统的完善和发展产生了很大的阻力，因此，建立更符合我国目前建设情况的绿色建筑评价体系迫在眉睫。针对现存的问题，我国应尽快设计出更具灵活性的评价标准体系和更具操作性的标识管理体系，并加强管理和监督，最大限度地杜绝弄虚作假、操作不当等情况的发生。

①针对不同的建筑类型，应制定出较为灵活的国家标准或行业标准，以便标准更具可操作性且能够与时俱进，并能指导全国各省市地区的地方标准，实现对不同气候区、不同经济社会条件地区及不同地区资源条件下的主要建筑类型的绿色建筑评价；各地方住房和建设部门也可结合当地经济社会条件地区制定适合当地的地方标准体系和管理体系，将评价标识工作在全国范围内推广。

②不但要重视“设计标识”，更要重视“运行标识”；不但要重视建筑的设计及施工阶段，更要重视绿色建筑运行后设备安装、维护等运营管理阶段，并且后者更为重要，因为建成实际绿色化运行的建筑是我们发展绿色建筑的目的。从源头上细化绿色建筑运行评价标识制度，让关注建筑全生命周期能耗、资源消耗、环境负荷成为越来越多开发企业的共识。

可喜的是，住建部发布《加强绿色建筑评价标识管理和备案工作的通知》，要求各地以推广绿色建筑为重要抓手，各地严格按照相关评价技术细则、地方标准等规定，加强绿色建筑评价标识的审查和管理工作，制定相应的激励政策与措施，大力引导和推动绿色建筑发展。

（六）未来的目标规划

为进一步深入推进建筑节能，加快发展绿色建筑，促进城乡建设模式转型升级，财政部、住房和城乡建设部联合发布的《关于加快推动我国绿色建筑发展的实施意见》，提出了绿色建筑的发展目标和要求，切实提高绿色建筑在新建建筑中的比重：到 2025 年绿色建筑占新建建筑比重超过 30%，建筑建造和使用过程的能源、资源消耗水平接近或达到现阶段发达国家水平；到 2020 年政府投资的公益性建筑和直辖市、计划单列市及省会城市的保障性住房全面执行绿色建筑标准；力争到 2025 年，新增绿色建筑面积 20 亿 m^2 以上。该文件提出通过对高星级绿色建筑进行财政政策奖励（二星级绿色建筑每平方米为 45 元，三星级绿色建筑每平方米为80元)引导更高水平的绿色建筑建设,通过推进绿色生态城区建设规模化发展绿色建筑(对满足一定条件的绿色生态城区给予资金定额补助,基准为5000万元),通过引导保障性住房及公益性行业优先发展绿色建筑,使绿色建筑更多地惠及民生,切实加大保障性住房及公益性行业的财政支持力度。

为贯彻落实国家文件中提出的目标和要求,许多地方陆续出台了加快绿色建筑发展的地方性政策,明确了绿色建筑的发展目标,提出了针对不同建筑类型的强制性政策及针对不同星级绿色建筑的激励性政策。例如,江苏省、福建省、广东省、河南省、安徽省、宁夏回族自治区、北京市等对新增绿色建筑的面积提出了目标要求,湖南省、山东省、青海省、山西省、宁夏回族自治区、北京市等对绿色建筑占新建建筑的比例提出了目标要求;江苏省、陕西省、北京市、上海市等明确提出了针对绿色建筑项目给予财政补贴的标准,内蒙古自治区提出对绿色建筑项目给予减免城市配套费的优惠;江苏省、山西省、福州市、长沙市、深圳市、厦门市、郑州市的保障性住房将陆续强制其按照绿色建筑标准设计建造;江苏省、福建省、湖南省、山东省、青海省、山西省、安徽省、宁夏回族自治区等将强制政府投资项目达到绿色建筑标准的要求。此外,天津市将绿色建筑要求纳入建筑节能条例加以强制执行;重庆市将绿色建筑要求纳入建筑节能标准进行强制实施;北京市、武汉市、秦皇岛市正在开展将绿色建筑基本要求纳入现行工程建设管理程序进行强制实施的相关研究。

甘肃省发展改革委员会、省住房和城乡建设厅发布的《甘肃省绿色建筑行动实施方案》中明确要求,在全省范围内,由政府投资的国家机关、学校、医院、博物馆、科技馆、体育馆等建筑,单体建筑面积超过2万m^2的大型公共建筑及兰州市保障性住房要全面执行绿色建筑标准。鼓励其他市州保障性住房、新区、开发区、房地产开发项目和工业建筑执行绿色建筑标准。到2019年底,20%的城镇新建建筑达到绿色建筑标准要求,完成既有居住建筑供热计量和节能改造1260万m^2以上,到2020年底,基本完成具备改造价值的老旧住宅的供热计量和节能改造。

通过各级政府、各地方、各部门的共同努力,依托政策和技术双轮驱动保障,低碳、生态、绿色发展理念必将深入人心,成为人类社会现代文明的重要组成部分。

第六章　绿色建筑节约材料技术与评价

第一节　绿色建筑材料

第一届国际材料科学研究会提出了“绿色材料”的概念，国际学术界定义绿色材料是指在原料采取、产品制造、应用过程和使用以后的再生循环利用等环节中，对地球环境负荷最小和对人类身体健康无害的材料。我国召开的首届全国绿色建材发展与应用研讨会上，明确提出绿色建材是指采用清洁生产技术，不用或少用天然资源和能源，大量使用工农业或城市固态废弃物生产的无毒害、无污染、无放射性，达到使用周期后可回收利用，有利于环境保护和人体健康的建筑材料。国际上也称生态建材、健康建材或环保建材。

绿色建材是生态环境材料在建筑材料领域的延伸，从广义上讲，绿色建材不是一种独特的建材产品，而是对建材“健康、环保、安全”等属性的一种要求，对原材料生产、加工、施工、使用及废弃物处理等环节，贯彻环保意识及实施环保技术，达到环保要求。绿色建材定义的形成，有力地推动了我国绿色建材产业的健康、可持续发展。

一、绿色建筑材料的特征及分类

（一）绿色建材的特征

传统建筑材料的制造、使用及最终的循环利用过程都产生了污染，破坏了人居环境和浪费了大量能源。绿色建材与传统建材相比可归纳以下 5 个方面的基本特征。

第一，绿色建材生产尽可能少用天然资源，大量使用尾矿、废渣、垃圾等废弃物。

第二，采用低能耗和无污染的生产技术、生产设备。

第三，在产品生产过程中，不使用甲醛、卤化物溶剂或芳香族碳氢化合物；产品中不含汞、铅和镉等重金属及其化合物。

第四，产品的设计以改善生产环境、提高生活质量为宗旨，产品具有多功能化，如抗菌、灭菌、防毒、除臭、隔热、阻燃、防火、调温、调湿、消磁、防射线、抗静电等。

第五，产品可循环或回收及再利用，不产生污染环境的废弃物。

可见，绿色建材既满足了人们对健康、安全、舒适、美观的居住环境的需要，又没有损害子孙后代对环境和资源的更大需求，做到了经济社会的发展与生态环境效益的统一，当前利益与长远利益的结合。

（二）绿色建材的分类

根据绿色建材的特点，可以大致分为以下 5 类。

第一，节省能源和资源型建材：是指在生产过程中能够明显降低对传统能源和资源消耗的产品。因为节省能源和资源，使人类已经探明的有限的能源和资源得以延长使用年限。这本身就是对生态环境做出了贡献，也符合可持续发展战略的要求。同时降低能源和资源消耗，也就降低了危害生态环境的污染物产生量，从而减少了治理的工作量。生产中常用的方法如采用免烧或者低温合成及提高热效率、降低热损失和充分利用原料等新工艺、新技术和新型设备。此外，还包括采用新开发的原材料和新型清洁能源生产的产品。

第二，环保利废型建材：是指在建材行业中利用新工艺、新技术，对其他工业生产的废弃物或者经过无害化处理的人类生活垃圾加以利用而生产出的建材产品。例如，使用工业废渣或者生活垃圾生产水泥，使用电厂粉煤灰等工业废弃物生产墙体材料等。

第三，特殊环境型建材：是指能够适应恶劣环境需要的特殊功能的建材产品，如能够适用于海洋、江河、地下、沙漠、沼泽等特殊环境的建材产品。这类产品通常都具有超高的强度、抗腐蚀、耐久性能好等特点。我国开采海底石油、建设长江三峡大坝等宏伟工程都需要这类建材产品。产品寿命的延长和功能的改善，都是对资源的节省和对环境的改善。比如寿命增加 1 倍，等于生产同类产品的资源和能源节省了 50%，对环境的污染也减少了 50%。相比较而言，长寿命的建材比短寿命的建材就更增加了一分“绿色”的成分。

第四，安全舒适型建材：是指具有轻质、高强、防火、防水、保温、隔热、隔声、调温、调光、无毒、无害等性能的建材产品。这类产品纠正了传统建材仅重视建筑结构和装饰性能，而忽视安全舒适方面功能的倾向，因而此类建材非常适用于室内装饰装修。

第五，保健功能型建材：是指具有保护和促进人类健康功能的建材产品。它具有消毒、防臭、灭菌、防霉、抗静电、防辐射、吸附二氧化碳等对人体有害的气体等功能。这类产品是室内装饰装修材料中的新秀，也是值得今后大力开发、生产和推广使用的新型建材产品。

二、传统建筑材料的绿色化

固体废物的再生利用是节约资源、实现绿色建筑材料发展的一个重要途径。同时，也减少了污染物的排放，避免末端处理的工序，保护了环境。一般来说，传统材料主要追求材料的使用性能；而绿色建筑材料追求的不仅是良好的使用性能，而且从材料的制造、使用、废弃直至再生利用的整个寿命周期中，必须具备与生态环境的协调共存性，对资源、能源消耗少，生态环境影响小，再生资源利用率高，或可降解使用。

传统建筑材料工业作为一种产业，节约资源、能源，保护生态环境也是本身能够持续发展的需要。例如：利用煤矸石制作砖和水泥；利用粉煤灰和煤渣制作蒸养砖和烧结砖；生产陶粒硅酸盐砌块，作混凝土和水泥砂浆的掺合料；利用高炉渣制作水泥和湿碾矿渣混凝土；利用钢渣制作砖和水泥等。都是高效利用固体废物，考虑建筑材料的再生循环性，使建材工业走可持续发展之路。

未来建材工业总的发展原则应该具有健康、安全、环保的基本特征，具有轻质、高强、耐用、多功能的优良技术性能和美学功能，还必须符合节能、节地、利废三个条件。通常使用的建筑材料包括水泥、混凝土及其制品，各种玻璃、钢材、铝材、木材、高分子聚合材料、建筑卫生陶瓷等，以下对这些绿色建筑材料做介绍。

(一)水泥与混凝土类建材绿色化

传统水泥从石灰石开采，经窑烧制成熟料，再加入石膏研磨成水泥，生产过程耗用大量煤与电源，并排放大量二氧化碳，污染了环境，不是绿色建材。为了水泥建材的绿色化，我国发展以新型干法窑为主体的具有自主知识产权的现代水泥生产技术，大量节约了资源，减少了二氧化碳的排放量，采用高效除尘技术、烟气脱硫技术等，基本解决了粉尘、二氧化碳和氧化氮气体的排放及噪声污染问题。高性能绿色水泥应具有高强度、优异耐久性和低环境负荷三大特征。因此，改变水泥品种，降低单方混凝土中的水泥用量，将大大减少水泥建材工业带来的温室气体排放和粉尘污染，还能够降低其水化热，减少收缩开裂的趋势。

传统混凝土强度不足，使得建筑构件断面积增大，构造物自重增加，减少了室内可用空间；且其用水量及水泥量较高，容易产生缩水、析离现象，容易具有潜变、龟裂等特点，使钢筋混凝土建筑变成严重浪费地球资源与破坏环境的构造。因此，使传统混凝土绿色化，开发高性能混凝土（High Performance Concrete，HPC），十分必要。HPC 除采用优质水泥、水和骨料之外，还采用掺足矿物细掺料低水胶比和高效外加剂，可避免干缩龟裂问题，可节约 10%左右的用钢量与 30%左右的混凝土用量，可增加 1.0%～1.5%的建筑使用面积，具有更高的综合经济效益。显然，使用无毒、无污染的绿色混凝土外加剂，推广使用 HPC，注重混凝土的工作性，可节省人力，减少振捣，降低环境噪声；还可大幅度提高建筑建材施工效率，减少堆料场地，减少材料浪费，减少灰尘，减少环境污染。

（二）建筑玻璃的绿色化

20 世纪 60 年代，随着第一批玻璃幕墙出现，建筑幕墙一直占据着建筑市场的主导位置并引领着建筑行业技术的发展。到目前为止，建筑对玻璃的要求经过了从白玻璃、本体着色玻璃、热反射镀膜玻璃到低辐射镀膜玻璃的变化。玻璃的颜色也由无色、茶色、金黄色到蓝色、绿色并最后向通透方向的发展变化。随着现代建筑设计理念的人性化、亲近自然及世界各国对能源危机的忧患意识的提高，对建筑节能的重视程度也越来越高，对玻璃的要求也逐步向功能性、通透性转变。全世界建筑行业对玻璃的要求有向高通透、低反射或者减反射的方向转变的趋势。

绿色建筑玻璃应包括生产的绿色化和使用的绿色化：一是节能，门洞窗口是节能的薄弱环节，玻璃节能性能反映了绿色化程度；二是提高玻璃窑炉的熔化规模，其燃烧方式有氧气喷吹、氧气浓缩、氧气增压等先进燃烧工艺，比传统方式提高了生产清洁度，降低能耗，减少污染物排放和延长峪炉寿命；三是有高度的安全性，防治化学污染和物理污染。对于不同地区，要有不同的选择。

（三）建筑用金属材料的绿色化

建筑用金属材料一般是指建筑工程中所应用的各种钢材（各种型钢、钢板、钢筋、钢管和钢丝等）和铝材（铝合金型材、板材和饰材等）。据统计，世界钢铁工业能源消耗占世界总能耗的 10%，近 10 年来中国钢铁工业能源消耗占全国能耗总量的 9.15%～10.55%，可见能耗严重。建筑钢材的绿色化，除建材钢铁工业的“三废”治理、综合利用和资源本土化以外，还必须改善生产工艺，采用熔融还原炼铁工艺，使用非焦煤直接炼铁，大大缩短工艺流程，投资省、成本低、污染少，铁水质量能与高炉铁水相媲美，能够利用过程产生的煤气在竖炉中生产海绵铁，替代优质废钢供电炉炼钢。钢铁工业向大型化、高效化和连续化生产方向发展。以后通过提高炼铸比，向上游带动铁水预处理、炉外精炼和优化炼钢技术，向下游带动各类轧机的优化，实现坯铸热装热送、直接轧制和控制轧制等，最终实现钢材的绿色化生产。我国的铝土矿资源丰富，但氧化铝的含量也很高，所以建筑铝材的绿色化决定了必须采用高温熔出，用流程复杂的联合法处理，增加氧化铝生产的投资和能耗。

目前，建筑金属材料的绿色化技术主要强调在保持金属材料的加工性能和使用性能基本不变或有所提高的前提下，尽量使金属材料的加工过程消耗较低的资源和能源，排放较少的“三废”，并且在废弃之后易于分解、回收和再生。开发金属材料的绿色化新工艺，如熔融还原炼铁技术、连续铸造技术、冶金短流程工艺、炉外精炼技术和高炉富氧喷煤技术，革新工艺流程对于降低材料生产的环境负荷有极其重要的意义。

（四）木材的绿色化

木材是人类社会最早使用的材料，也是直到现在一直被广泛使用的优秀生态材料，它是一种优良的绿色生态原料，但在其制造、加工过程中，由于使用其他胶黏剂而破坏了产品原有的绿色生态性能。目前的问题是，人类对一切可再生资源的开发和获取规模及强度要限制在资源再生产的速度之下，不耗资源而导致其枯竭，木材要达到采补平衡。木材的绿色化生产除具有优异的物化性能和使用性能外，还必须具有木材的生态环境协调性，在绿色化生产过程中，对每一道工序都严格按照环境保护要求，不仅从污染角度加以考虑，同时从产品的实用性、生态性、绿色化等方面进行调整。木材的生产工艺可归结为原料的软化和干燥、半成品加工和储存、施胶、成型和预压、热压、后期加工、深度加工等。木材的绿色化生产的关键是进行木材的生态适应性判断，应具备木材生产能耗低，生产过程无污染，原材料可再资源化，不过度消耗资源，使用后或解体后可再利用，可保证原材料的持续生产，废料的最终处理不污染环境，对人的健康无危害，同时达到环境负荷较小并保留木材的环境适应性，创造出人类与环境和谐的协调系统。

（五）化学建材的绿色化

化学建材是指以合成高分子材料为主要成分，配有各种改性成分，经加工制成的用于建设工程的各类材料。目前，化学建材主要包括塑料管道、塑料门窗、建筑防水涂料、建筑涂料、建筑壁纸、塑料地板、塑料装饰板、泡沫保温材料和建筑胶黏剂等各类产品。

例如，由于本身导热性差和多腔室结构，塑料门窗型材具有显著的节能效果。它在生产环节、使用环节不但可以节约大量的木、钢、铝等材料和生产能耗，还可以降低建筑物在使用过程中的能量消耗。因此，大力发展多腔室断面设计，降低型材壁厚，增加内部增强筋与腔室数量，一般是 9～13 个，用于别墅和低层建筑时不需要加钢衬，且提高了其保温、隔热、隔声效果，具有很好的绿色化效果。

传统的建筑涂料大多是有机溶剂型涂料，在使用过程中释放出有机溶剂，室内长期存在大量的可挥发性的有机物，除对人体有刺激外，还会影响到视觉、听觉和记忆力，会使人感到乏力和头疼。有资料介绍，从室内空气中可析出近百种有机物，其中有 20 余种具有致突变性（包括致癌）作用，大部分来自化学建材。因此，开发非有机溶剂型涂料等绿色化学建材（水性涂料、辐射固化涂料、杀虫涂料等）就显得非常重要。传统的建筑涂料和建筑胶黏剂在使用中放出甲醛等有害气体，现正向无毒、耐热、绝缘、导热的绿色化方向发展。

（六）建筑卫生陶瓷的绿色化

建筑卫生陶瓷产品具有洁净卫生、耐湿、耐水、耐用、价廉物美、易得等诸多优点，其优异的使用功能和艺术装饰功能美化了人们的生活环境，满足了人们的物质生活和精神生活的双重需要，但陶瓷的生产又以资源的消耗、环境受到一定污染与破坏为代价。因此，建筑卫生陶瓷绿色化是一项解决发展中问题的系统性工作，也是行业可持续发展的保证。建筑卫生陶瓷的绿色化贯穿产品的生产和消费全过程，包括产品的绿色化和生产过程的绿色化。

产品绿色化的重点：推广使用节水、低放射性、使用寿命长的高性能产品；超薄及具有抗菌、易洁、调湿、透水、空气净化、蓄光发光、抗静电等新功能产品；利于使用安全、铺贴牢固、减少铺贴辅助耗材、实现清洁施工的产品等。

建筑卫生陶瓷生产过程的绿色化重点：陶瓷矿产资源的合理开发综合利用，保护优质矿产资源、开发利用红土类等铁钛含量高的低质原料及各种工业尾矿、废渣；推行清洁生产与管理，陶瓷废次品、废料的回收、分类处理与综合利用，洁净燃料的使用与废气治理，废水的净化和循环利用，粉尘噪声的控制与治理；淘汰落后，开发推广节能、节水、节约原料、高效生产技术及设备等。

建筑陶瓷绿色化要求树立陶瓷“经济－资源－环境”价值协同观，在发展中持续改进、提高、优化。绿色化需要企业、政府、消费者及社会各界的重视；需要正确处理眼前利益与长远利益、局部利益与公众利益的关系；需要法律、法规、道德的约束和超前的远见卓识；需要正确地引导与调控、严格的管理与监督，需要政策的鼓励和科技的支持。建筑卫生陶瓷绿色化不应仅是概念的炒作或是产品的标签，而是功在当代、利在千秋的事业，这也是“建筑卫生陶瓷消费者专家援助机构”努力追求的目标。

三、新型的绿色化建筑材料

由于一些传统建材工业，如水泥业、黏土砖瓦业等大量消耗能源，污染环境，而且产品性能上逐渐不能满足现代建筑业的要求，严重影响社会可持续发展。因此，在国家建材和建筑业发展的产业政策中，发展新型建材一直是主导方向之一。但是，新型建材是一个相对和发展的概念，其演变在时空上既具有连续性也具有阶段性。纵观我国新型建材的发展历程，它的内涵随着我国生产力发展水平和环保意识的提高，一直在不断深化与发展。早期的新型建筑材料往往被理解为不同于传统的砖、瓦、灰、砂、石等建筑材料，节能、代钢、代木、利废等材料成为主要产品。随着资源逐渐枯竭、能源持续短缺、环境污染日趋恶化，新型建材逐渐向少用或不用黏土原料、生产过程中节能降污及发展具有显著建筑节能的材料等方向发展。到 20 世纪 90 年代后期，新型建材的内涵发展为“用新的工艺技术生产的具有节能、节土、利废、保护环境特点和改善建筑功能的建筑材料”，例如，我国新型墙体材料、防水材料、保温隔热材料、环保型装饰装修材料等新型建材得到很大发展。

（一）透明的绝缘材料

绝热是一种防止热量损失和实现能源经济使用的最简单方法，建筑绝热的主要功能是防止热量泄漏、节约能量、控制温度和储存热能。传统的绝缘材料而且可以划分为含纤维的、细胞的、粒状的和反射型。这些绝缘材料的热性能是根据导热系数来说明的。惰性气体是一种很好的绝缘材料，它的导热系数为 0.026 W/(m·K)。远古的人就是利用气体的这种绝缘特性在外衣内加一层毛皮来抵御严冬的。一些普遍的绝热材料如玻璃纤维（=0.0325）、水合硅酸铝（=0.035）、渣绒（=0.0407）和硅酸钙（=0.057）都有很低的导热系数，这主要取决于固体媒介中心的气体单元个数。气体单元的直径大约为 0.09 μm，它比气体平均自由行程还小。通过绝缘材料的传热是靠固体媒介的传导、对流和辐射穿过气体单元的。还有一些热能损失是由于绝缘惰性材料自身的热能系统。

透明的绝缘材料表现出在气体间隙中一种全新的绝热种类，它们被用来减少不必要的热能损失，这些材料是由浸泡在空气层中明显的细胞排列组成的。就透明固体媒介中的气体间隙而言，这些材料和传统绝缘材料很相似。透明的绝热材料对太阳光是透射的，然而它能够提供很好的绝热性，使建筑物室外热能系统得到更多的太阳光应用，被用作建筑物的透明覆盖系统。透明绝缘材料的基本物理原理是利用吸收的太阳辐射波长和放出不同波长的红外线。高太阳光传送率和低热量损失系数是描述透明绝缘材料的两个参数。高光学投射比可以通过透明建筑材料，例如低钢玻璃、聚碳酸酯薄墙或光亮的凝胶体来实现。低热辐射损失可以通过涂上一层低反射率的漆来实现，低导热系数可以通过薄壁蜂房形建筑材料的使用来实现。低对流损失可以通过使用细胞形蜂窝构造避免气体成分的整体运动来抑制对流。这些特性联合起来使各种各样的透明绝缘材料得以实现，这些材料的导热系数值低于 1 $W/(m^2 \cdot ℃)$，而阳光传送率则高于 80%。

(二)相变材料

水拥有高储存容量和优良的传热特性，因此在低温应用中水被视为最好的热量储存材料。碎石或沙砾同样适合某些应用，它的热容大约是水的 1/5，因此储存相同数量的热能需要的存储器将是储水的 5 倍。对于高温热储存，铁是一种合适的材料。在潜热储存阶段，由于吸收或者释放热能材料的温度保持不变，这个温度等于熔化或者汽化的温度，这称为材料的相变。Telkes 已经对不同潜热的储存材料的热力性质和其他特性进行了比较。建筑中供暖应用最合适的一种材料是硫酸钠＋水合物，它在 32℃ 的时候发生相变情况如下：

$$\underset{(固体)}{Na_2SO_4 \cdot 10H_2} \longrightarrow \underset{(液体)}{Na_2SO_4 + 10H_2O}$$

其密度是 1472 kg/m^3，热容为 251 kJ/kg。因此每立方米材料可以储存 369 472 kJ 的能量，而潜热储存系统比起显热储存系统更加的简洁。氯化钙、六氢氧化物是另一种可能进行相变储存的材料。

相变材料的突出优点是轻质的建筑物可以增加热量，这些建筑由于它们的低热量，可以发生高温的波动，这将导致高供暖负荷和制冷负荷。在这样的建筑中使用相变材料可以消除温度的起伏变化，而且可以降低建筑的空调负荷。一种有效的做法是建筑中应用了 PCM，将 PCM 注入多孔渗水的建筑材料中，这样可以增加热质量。这样潜热储存系统比显热储存系统更加简洁。

另一种为人所知的储存是热化储存，在吸热化学反应过程中，热量被吸收而产物被储存。按照要求在放热反应过程中，产物释放出热量。化学热泵储存要与吸收循环的太阳热泵结合在一起。利用这种方法，在白天使用太阳能将制冷剂从蒸发器中的溶液蒸发出来，然后存储在冷凝器中。当建筑中需要热量的时候，储存的制冷剂在溶入溶液之前在室外的空气盘管中蒸发，从而释放存储的能量。

（三）硅纤陶板

硅纤陶板又称纤瓷板，是近年来开发的新型人造建材。与天然石材相比，具有强度高、化学稳定性好、色彩可选择、无色差、不含任何放射性材料等优点。它的表面光洁晶亮，既有玻璃的光泽又有花岗岩的华丽质感，可广泛用于办公楼、商业大厦、机场、地铁站、购物娱乐中心等大型高级建筑的内外装饰，是现代建筑外、内墙装饰中，可供选择的较为理想的绿色建材。

硅纤陶板采用陶瓷黏土为主要原料，添加硅纤维及特殊熔剂等辅料，经辗道窑二次烧制而成。成品的坯体呈现白色，属于陶瓷制品中的白坯系列，较普通瓷砖的红坯系列，不仅密实度较高且杂质含量少。硅纤陶板的原料陶瓷黏土是一种含水铝硅酸盐的矿物，由长石类岩石经过长期风化与地质作用生成。它是多种微细矿物的混合体，主要化学组成为二氧化硅、三氧化二铝和结晶水，同时含有少量碱金属、碱土金属氧化物和着色氧化物。它具有独特的可塑性和结合性，加水膨润后可捏成泥团，塑造成所需要的形状，再经过焙烧后，变得坚硬致密。这种性能构成了陶瓷制作的工艺基础，使硅纤陶板的生产成为可能。

由于陶瓷黏土矿分布面广、蕴藏量丰富，因此价格相对较低。生产资源的优势也使硅纤陶板的生产可以不受地域的限制，故较易推广。

在提倡节约能源的今天，应该提倡使用硅纤陶板。因为它是由黏土烧制而成，生产这种板材与开采石料相比，能降低近 40％的能源消耗，并减少了金属材料的使用。同时，由于硅纤陶板薄，传热快而均匀，烧成温度和烧成周期大大缩短，使烧制过程中的有害气体排放量可减少 20％～30％，保护了环境。

（四）玻晶砖

以碎玻璃为主要原料生产出的玻晶砖是一种既非石材也非陶瓷砖的新型绿

色建材,玻晶砖是以碎玻璃为主,掺入少量黏土等原料,经粉碎、成型、晶化、退火而成的一种新型环保节能材料。玻晶砖除可制作结晶黏土砖外,也可制作出天然石材或玉石的效果,有多种颜色和不同规格形态,通过不同颜色的产品搭配,能拼出各种各样富于创意空间的花色图案,美观大方。可用于各种建筑物的内、外墙或地面装修。表面如花岗岩或大理石一般光滑的玻晶系列产品可显示出豪华的装饰效果。采用彩色的玻晶砖装修内墙和地面,其高雅程度可与高级昂贵的大理石或花岗岩相媲美。而且,这种产品还具有优良的防滑性能及较高的抗弯强度、耐蚀性、隔热性和抗冻性,是一种完全符合"减量化、再利用、资源化"三原则的新型环保节能材料。

四、绿色建材的发展趋势

近20年来,欧美、日本等工业发达国家对绿色建材的发展非常重视,已就建筑材料对室内空气的影响进行了全面、系统的基础研究工作,并制定了严格的法规。联合国召开了环境与发展大会,增设的可持续产品开发工作组。随后,国际标准化机构也开始讨论环境调和型制品的标准化,大大推动着国内外绿色建材的发展。

(一)绿色建材在国外的发展

为了绿色建材的发展,德国发布的第一个环境标志"蓝天使",使7500多种产品得到认证。美国环保局(EPA)和加州大学开展了室内空气研究计划,确定了评价建筑材料释放VOC的理论基础及测试建筑材料释放VOC的体系和方法,提出了预测建筑材料影响室内空气质量的数学模型。丹麦、挪威推出了"健康建材"(HMB)标准,国家法律规定,对于所出售的涂料等建材产品,在使用说明书上除了标出产品质量标准外,还必须标出健康指标。瑞典也积极推动和发展绿色建材,并已正式实施新的建筑法规,规定用于室内的建筑材料必须实行安全标签制,并制定了有机化合物室内空气浓度指标限值。另外,芬兰、冰岛等国家实施了统一的北欧环境标志。日本开展环境标志工作,已有2500多种环保产品,十分重视绿色建材的发展。目前,国际对于绿色建材的发展走向有以下三个主流观点。

1. 删繁就简

这主要是针对一些地方存在的铺张浪费和豪华之风而言的。国外已经将节省开支当作可持续发展建筑的一项指标。创造一种自然、质朴的生活和工作环境与可持续发展是一致的,也是建设节约型社会的必然要求。

2. 贴近自然

选用自然材料,提倡突出材料本身的自然特性,如木结构建筑。第一次世界大战时期开始流行的稻草板建筑材料有其生态优势,其主要原料稻、麦草是可再生资源,生产制造过程中不会对生态环境造成污染,这些都是发达国家的用材趋势。

3. 强调环保

强调环保主要包括以下几个方面。

第一,有益于人体健康。例如加拿大的 Ecologo 标志计划和丹麦的认证标志计划等,就主要是从人体健康方面出发来考虑的。

第二,有益于环境。对于生态环境材料,不仅要求其不污染环境,而且还要求其能够净化环境。如带有 TiO_2 光催化剂的混凝土铺路砌块已开始走出实验室,铺设在交通繁忙的道路边的步行道,进行消除氮氧化物、净化空气的应用性实验。

第三,减少环境负荷。一是降低能量损耗,减少环境污染;二是充分利用废弃物,以减少环境负荷。利用同体废弃物研制建筑材料是绿色建材发展最重要的途径。

(二)绿色建材在中国的发展

改革开放以来,随着我国经济、社会的快速发展和生活水平日益提高,人们对住宅的质量与环保要求越来越高,使绿色建材的研究、开发及使用越来越深入和广泛。建筑与装饰材料的"绿色化"是人类对建筑材料这一古老领域的新要求,也是建筑材料可持续发展的必由之路。国家科技部、自然科学基金委员会和"863"计划新材料专家组联合召开了"生态环境材料讨论会",确定生态环境材料应是同时具有满意的使用性能和优良的环境协调性,并能够改善环境的材料。我国绿色建材的发展虽然取得了一些成果,但仍处于初级阶段,今后要继续朝着节约资源、节省能源、健康、安全、环保的方向发展,开发越来越多的、物美价廉的绿色建材产品,提高人类居住环境的质量,保证我国社会的可持续发展。要实现绿色建材的可持续发展,必须做好以下几个方面的工作:

第一,必须树立可持续发展的生态建材观。要从人类社会的长远利益出发,以人类社会的可持续发展为目标,在这个大前提下来考虑与建筑材料生产、使用、废弃密切相关的自然资源和生态问题,即建材的循环再生、资源短缺、生态环境恶化及与地球的协调性问题。

第二，提高全民的环保意识，提倡绿色建材。社会环境意识的高低是衡量国民素质、文化程度的重要标尺。要利用各种媒介进行环境意识、绿色建材知识的宣传和教育，使全民树立强烈的生态意识、环境意识，自觉地参与保护生态环境、发展绿色建材的工作，以推动绿色建材的健康发展。

第三，建立和完善建材行业技术标准，加快实施环境标志认证制度。通过制定和实施相应的法规和标准，加强建材行业质量监督，培育和规范市场，促进建材企业的技术进步，引导绿色建材的健康发展。对于合理利用资源、综合利用工业废料的低能耗、低消耗建材企业予以扶持；对于利用资源不合理、毁坏农田、高能源的生产企业采取高额征税或限期整改等干预手段；对设备落后、污染严重的小型企业予以淘汰。通过实行环境标志认证制度，促进建材企业的技术改造和科技进步，提高其产品在国内外市场上的竞争力。许多国家声明，对于未获得其所在国环境标志的进口商品或加以重税或拒之门外。因此，对建材企业而言，获得产品环境标志就等于拥有一张通往市场的“绿色通行证”。我国只有加快环境标志认证制度的实施，才能在国际市场占有一席之地。

第四，加强绿色建材的研究和开发。要保证建材的可持续发展，关键是研制开发及推广应用绿色建材产品。绿色建材开发主要有两条技术途径：一是采用高新技术研究开发有益于人体健康的多功能的建材，如抗菌、灭菌、除臭的卫生陶瓷和玻璃，不散发有机挥发物的水性涂料、防辐射涂料、除臭涂料等；二是利用工业或城市固态废弃物或回收物代替部分或全部天然资源，采用传统技术或新工艺制造绿色建材。

第五，做好技术的引进、消化和吸收工作。对引进技术应深入调查、严格把关，避免盲目、重复和低水平，要尽量采取购买技术专利或软件的做法，引进设计生产的关键技术。要及时组织好吸收、消化和创新工作，切实解决以往重技术引进、轻消化吸收的不良倾向。

第二节　建筑节材技术

一、有利于建筑节材的新材料、新技术

（一）采用高强建筑钢筋

我国城镇建筑主要是采用钢筋混凝土建造的，钢筋用量很大。一般来说，在

相同承载力下，强度越高的钢筋，其在钢筋混凝土中的配筋率越小。相比于HRB335钢筋，以HRB400为代表的钢筋具有强度高、韧性好和焊接性能优良等特点，应用于建筑结构中具有明显的技术经济性能优势。经测算，用HRB400钢筋代替HRB335钢筋，可节省10%～14%的钢材，用HRB400钢筋代换12以下的小直径HPB235钢筋，则可节省40%以上的钢材；同时，使用HRB400钢筋还可改善钢筋混凝土结构的抗震性能。可见，HRB400等高强钢筋的推广应用，可以明显节约钢材资源。我国建筑钢筋的主流长期以来一直是HRB335钢筋，高强钢筋用量在建设行业钢筋总体用量中所占比率仍然很低，例如，每年HRB400钢筋用量不到钢筋总用量的10%。美国、英国、日本、德国、俄罗斯及东南亚国家已很少使用HRB335钢筋，即使使用也只是做配筋，主筋均采用400 MPa、500 MPa级钢筋，甚至700 MPa级钢筋也有较多应用；有的国家甚至早已淘汰了HRB335钢筋。我国还没有在建筑业中大量应用高强钢筋，特别是还没有在高层建筑、大跨度桥梁和桥墩上广泛使用，其原因是：①钢材市场中HRB400等高强钢筋供应量不足，满足不了建筑工地配送使用条件；②HRB400等高强钢筋使用了微合金技术，使得目前其成本较HRB335钢筋高，利润空间较低，大多数钢厂不愿生产高强钢筋，由此产生的产量低进一步加剧了高强钢筋的高价格。

（二）采用强度更高的水泥及混凝土

我国城镇建筑主要是采用钢筋混凝土建造的，所以我国每年混凝土用量非常巨大。混凝土主要是用来承受荷载的，其强度越高，同样截面积承受的重量就越大；反过来说，承受相同的重量，强度越高的混凝土，它的横截面积就可以做得越小，即混凝土柱、梁等建筑构件可以做得越细。所以，建筑工程中采用强度高的混凝土可以节省混凝土材料。美国等发达国家的混凝土以C40、C50为主（C70、C80及以上的混凝土应用也很常见）；42.5级、52.5级及其以上的水泥可占到水泥总量的90%以上。目前，在我国混凝土约有24%是C25以下，65%是C30～C40，即有将近90%的混凝土属于C40及其以下的中低强度等级，C45～C55仅占8.5%；我国目前65%的水泥是32.5级，42.5级及其以上的水泥产量仅占水泥总量的35%。经分析计算可知，配制C30～C40混凝土，采用42.5级水泥比采用32.5级水泥每立方米混凝土可少用水泥约80kg。所以，我国由于水泥产品高强度等级的少，低强度等级的多，结构不合理，每年都造成大量的水泥浪费。其实我国目前新型干法水泥生产线完全能满足生产高强度等级水泥的要求，造成上述状况的重要原因之一是，建筑结构设计标准中仍习惯采用低强度等级混凝土（主要以低强度等级水泥配制)的肥梁胖柱,使我国对高强度等级水泥的需求量不高。所以,水泥产品结构的改善涉及建筑结构设计工作的改革,要从建筑结构设计标准和使用部门着手,改善水泥产品的需求结构。

(三)采用商品混凝土和商品砂浆

商品混凝土是指由水泥、砂石、水及根据需要掺入的外加剂和掺合料等组分按一定比例在集中搅拌站(厂)经计量、拌制后,采用专用运输车,在规定时间内,以商品形式出售,并运送到使用地点的混凝土拌合物。商品混凝土也称预拌混凝土。早在20世纪80年代初,发达国家商品混凝土的应用量已经达到混凝土总量的60%~80%。目前,美国商品混凝土占其混凝土总产量约84%,瑞典为83%,而我国目前商品混凝土用量仅占混凝土总量的30%左右。我国商品混凝土整体应用比例的低下,也导致大量自然资源浪费:因为相比于商品混凝土的生产方式,现场搅拌混凝土要多损耗水泥10%~15%,多消耗砂石5%~7%。商品混凝土的性能稳定性也比现场搅拌好得多,这对于保证混凝土工程的质量十分重要。

商品砂浆是指由专业生产厂生产的砂浆拌合物。商品砂浆也称为预拌砂浆,包括湿拌砂浆和干混砂浆两大类。湿拌砂浆是指水泥、砂、保水增稠材料、外加剂和水及根据需要掺入的矿物掺合料等组分按一定比例在搅拌站经计量、拌制后,采用搅拌运输车运至使用地点,放入专用容器储存,并在规定时间内使用完毕的砂浆拌合物。干混砂浆是指经干燥筛分处理的砂与水泥、保水增稠材料及根据需要掺入的外加剂、矿物掺合料等组分按一定比例在专业生产厂混合而成的固态混合物,在使用地点按规定比例加水或配套液体拌合使用。

相比于现场搅拌砂浆,采用商品砂浆可明显减少砂浆用量:对于多层砌筑结构,若使用现场搅拌砂浆,则每平方米建筑面积需使用砌筑砂浆量为0.20 m^3,而使用商品砂浆则仅需要0.13 m^2,可节约35%的砂浆量;对于高层建筑,若使用现场搅拌砂浆,则每平方米建筑面积需使用抹灰砂浆量为0.09 m^3,而使用商品砂浆则仅需要0.038 m^3,可节约抹灰砂浆用量58%。

商品砂浆最早可以追溯到19世纪奥地利开始应用的干混砂浆,20世纪50年代以后欧洲的干混砂浆迅速发展。目前,在欧美国家中每100万人口的城市就有两个干混砂浆生产厂,规模一般为30万~50万t/年;德国是世界干混砂浆最发达的国家之一,每年商品砂浆用量高达1100万t,平均人口只有20万的城市就至少有一个商品砂浆工厂,品种达上百种。欧美等发达国家商品砂浆占其砂浆总量的比例很高,欧洲大约85%的建筑砂浆属于干混砂浆;2016年欧洲干混砂浆的总消耗量就达 7000 万 t。

韩国通过近 20 年的发展，其干混砂浆市场逐步走向成熟和稳定，目前地面和装饰用普通型干混砂浆加起来有约 300 万 t 的市场，到 2018 年干混砂浆已占整个市场的 80%以上份额。

新加坡在 1984 年建立起第一个干混砂浆生产厂，生产墙面抹灰砂浆，年产量不足 1 万 t，其他产品主要依靠进口。近年来，政府规定所有砂浆必须“干粉化”，因而生产规模迅速扩大。新加坡尽管地盘很小，但它是世界上第一个禁止施工现场搅拌的国家，截至 2017 年，新加坡已拥有 130 万 t/年干混砂浆的生产能力，目前已达到 150～180 万 t/年。

相比于上述国家和地区，我国目前的建筑工程量如此巨大，世界上几乎 50%的水泥消耗在我国，但是我国商品砂浆年用量就显得很少。2005 年刚刚达到 407 万 t，不足建筑砂浆总量的 2%。近年来，我国每年城镇建筑需消耗砂浆有 3.5 亿 t 之多。仅北京市每年至少需要建筑砂浆 218 万 m^2，折合 328 万 t，北京市商品砂浆市场容量预计在 1000 万 t 左右，上海地区商品砂浆每年的使用量也在 1000 万 t、1200 万 t。如果全国更大范围内推广应用商品砂浆，则节约的砂浆量相当可观。使用商品砂浆不仅可节省材料，而且商品砂浆的性能也比现场搅拌砂浆更稳定、质量更好，更有利于保证建筑工程的质量。

（四）采用散装水泥

散装水泥是相对于传统的袋装水泥而言的，是指水泥从工厂生产出来之后不用任何小包装直接通过专用设备或容器从工厂输到中转站或用户手中。20 多年来，我国一直是世界第一水泥生产大国，但却是散装水泥使用小国。2015 年我国水泥总产量为 70.64 亿 t，但是散装水泥供应量为 43.8 亿 t，散装率只有 36%左右，与世界工业化发达国家水泥散装率 90%以上的比例相差很大。袋装水泥需要消耗大量的包装材料，且由于包装破损和袋内残留等造成的损耗率较高，所以水泥生产和应用的高袋装率、低散装率给我国造成了极大的资源浪费。如果以 2014 年全国袋装水泥约 6.4 亿 t 计算，全年袋装水泥消耗包装牛皮纸约 380 多万 t，折合优质木材 2110 多万 m^3，相当于全国当年木材总采伐量的 1/3，即相当于大兴安岭 10 年的木材采伐量。还有，由于包装纸袋破损和包装袋内残留水泥造成的损耗为 3%～5%（而散装水泥由于装卸、储运采用密封无尘作业，水泥残留可控制在 0.5%以下），仅此一项，2014 年损失近 2000 万 t 水泥，价值人民币 50 多亿元。此外，每万吨袋装水泥的包装纸大约要消耗水 1.5 万 t，电 7.2 万度（1 度＝1 kW·h），煤炭 78 t,同时还要消耗氢氧化钠(俗称烧碱、火碱、苛性钠)22 t,棉纱 4 t。依此计算,2014 年全国在袋装水泥包装上消耗掉的水就多达 10 亿 t,用电 46 亿多度,耗煤 499 万 t,消耗氢氧化钠 140 万 t,棉纱 26 万 t。2005 年我国袋装水泥量仍高达 6.8 亿 t,上述浪费仍相当惊人。

(五)采用专业化加工配送的商品钢筋

专业化加工配送的商品钢筋是指在工厂中把盘条或直条钢线材用专业机械设备制成钢筋网、钢筋笼等钢筋成品,直接销售到建筑工地,从而实现建筑钢筋加工的工厂化、标准化及建筑钢筋加工配送的商品化和专业化。由于能同时为多个工地配送商品钢筋,钢筋可进行综合套裁,废料率约为 2%,而工地现场加工的钢筋废料率约为 10%。

在现代建筑工程中,钢筋混凝土结构得到了非常广泛的应用,钢筋作为一种特殊的建筑材料起着极其重要的作用。2014 年,我国建筑用钢材总量超过 8900 万 t,接近我国钢产量的 50%,是我国冶金行业的最大用户,其中螺纹钢消费量就占到钢材总量的 20%左右。但是建筑用钢筋规格形状复杂,钢厂生产的钢筋原料往往不能直接在工程上使用,一般需要根据建筑设计图纸的要求经过一定工艺过程的加工。现行混凝土结构建筑工程施工主要分为混凝土、钢筋和模板三个部分。商品混凝土配送和专业模板技术近几年发展很快,而钢筋加工部分发展很慢,钢筋加工生产远落后于另外两个部分。我国建筑用钢筋长期以来依靠人力进行加工,随着一些国产简单加工设备的出现,钢筋加工才变为半机械化加工方式,加工地点主要在施工工地。这种施工工地现场加工的传统方式,不仅劳动强度大,加工质量和进度难以保证,而且材料浪费严重,往往是大材小用、长材短用,加工成本高,安全隐患多,占地多,噪声大。所以,提高建筑用钢筋的工厂化加工程度,实现钢筋的商品化专业配送,是建筑行业的一个必然发展方向。

欧美一些国家从 20 世纪 80 年代中期到 90 年代初期,逐渐普及了商品钢筋。许多国家以立法的形式规定:钢筋必须经过专业加工厂的预制才允许进入建筑工地。目前欧美等发达国家 90%以上的钢筋实行专业化钢筋加工配送。

二、建筑工业化程度

建筑工业化发展模式的好处之一就是节约材料。建筑工业化生产与传统施工相比较,减少许多建材浪费,同时可减少施工的粉尘、噪声污染。中国台湾的研究数据表明，现场施工钢筋混凝土，每平方米楼板面积会产生 1.8 kg 的粉尘和 0.14 kg的固体废弃物，在日后拆除阶段则产生 1.23 kg 的固体废弃物。据统计，正常的工业化生产可减少工地现场废弃物 30%，减少施工空气污染 10%，减少 5%的建材使用量，对环境保护意义重大。

以预制混凝土构配件为典型模式的建筑工业化是发达国家现代建筑业发展的先进经验。目前，世界上很多发达国家预制混凝土构件在其混凝土施工中所占的比例仍然很大，在日本几乎所有的预应力混凝土房屋都是由预制构件采用后张预应力技术组装建造的。早在 20 世纪 60 年代末，日本就提出了住宅产业化的概念。经过近 50 年的发展，日本的工业化住宅建造技术已经相当成熟，拥有国内新住宅约 5%的市场份额，而且正在稳步扩大。日本积水化学工业株式会社住宅事业部拥有目前日本最先进的住宅工厂和研究机构。该企业设在埼玉县的一座住宅工厂，平均每 48 分钟就可制造出一栋 2～3 层的独户式住宅，然后运往现场进行吊装。一天之内，一座外观漂亮而且设施完善的楼房就在原地建成了。这种工业化住宅采用钢骨架或木骨架，配以复合墙体和楼板，在生产线上组装成盒子结构。门窗、楼梯间、卫生间、壁橱及成套厨房设备均同时安装在盒子结构内，连坡屋顶也是在工厂里分段制作好的，因此大大减少了现场工作量。积水住宅工厂的自动化程度很高，下料、切割、拼装、焊接等工序都是在生产线上自动完成的，而喷刷涂料等工序则由工业机器人负责操作，材料浪费被降低到最低程度。

当前，我国混凝土行业在产品结构上发展很不平衡，突出表现为预制混凝土与现浇混凝土的比例很不合理。20 世纪 80 年代末，我国预制混凝土产量与现浇混凝土产量之比为 1∶1，而 2015 年，预制混凝土产量与现浇混凝土相比仅为1∶10。

近年来，我国推广大开间灵活隔断居住建筑，若在结构设计上采用预制混凝土构件如大跨度预应力空心板，则可降低楼盖高度、减轻自重、降低结构造价、节约材料，经济效益十分显著。借鉴国际成熟经验，推进建筑工业化，不失为治本之策。推广工业化结构体系和通用部品体系，提高建筑物的工厂预制程度，基本实现施工现场的作业组装装配，能使建筑物寿命在“工厂预制”环节得到保证，并大幅度提高生产效率，还可节约可观的能源和材料。根据发达国家的经验，建筑工业化的一般节材率可达 20%左右、节水率达 60%以上，如果与国际先进水准看齐，比照当前我国住宅建造和使用的物耗水平，至少还有节能 30%～50%，节水 15%～20%的潜力。

三、清水混凝土技术

清水混凝土极具装饰效果，所以又称装饰混凝土。它浇筑的是高质量的混凝土，而且在拆除浇筑模板后，不再进行任何外部抹灰等工程。它不同于普通混凝土，表面非常光滑，棱角分明，无任何外墙装饰，只是在表面涂一层或两层透明的保护剂，显得十分天然、庄重。采用清水混凝土作为装饰面，不仅美观大方，而且节省了附加装饰所需的大量材料，堪称建筑节材技术的典范。

清水混凝土也可预制成外挂板，而且可以制成彩色饰面。清水混凝土外挂板采用埋件与主体拴接或焊接，安装方式较为简单，方便快捷。清水混凝土外挂板或彩色混凝土外挂板将建筑物的外墙板预制装饰完美地结合在一起，使大量的高空作业移至工厂完成，能充分利用工业化和机械化的优势。

四、结构选型和结构体系节材

在土木工程的建筑物和构筑物中，结构永远是最重要、最基础的组成部分。无论是古代人为自己或家庭建造简单的掩蔽物，还是现代人建造可以容纳成百上千人在那里生产、贸易、娱乐的大空间及各种工程构筑物，都必须采用一定的建筑材料，建造成具有足够抵抗能力的空间骨架，抵御自然界可能发生的各种作用力，为人类生产和生活服务，这种空间骨架称为结构。

(一)房屋都是由基本构件有序组成的

每一栋独立的房屋都是由各种不同的构件有规律按序组成的，这些构件从其承受外力和所起作用上看，大体可以分成结构构件和非结构构件两种类别。

第一，结构构件：起支撑作用的受力构件，如板、梁、墙、柱。这些受力构件的有序结合可以组成不同的结构受力体系，如框架、剪力墙、框架一剪力墙等，用来承担各种不同的垂直、水平荷载及产生各种作用。

第二，非结构构件：对房屋主体不起支撑作用的自承重构件，如轻隔墙、幕墙、吊顶、内装饰构件等。这些构件也可以自成体系和自承重，但一般条件下均视其为外荷载作用在主体结构上。

上述构件的合理选择和使用对于节约材料至关重要，因为在不同的结构类型、结构体系里有着不同的特质和性能。所以在房屋节材工作中需要特别做好结构类型和结构体系的选择。

(二)不同材料组成的结构类型

建筑结构的类型主要以其所采用的材料作为依据，在我国主要有以下几种结构类型。

1. 砌体结构

其材料主要有砖砌块、石体砌块、陶粒砌块及各种工业废料所制作的砌块等。

建筑结构中所采用的砖一般指黏土砖。黏土砖以黏土为主要原料，经泥料处理、成型、干燥和焙烧而成。黏土砖按其生产工艺不同可分为机制砖和手工砖；按其构造不同又可分为实心砖、多孔砖、空心砖。砖块不能直接用于形成墙体或其他构件，必须将砖和砂浆砌筑成整体的砖砌体，才能形成墙体或其他结构。砖砌体是我国目前应用最广的一种建筑材料。

与砖类似，石材也必须用砂浆砌筑成石砌体，才能形成石砌体或石结构。

石材较易就地取材，在产石地区采用石砌体比较经济，应用较为广泛。

砌体结构的优点：能够就地取材、价格比较低廉、施工比较简便，在我国有着悠久的历史和经验。缺点：结构强度比较低，自重大、比较笨重，建造的建筑空间和高度都受到一定的限制。其中采用最多的黏土砖还要耗费大量的农田。应当指出：我国近代所采用的各种轻质高强的空心砌块，正在逐步改进原有砌体结构的不足，在扩大其应用上发挥了十分重要的作用。

2. 木结构

其材料主要有各种天然和人造的木质材料。这种结构的优点是：结构简便，自重较轻，建筑造型和可塑性较大，在我国有着传统的应用优势。缺点是：需要耗费大量宝贵的天然木材，材料强度也比较低，防火性能较差，一般条件下，建造的建筑空间和高度都受到很大限制，在我国应用的比率也比较低。

3. 钢筋混凝土结构

其材料主要有砂、石、水泥、钢材和各种添加剂。通常讲的“混凝土”一词，是指用水泥做胶凝材料，以砂、石子做骨料与水按一定比例混合，经搅拌、成型、养护而得的水泥混凝土，在混凝土中配置钢筋形成钢筋混凝土构件。

这种结构的优点是：材料中主要成分可以就地取材，混合材料中级配合理，结构整体强度和延展性都比较高，其创造的建筑空间和高度都比较大，也比较灵活，造价适中，施工也比较简便，是当前我国建筑领域采用的主导建筑类型。缺点是：结构自重相对砌体结构虽然有所改进，但还是相对偏大，结构自身的回收率也比较低。

4. 钢结构

其材料主要为各种性能和形状的钢材。这种结构的优点是：结构轻质高强，能够创造很大的建筑空间和高度，整体结构也有很高的强度和延伸性。在现有技术经济环境下，符合大规模工业化生产的需要，施工快捷方便，结构自身的回收率也很高，这种体系在世界和我国都是发展的方向。缺点是：在当前条件下造价相对比较高，工业化施工水平也有比较高的要求，在大面积推广的道路上，还有一段路程要走。

以上四种结构类型的综合比较见表6－1。

结构选型是由多种因素确定的，如建筑功能、结构的安全度、施工的条件、技术经济指标等，但应充分考虑节约建筑自身的材料，并使其循环利用。要做到这一点，在选择结构类型时需要考虑以下一些基本原则。

第一，优先选择“轻质高强”的建筑材料。

第二，优先选择在建筑生命周期中自身可回收率比较高的材料。

第三，因地制宜优先采用技术比较先进的钢结构和钢筋混凝土结构。

表6－1　四种结构类型性能比较

结构类型	自重	承载能力	造价	施工	回收率
砌体结构	重	较低	较低	简便	很低
木结构	轻	低	较高	较简便	较低
钢筋混凝土结构	较重	较高	较高	较复杂	较低
钢结构	较轻	高	高	较复杂	高

（三）支撑整个房屋的结构体系

结构体系是指支撑整个建筑的受力系统。这个系统是由一些受力性能不同的结构基本构件有序组成的，如板、梁、墙、柱。这些基本构件可以采用同一类或不同类别（称组合结构）的材料，但同一类型构件在受力性能上都发挥着同样的作用。

1. 抗侧力体系

抗侧力体系是指在垂直和水平荷载作用下主体结构的受力系统。以受力系统为准则来区别，结构体系主要有以下三种基本类型。

第一，框架结构。由梁、柱组成的框架来承担垂直和水平荷载。框架结构的优点是建筑平面布置灵活，可以做成较大空间的会议室、餐厅、车间、营业室、教室等。需要时，可用隔断分隔成小房间，或拆除隔断改成大房间，因而使用灵活。外墙用非承重构件，可使立面设计灵活多变，如果采用轻质隔墙和外墙，就可大大降低房屋自重，节省材料。

但框架结构承载能力相对比较低，建造高度受一定限制。在我国目前的情况下，框架结构建造高度不宜太高，以 15～20 层为宜。

第二，剪力墙结构。由各种类型的墙体作为基本构件来承担垂直和水平荷载，墙体同时也作为维护及房间分隔构件。一般情况下，剪力墙间距为 3～8 m，适用于要求较小开间的建筑。当采用大模板等先进施工方法时，施工速度很快，可节省砌筑隔断等工程量。剪力墙结构在住宅及旅馆等建筑中得到广泛应用。

剪力墙结构优点是承载力高、整体性好，施工简便，能建得比较高，这种剪力墙结构适合于建造较高的高层建筑。

但剪力墙结构的缺点和局限性也是很明显的，主要是剪力墙间距不能太大，平面布置不灵活，不能满足公共建筑的使用要求，主要材料还是较重的混凝土，结构自重偏大，回收率很低。为了克服上述缺点，减轻自重，并尽量扩大剪力墙结构的使用范围，应当改进楼板做法，加大剪力墙间距，做成大开间剪力墙结构，或将底层或下部几层部分剪力墙取消，形成部分框支剪力墙以扩大使用空间。在我国，这种底层大空间剪力墙结构已得到了推广应用，底部多层大空间的剪力墙结构也正在实践和研究中逐步发展。

第三，框架-剪力墙结构。在框架结构中设置部分剪力墙，使框架和剪力墙两者结合起来，取长补短，共同承担垂直载荷和水平载荷，就组成了框架-剪力墙结构体系。如果把剪力墙布置成筒体，又可称为框架-筒体结构体系。筒体的承载能力、侧向刚度和抗扭能力都较单片剪力墙大大提高。在结构上，这是提高材料利用率的一种途径。在建筑布置上，则往往利用筒体做电梯间、楼梯间和竖向管道的通道，也是十分合理的。这种结构体系可用来建造较高的高层建筑，目前在我国得到广泛应用。

框架-剪力墙结构可以吸收两种结构的优点，克服其缺点，根据具体条件，不同构件还可以选择不同材料，工程中应用灵活，各项指标都比较适中，应用比较广泛。比如，它适用于采用钢筋混凝土内筒和钢框架组成的组合结构。内筒可采用滑模施工，外围的钢柱断面小，开间大、跨度大，架设安装方便，充分利用了混凝土和钢两种材料的优点，节省材料，因而开拓了这种体系广泛应用的前景。

通常，当建筑高度不大时，如 10～20 层，可利用单片剪力墙作为基本单元。我国较早期的框架-剪力墙结构都属于这种类型。当采用剪力墙筒体作为基本单元时，建造高度可增大到 30～40 层。

这三种结构基本体系都有广泛的应用，结合不同材料的选择，其综合比较见表 6—2。

表 6—2　三种结构体系性能比较

<table>
<tr><th colspan="2">结构体系</th><th>自重</th><th>承载能力</th><th>造价</th><th>施工</th><th>回收率</th></tr>
<tr><td rowspan="2">剪力墙结构</td><td>砌体结构</td><td>重</td><td>低</td><td>低</td><td>简便</td><td>低</td></tr>
<tr><td>钢筋混凝土结构</td><td>较重</td><td>高</td><td>较低</td><td>较简便</td><td>低</td></tr>
<tr><td rowspan="2">框架结构</td><td>钢结构</td><td>轻</td><td>高</td><td>高</td><td>较简便</td><td>高</td></tr>
<tr><td>钢筋混凝土结构</td><td>较轻</td><td>较高</td><td>较高</td><td>较复杂</td><td>低</td></tr>
<tr><td rowspan="2">框架一剪力墙结构</td><td>钢筋混凝土结构</td><td>一般</td><td>较高</td><td>较高</td><td>较复杂</td><td>低</td></tr>
<tr><td>钢一混凝土组合结构</td><td>较轻</td><td>高</td><td>高</td><td>较复杂</td><td>较高</td></tr>
</table>

综上所述，不同的结构体系其性能差异较大，要根据具体条件综合确定。但从节约材料的角度出发，应选取强度高、自重轻、回收率高的结构体系，要优化各种结构体系，发挥其长、克服其短。

2. 平面楼盖

平面楼盖主要是把垂直载荷和水平载荷传递到抗侧力结构上，其主要类型按截面形式、施工技术等可以分成以下几个基本类型。

第一，实心楼板：包括肋形楼板和无梁平板。这是我国采用的常规楼板结构类型，比较简便，跨度适中，但其用材多、自重大。

第二，空心楼板：包括预制和现浇空心楼板。预制空心楼板的工业化程度高，但跨度较小。现浇空心楼板施工相对比较复杂，但其自重轻、跨度较大。

第三，预应力空心楼板：采用预应力技术的预制和现浇空心楼板。与同类非预应力楼板相比，自重更轻、跨度更大。

由于采用了预应力技术和空心技术，楼板结构变得更轻、跨度更大，其节约材料的效果相当显著。六种楼板的综合比较见表 6—3。

表 6—3　六种楼板的综合比较

类型	自重	适用跨度/m	施工	适用范围
肋形实心楼板	较重	4～8	一般	一般民用和公共建筑
无梁实心平板	较重	6～9	较简便	车库、仓储等大荷载建筑
预制空心楼板	较轻	4～6	较复杂	一般民用和公共建筑
现浇空心楼板	轻	6～12	较简便	大开间民用和公共建筑
预应力实心楼板	较轻	9～12	较复杂	大开间民用和公共建筑
预应力空心楼板	很轻	12～18	较复杂	大跨度无梁公共建筑

3. 基础

在主体结构中，楼板将载荷传递至抗侧力结构，抗侧力结构再传递至基础，通过基础传递至地基。房屋基础起到了承上启下的关键作用。房屋基础按其受力特征和截面形式主要分为独立柱基和条形基础、筏板基础、箱形基础、桩基础。

第一，独立柱基和条形基础：由灰土、砌体、混凝土等材料组成，主要应用于上部载荷较小的中低层房屋。其施工简便、造价低廉，但承载能力和抗变形能力都很有限。

第二，筏板基础：由钢筋混凝土基础梁板组成。承载能力和防水能力都比较高，可以在地下部分形成较大的开阔空间，在高层建筑中应用较多。

第三，箱形基础：由钢筋混凝土墙板组成。基础整体性很好，承载能力强、变形较小，防水性能也很好，在高层建筑和荷载分布不均、地基比较复杂的工程中应用较多。由于要求地下部分墙体较多，故建筑功能上受到限制。

第四，桩基础：条形、筏板、箱形基础的载荷通过支撑在其下面的桩传至地基的受力机制。桩由灰土、砂石、钢筋混凝土、钢材等各种材料组成。这种基础承载能力很高，基础变形很小，可广泛应用于高层、超高层、大跨度建筑中，还可用于地基复杂、荷载悬殊的特殊条件下的工程。但其成本较高，施工较复杂。

总之，在房屋建造和使用的全过程中，结合具体条件合理确定房屋的结构类型和体系是节约材料的最重要环节之一，应该慎重选择。在确定房屋的结构类型和体系时，要充分考虑技术进步和科技发展的影响，优先选择轻质、高强、多功能的优质类型和体系。每栋房屋的具体环境和条件非常重要，节材工作要遵循因地制宜、就地取材、精心比较的原则来实施。

五、建筑装修节材

我国普遍存在的商品房二次装修浪费了大量材料，有很多弊端。为此，应该大力发展一次装修到位。

商品房装修一次到位是指房屋交钥匙前，所有功能空间的固定面全部铺装或粉刷完成，厨房和卫生间的基本设备全部安装完成，也称全装修住宅。

一次性装修到位不仅有助于节约，而且可减少污染和重复装修带来的扰邻纠纷，更重要的是有助于保持房屋寿命。一次性整体装修可选择菜单模式（也称模块化设计模式），由房地产开发商、装修公司、购房者商议，根据不同户型推出几种装修菜单供住户选择。考虑到住户个性需求，一些可以展示个性的地方，如厅的吊顶、玄关、影视墙等可以空着，由住户发挥。从国外及国内部分商品房项目的实践看来，模块化设计是发展方向——业主只需从模块中选出中意的客厅、餐厅、卧室、厨房等模块，设计师即刻就能进行自由组合，然后综合色彩、材质、软装饰等环节，统一整体风格，降低设计成本。

家庭装修以木工、油漆工为主，而将木工、油漆工的大部分项目在工厂做好，运到现场完成安装组合，这种做法目前在发达城市称为家庭装修工厂化。

传统的家装模式分为以下两种。

第一，根据事先设计好的方案连同所需家具一同在现场进行施工，这样只能使家具与居室内其他细木工制品（门套、暖气罩、踢脚等）配色成套，但这种手工操作的方式避免不了噪声、污染及各种因质量和工期问题给消费者带来的烦恼，刺耳的铁锤、电锯声，满室飞舞的尘埃和锯末，不仅影响施工现场的环境要求，关键是一些材料（大芯板、多层板等）和各种的油漆、黏结剂所散发出的刺鼻气味，直接影响消费者的身心健康，况且手工制作的木制品极易出现变形、油漆流迹、起鼓等质量问题。

第二，很多消费者在经过简单的基础装修后，根据自己的感觉和设计师的建议到家具城购买家具，而采用这种方式购买的家具经常不能令人十分满意，会出现颜色不匹配、款式不协调、尺寸不合适等一系列问题，使家具与整个空间装饰风格不能形成有机的统一，既破坏了装修的特点，又没起到家具应有的装饰作用。有鉴于此，一些装饰公司通过不断地探索与实践，推出了“家具、装修一体化”的装修方式，很受欢迎。装饰公司把家装工程中所有的细木工制作（门、门套、木制窗、家具、暖气罩、踢脚等）全部搬到了工厂，用高档环保的密度纤维板代替低档复合板材，运用先进的热压处理，采用严格的淋漆打磨工艺，使生产出来的木制品和家具在光泽度、精确度、颜色、质量等方面达到了理想的效果。另外“一体化”生产在环保方面也可放心，用户在装修完毕后可以马上入住，免去了因装修过程中所遗留、散发的化学物质对人体造成的损害。在时间方面，现场开工的同时，工厂进行同期生产（木工制品），待现场的基础工程一完工，木制品就可以进入现场进行拼装，打破了传统的瓦工、木工、油漆工的施工顺序，大大节省了施工周期，为消费者装修节省了更多的时间和精力。此外，家庭装修工厂化基本上达到了无零头料，损耗率控制在2%以内，相比现场施工7%～8%的材料损耗率，降低了6个百分点，这样也能使装修费用降低10%以上。

六、利用当地建材资源

我国幅员辽阔，各地区资源状况很不一样，所以各地区使用的建筑材料品种不能要求千篇一律，否则会给很多地方带来很大困难，例如很多地区使用的建筑材料需要从外地长途运输，增加了建筑成本，浪费了能源，也浪费了当地资源。所以应该实现建材本地化，就地取材，利用本地化建材建造相应的建筑，即建筑应该和本地化建材相适应。

例如，生土建筑是一种充分利用当地材料资源的建筑形式，中国传统建筑中最大量存在的生土建筑是窑洞。在我国陕西、甘肃、山西、河南等黄土高原及相邻地区，有相当一批居民曾经或至今依然居住在依山开挖或在平地开凿的窑洞建筑中。窑洞的形式为长方形平面与圆拱形屋顶，有时可以并列若干窑洞屋，中间连以较小的窑洞式通道。另外一种较为典型的传统风格的生土建筑是福建永定地区的多层客家土楼。这些建筑的一个重要特点是冬暖夏凉，因而可以节约能源，此外也能节约建筑材料，不会造成环境的污染与破坏。

第三节　废弃物利用与建筑节材

此处所谓“再生房屋”，意思是建造房屋采用的建筑材料中含有一定量的废弃物。可以用于生产建筑材料的废弃物很多，主要有建筑垃圾、工业废渣、农业废弃植物秸秆等。

一、建筑垃圾再生利用

建筑垃圾大多为固体废弃物，一般是在建设过程中或旧建筑物维修、拆除过程中产生的。

过去我国绝大部分建筑垃圾未经任何处理，便被施工单位运往郊外或乡村，露天堆放或填埋，造成不容忽视的后果。

第一，恶化生态环境。例如：碱性的混凝土废渣使大片土壤失去活性，植物无法生长；使地下水、地表水水质恶化，危害水生生物的生存和水资源的利用。

第二，建筑垃圾堆场占用了大量的土地甚至耕地。据估计，每堆积 10 000 t 废弃混凝土约需占用 0.067 hm^2 的土地。在我国，建筑垃圾堆场占地进一步加剧了我国人多地少的矛盾。随着我国经济的发展、城市建设规模的扩大及人居条件的改善，建筑垃圾的产生量将越来越大，如不及时有效处理和利用，建筑垃圾侵占土地的问题会变得愈加严重。

第三，影响市容和环境卫生。建筑垃圾堆场一般位于城郊，堆放的建筑垃圾不可避免地会产生粉尘、灰砂飞扬，不仅严重影响堆场附近居民的生活环境，粉尘、灰砂随风飘落到城区还将影响市容环境。

可见，大量的建筑垃圾若仅仅采取向堆场排放的简单处置方法，则产生的危害直接威胁着人类生存环境和生态环境，在很大程度上制约着社会可持续发展战略的实施。为此，世界各国积极采取各种措施来解决建筑垃圾危害问题，努力实现建筑垃圾“减量化、无害化、资源化”，其中，资源化利用将是处理建筑垃圾的必要的有效途径。基于这一思想，世界各国都力求将建筑垃圾变为可再生资源加以循环利用。例如，自 20 世纪 40 年代以来，不少国家已经用废弃混凝土来填海造陆，或者用于铺垫路基、建筑工程基础回填等。由拆迁产生的建筑垃圾其中无机物占 95%左右，有机物和土壤占 5%。经过一系列科学的工艺加工，能生产出 80%左右的砖末和砂浆末、15%左右的混凝土再生骨料。砖末和砂浆末可以用于制作非承重轻质砖，混凝土再生骨料可用于制作承重砖等。如此操作，建筑垃圾就可以无止境地循环利用下去。但是，过去的建筑垃圾利用技术水平较低，利用领域很窄，不仅建筑垃圾利用率不高，而且浪费了大量品质较好的建筑垃圾。所以，建筑垃圾资源化利用新技术已成为世界各国共同关注的热点问题和前沿课题。例如，国内外已经开始探索利用废旧建筑塑料、废旧防水卷材、废弃混凝土、废弃砖瓦、再生水、废弃植物纤维及工业废渣、城市垃圾等生产的再生建材建造房子。

一边是城市与日俱增的建筑垃圾无处安身，影响市容；另一边是黏土烧砖大量地破坏耕地，污染环境。国内外已经尝试用建筑垃圾造建材，使其得到循环利用，同时解决了双重难题。

在建筑垃圾综合利用方面，日本、美国、德国等工业发达国家的许多先进经验和处理方法很值得我们借鉴。

发达国家已经或正在积极探索将垃圾变为一种新资源，一直发展成一个新兴的大产业。据美国新兴预测委员会和日本科技厅等有关专家做出的预测：在未来

30 年间，全球在能源、资源、农业、食品、信息技术、制造业和医药领域，将出现 10 大新兴技术。其中有关垃圾处理的新兴技术列在第二位。

世界上首次大量利用建筑垃圾的国家是联邦德国。在第二次世界大战后的重建期间，循环利用建筑垃圾不仅降低了现场清理费用，而且大大缓解了建材供需矛盾。至 2015 年年末，德国循环再生了约 6150 万 m^3 的废砖集料，并用这些再生集料建造了 17.5 万套住房。德国现在有 200 家企业的 450 个工厂（场）在循环再生建筑垃圾，年营业额 20 多亿马克。

日本由于国土面积小，资源相对匮乏，因此，将废弃混凝土视为“建筑副产品”，十分重视将其作为可再生资源而重新开发利用。日本政府制定的《再生骨料和再生混凝土使用规范》，并相继在各地建立了以处理废弃混凝土为主的再生加工厂，生产再生水泥和再生骨料，其生产规模最大的每小时可加工生产 100 t 产品。日本对于废弃混凝土的主导方针是：①尽可能不从施工现场排出废弃混凝土等建筑垃圾；②废弃混凝土等建筑垃圾要尽可能重新利用；③对于重新利用有困难的则应予以无害化处理。东京都在 1988 年对废弃混凝土等建筑垃圾的重新利用率就已达到了 56%；阪神大地震使日本许多高速公路和桥梁受损、大厦倒塌，产生的废弃混凝土有 1500 万 t 之多，几乎全部应用于震后重建工程；据建设省统计，2015 年全日本废弃混凝土再资源化率已达到 65%，2018 年则已高达 96%。表 6—4 列出了日本在 1995 年建筑废弃物排出量及其成分比例。

表 6—4　日本在 2015 年建设废弃物排出量及其成分比例

建设废弃物及其成分	排出量/Mt	所占比例/%	土木工程废弃物		建筑工程废弃物	
			排出量/Mt	再生率/%	排出量/Mt	再生率/%
总排出量	—	—	61.6	68	37.6	42
沥青混凝土块	36	37	34.5	82	1.2	62
废混凝土	36	37	17.8	69	18.6	60
建设混合废弃物	10	10	1.6	8	7.9	11
废木料	6	6	0.6	69	5.7	37
建设污泥	10	37	7.0	14	2.7	14

自 20 世纪 80 年代以来，我国建筑垃圾的排放量快速增长，其组成也发生了质的变化，可循环利用的组分比例不断提高。据统计，我国每年仅施工建设所产生和排出的建筑垃圾超过亿吨，全国建筑垃圾总排放量达数亿吨。如今建筑垃圾基本上未经任何处理，便被施工单位运往郊外或乡村露天堆放或简单填埋，耗用大量土地和运输费用。随着我国耕地和环境保护等有关法律、法规的颁布和实

施，循环利用建筑垃圾已成为建筑施工企业和环保部门必须组织实施的产业。

我国从2016年已在170多个城市全面禁止生产实心黏土砖，作为建筑垃圾主要存放场所的砖坑锐减。另一方面，大量有再生价值的材料也因填埋而浪费，如北京在重建西直门立交桥和大北窑立交桥时，拆除的数千立方米优质混凝土没有做任何再生处理直接填埋。核心问题是建筑垃圾的循环利用在我国没有引起足够的重视，往往将它归于只能用于路基等低级要求的低档材料，更没有将建筑垃圾循环再生作为一个产业来发展。尽管如此，近年来我国在建筑垃圾再生利用方面（含装备）的研究工作已逐渐展开，并取得进展。

（一）废弃混凝土

废弃混凝土是建筑业排出量最大的废弃物。近二三十年来，世界范围内城市化进程加快，对原有的建筑物拆除、改造的工程量日益增加，废弃混凝土排放量随之猛增。2015年日本产生了2500万t废弃混凝土，2016年前此数值增大到每年7100万t，2017年前则每年高达11000万t；美国每年废弃混凝土量约为6000万t；俄罗斯2017年仅莫斯科就有42万t废弃混凝土产生；欧盟国家废弃混凝土量从2016年的5500万t增加到目前的16200万t左右。在我国，据有关资料介绍，经对砖混结构、全现浇结构和框架结构等建筑的施工材料损耗的粗略统计，目前我国在每1万m^2建筑的施工过程中，仅建筑废渣就会产生500～600 t，若按此测算，我国每年仅施工建设所产生和排出的建筑废渣就有4000万t。目前，我国建筑垃圾的数量已占到城市垃圾总量的30%～40%。仅上海每年产生的废弃混凝土就有2000万t之多，此外还有建筑施工中产生的大量废弃混凝土。据英国召开的混凝土会议的资料报道，全世界从2008－2018年的10年间，废弃混凝土总量已超过10亿t。

荷兰是最早开展再生混凝土研究和应用的国家之一。在20世纪80年代，荷兰就制定了有关利用再生骨料制备素混凝土、钢筋混凝土和预应力混凝土的规范。该规范规定了利用再生骨料生产上述混凝土的明确技术要求，并指出，如果再生骨料在骨料中的质量百分比不超过20%，那么，混凝土的生产就完全按照天然骨料混凝土的设计和制备方法进行。

韩国一家装修公司已成功开发从废弃混凝土中分离水泥，并使这种水泥能再生利用的技术。首先把废弃混凝土中的水泥与石子、钢筋等分离开来，然后在700℃的高温下对水泥进行加热处理，并添加特殊的物质，就能生产出再生水泥。据称每100 t废弃混凝土就能够获得30 t左右的再生水泥，这种再生水泥的强度与普通水泥几乎一样,有些甚至更好。这种再生水泥的生产成本仅为普通水泥的50%,而且在生产过程中不产生二氧化碳,利于环保。韩国平均每天产生5万多t废弃混凝土,而且水泥的原料石灰石资源也正在枯竭,因此,这项技术不仅有利于解决建设中的废弃物问题,还能解决天然石资源短缺问题。

(二)废旧建筑塑料

全世界建筑工业消耗的塑料每年约1000万t,占世界塑料总产量的1/4,在应用塑料中居首位。在我国,2017年建筑塑料生产总量已超过630万t,当年产生的废建筑塑料约为250万t,其中填埋占93%、焚烧占2%、回收率仅占5%,与发达国家相比较,建筑塑料废弃物的资源化率极低。据中国塑料加工工业协会的专家统计,"十五"期间,我国各种建筑塑料管、塑料门窗的全国平均市场占有率分别达到45%和20%,消耗各种塑料管及门窗型材约150万t,再加上高分子防水材料、装饰装修材料、保温材料及其他建筑用塑料制品,总消耗量约为400万t。然而,如此大量地使用有机合成材料,对环境、人类健康、资源、能源都会造成极大的压力。如何才能把这些压力降到最低,是人们必须要考虑的。

对于废弃塑料(废旧建筑塑料),世界各国都已经进行了不同程度的回收再利用。美国一直是世界塑料生产第一大国,每年产生的塑料废弃物也居世界首位。2017年美国生产塑料超过3500万t,塑料废弃物超过1700万t(约占塑料年产量的48%,相当于1.5亿t钢的体积)。20世纪80年代末,美国的塑料废弃物回收利用率为9%,2017年塑料废弃物回收利用率已达到45%。美国在将废旧塑料进行热分解提取化工原料等方面进行了大量工作并取得了一些成果,并且已经开始尝试将塑料产品设计为易于重复循环利用的分子结构形式。例如,美国麻省理工学院利用硬度较高的聚苯乙烯和另一种比较柔软的塑料的混合物研制开发出一种可以在室温及标准制造压力下进行循环利用和再成型的新型塑料,这种塑料经过处理,能软化成一种可以被模塑成各种形状的透明塑料,并在重复利用10次后,其韧性和强度保持不变。另外,美国各州为解决塑料废弃物问题,使用了立法这样的强制措施。日本是世界塑料生产的第二大国,2017年产量已达到950万t,其中塑料废弃物排放量相当于生产量的46%,一度成为该国严重的环境问题。日本是能源和资源短缺的国家,所以对废旧塑料的回收利用一直保持积极态度,近年来,日本在废弃塑料回收利用方面已经取得显著的进步。英国在废弃塑料回收利用方面也具有许多先进的技术。例如,英国一家公司研制出一种将聚苯乙烯废料变为人造木材的方法:先将85%的废聚苯乙烯压碎、混合并加热,然后加入

4%作为加固剂的滑石粉及9种添加剂，加工制成仿木材的制品。其外观、强度及使用性能等方面均可与松木媲美，此材料已用于住宅建设之中。意大利是目前欧洲回收利用废旧塑料工作做得最好的国家。意大利的废旧塑料约占城市固体废弃物的4%，其回收率可达28%。意大利还研制出从城市固体垃圾中分离废旧塑料的机械装置。意大利对废旧塑料回收一般是将塑料碎片收集，并用干法将分离后的废旧聚乙烯制品粉碎后，用磁筛除去铁等金属杂质，经清洗、脱水、干燥后，通过螺杆挤出机进行造粒。这种回收料加入新料，可保证其具有足够的力学性能。

（三）废旧防水卷材

我国20世纪90年代防水卷材的生产量大约为3000万m^2/年左右，进入21世纪防水卷材的生产量逐步增加到5000～8000万m^2/年。塑料（PVC、PE、PU等）高分子防水卷材占有相当的市场占有率，发展势头强劲。由此看来，我国防水卷材的用量越来越大。但是，由于技术和市场价格承受水平等的制约，目前我国多数防水卷材产品耐久性质量不高，例如SBS改性沥青防水卷材使用寿命大概5～8年，PVC防水卷材使用寿命约为5年。由于防水卷材用量巨大，使用寿命偏低，所以在相当长一段时间内，我国会产生越来越多的废旧防水卷材，如果不进行合理回收，对环境会产生严重危害。由于防水卷材都是有机材料制成的，其可再利用价值较大。但是在我国，由于缺乏先进技术和设备，目前国内基本没有对废旧的防水卷材进行回收，这不仅是对废旧防水卷材资源的极大浪费，还对环境产生了严重污染。所以，开发防水卷材的回收利用技术十分重要而且非常必要。

（四）废旧玻璃

国外积极采用其他废弃物来生产建筑材料，如利用废玻璃。英国、丹麦、瑞典、瑞士等工业发达国家自20世纪70年代就开始回收碎玻璃，在玻璃工厂和城市居民点及社会公共场所设置了碎玻璃回收集装箱。英国建立的玻璃再生中心，以提高碎玻璃的利用率。在德国的城市居民区、公园、商店、工厂、酒吧和其他地点，共设置了5000多个回收集装箱。俄罗斯的莫斯科设置2000个回收集装箱，用来回收近500多个企业、机关和商业网点的碎玻璃。瑞士在其1140个大小城镇进行定期回收碎玻璃的工作。30多年来，西欧各国实施玻璃回收计划成效显著，西欧各国2017年瓶罐玻璃产量1840万t，回收玻璃约达837.5万t，西欧各国回收的碎玻璃可使该地区熔制玻璃制品所需原料节省46%。

据报道，瑞士以碎玻璃为原料、天然气为燃料，用回转窑生产质量和技术要求较低的泡沫玻璃颗粒，作为性能优越的隔热、防潮、防火、永久性的高强轻质骨料，用于建筑业。

美国把碎玻璃应用于混凝土中，许多研究表明含有35%玻璃砖石的混凝土，已达到或超出美国材料测试协会颁布的抗压强度、线收缩、吸水性和含水量的最低标准。虽然早期的试验表明某些高碱水泥能侵蚀玻璃骨料，但是已有许多方法可以解决该问题。美国矿山局进行试验测试后认为，用发泡的玻璃骨料替代玻璃碎片效果更佳。用掺有发泡剂的玻璃粉，加热到玻璃熔化点，直至冷却之前，气泡由加热的混合物中逸出，在硬的球体上产生多孔结构，用控制泡孔形成量的方法，可制成密度接近固态玻璃并能浮在水中的轻质骨料。标准的混凝土每立方英尺重140磅(1磅=0.453592 kg)，用轻质骨料替代混凝土中的砂或石子，混凝土的容重能减少50%而不降低它的强度或其他所要求的性能。

日本环境商务风险投资单位下属的常总木质纤维板公司，成功开发出一种混有碎玻璃的廉价涂料，已应用于道路、建筑物、居室墙壁、门用涂料等方面。使用这种混有碎玻璃涂料的物体，如受到汽车灯光或阳光照射就能产生漫反射，具有防止事故发生和装饰效果好的双重效果。其生产方法是将回收的废弃空玻璃瓶破碎、磨去棱角加工成安全的边缘，成为与天然砂粒几乎相同形状的碎玻璃，然后与数量相等的涂料混合均匀而制成。

美国西加尔陶瓷材料公司在20世纪80年代就研制成功了用碎玻璃生产的大小为2 cm^2、厚4 mm的五颜六色贴面材料，颇受顾客欢迎。工艺过程是：先将碎玻璃压碎，碾成直径1 mm的粉粒，然后将粉粒同所需色彩的有机颜料混合，置入模型冷压成要求的形状，再将坯料放入加热炉，加热到使坯料表层的每一颗粉粒软化，直至颗粒之间相互熔接在一起，由于只需使坯料表层的玻璃粉粒软化，因而加热温度仅需750 ℃即可。该产品是建筑物极好的贴面材料，也可用于装饰品和某些设备，该工艺过程简单、耗能少、生产成本低。

芬兰英诺拉西公司采用独特的技术利用回收碎玻璃生产饰面砖，饰面砖成品中回收碎玻璃含量约为95%。生产过程中，碎玻璃原料无须提纯或着色，掺5%必要的添加物与碎玻璃混合之后，经压模、成型，再送入温度为900 ℃的炉内焙烧12小时，烧结成为成品。该玻璃饰面砖的颜色多种多样，杂色碎玻璃生产的面砖为灰绿色，碎玻璃分色处理后生产的面砖为白色，两种碎玻璃原料均可与各种陶瓷色料混合配用，产生需要的颜色。该产品具有很好的抗化学腐蚀性，且其耐磨性能及抗折强度均与天然石材相当。外形美观的绿色建材再生玻璃饰面砖具有多种性能，不仅适于外墙饰面，也可用于室内装饰、壁炉装饰、园艺及其他环境的装饰。

我国国内某科研所在实验室研制了黏土盘屑-玻璃系统的泡沫玻璃。其方法是利用混合树木锯屑和白黏土、玻璃粉（回收的碎玻璃）压制成型，干燥后进入推板式隧道窑烧结，由于木屑被完全烧掉形成大量空隙，而形成具有一定机械强度和隔热性能的玻璃制品。其特点在于：所用原料价廉，不需要模具，大大降低投资，同时它在烧结时不软化、不变形、外形美观，具有较好的装饰效果。

以碎玻璃为主要原料生产的墙地面装饰板材及道路和广场用砖，是一种环保型绿色建材，称为玻晶砖。它具有仿玉或仿石两种质感。这种新材料的性能优于粉煤灰水泥砌块、水磨石、陶瓷砖，与烧结法微晶玻璃（也称微晶石或玉晶石）相当。它的莫氏硬度可达 6 左右，远高于水磨石，因而它的使用寿命比水磨石或石塑板要长得多；它的抗折强度为 40～50 MPa，远大于陶瓷砖；由于它的孔隙率比花岗岩小得多，因而更易清洁，而且色差小，无放射性，较好地解决了困扰花岗岩乃至陶瓷砖做外墙或地面装饰时的“吸脏”难题；由于利用废物能耗低、工艺流程短和投资小，所以生产成本较低。

我国国内某研究所成功研制了用碎玻璃粉制造的人工彩色釉砂，使彩釉砂具有玻璃质的色泽，质地柔和，耐候性好。测试结果表明，使用碎玻璃料的工艺路线是一种很有前途的生产方法。彩釉砂品种有玉绿、湖蓝、酱红、棕色、淡黄、象牙黄、海碧蓝、西赤、咖啡、草青、橘黄等 30 多种，并可根据要求制配颜色。粒度规格也可根据要求生产。彩釉砂可直接用作建筑物的外墙装饰，也可做外墙涂料的着色骨料，预制成图案装饰板材或彩色沥青油毡的防火装饰材料。

二、工农业废弃物与建筑材料

（一）粉煤灰

粉煤灰是火力发电厂排出的一种工业废渣。20 世纪 90 年代初，我国大小电厂年排灰量已达到 7000 万 t 以上，到 2015 年增加到 9000 多万 t，到 2017 年年排灰量已达到约 1.6 亿 t。大量的粉煤灰如果任其排放到灰场，不仅严重污染环境，还占用了大面积的土地。因此，无论从节约能源、再利用资源，还是从保护地球环境来说，粉煤灰的再利用都是很迫切的。一些发达国家如美国、英国、德国、日本等都把粉煤灰再利用技术作为一项国策，我国也越来越重视粉煤灰综合利用技术和产业发展。

粉煤灰是一种人工火山灰质材料。粉煤灰的化学组成主要是硅质和硅铝质材料，其中氧化硅、氧化铝及氧化铁等的总含量一般为85%左右，其他的如氧化钙、氧化镁和氧化硫的含量一般较低。粉煤灰的矿物组成主要是晶体矿物和玻璃体，在经历了高温分解、烧结、熔融及冷却等过程后，玻璃体结构在粉煤灰中占据了主要地位，晶体矿物则以石英、莫来石等为主。这种矿物组成使得粉煤灰具有独特的性质。就粉煤灰的颗粒特性来看，主要由玻璃微珠、多孔玻璃体及碳粒组成，其粒径为0.001～0.1 mm。粉煤灰的上述性质决定了它十分适用于建筑材料的生产，例如作为水泥掺合料、混凝土掺合料，生产墙板材料、加气混凝土、陶粒、粉煤灰烧结砖、蒸压粉煤灰砖等。

（二）矿渣

冶金工业产生的矿渣有很多种，如钢铁矿渣、铜矿渣、铅矿渣、锡矿渣等，其中钢铁矿渣排放量占绝大多数，故此处矿渣专指钢铁矿渣。矿渣是冶炼钢铁时，由铁矿石、焦炭、废钢及石灰石等造渣剂通过高温反应排出的副产品。我国是钢铁生产大国，2015年钢产量为11000多万t，生铁产量为10700多万t，产生钢渣和铁矿渣约6200多万t。矿渣在产生过程中经过了适宜的热处理、冷却固化、加工处理后，其化学成分、物理性质等都与天然资源相似，可应用于许多领域。钢铁矿渣因其潜在水硬性高、产量大、成本低，尤其可以用于多种建筑材料生产中。钢铁矿渣已经成为水泥生产中首选的混合材料，它还可以代替黏土、砂、石等材料生产砖、砌块及矿棉、微晶玻璃等多种建筑材料。将矿渣用作建筑材料生产的原料，不仅避免了矿渣对环境的污染，而且节约了大量天然资源，符合循环经济发展要求。

近年来，国际上采用先进粉磨技术将矿渣单独磨细至比表面积达400 m^2/kg以上，用作水泥混合材可提高掺入比例达70%以上而不降低水泥强度，用作混凝土掺合料可等量取代20%～50%的水泥，能配制成高性能混凝土，起到节能降耗、降低成本、保护环境和提高矿渣利用附加值的作用。

在我国，利用矿渣的成功事例也有很多：青岛钢厂利用钢渣磁选线，把每年产生的50万t钢渣全部变成了钢渣水泥、钢渣砖等建材产品；太原钢铁厂下属的东山水泥厂，利用矿渣生产的水泥每年达30万t。

（三）硅灰

硅灰又称微硅粉，是在冶炼硅铁和工业硅时，通过烟道排出的硅蒸汽氧化后，经收尘器收集得到的具有活性的、粉末状的二氧化硅(SiO_2)。硅灰含有85%～95%以上玻璃态的活性SiO_2，硅灰平均粒径为0.1～0.15 p.m，为水泥平均粒径的几百分之一。比表面积为15～27 m^2/g，具有极强的表面活性。硅灰主要应用于水泥或混凝土掺合料，以改善水泥或混凝土的性能，配制具有超高强(C70以上)、耐磨、耐冲刷、耐腐蚀、抗渗透、抗冻、早强的特种混凝土。由于采用硅灰配制的混凝土很容易达到高强度、高耐久性，所以使混凝土建筑构件承载断面得以减小，混凝土建筑的使用寿命得以延长，容易实现建筑节材的目的。

(四)稻壳灰

我国是世界上主要的水稻生产国，稻壳是大米生产过程中的副产品。我国每年稻壳产量约5400万t。由于合成饲料的发展，原来可用作饲料的稻壳失去了市场，大量的稻壳只能采用简单焚烧的方法处理，排放的烟尘污染环境。事实上，稻壳经过燃烧形成的稻壳灰，其性质与硅灰相似，含有大量活性SiO_2，具有高活性、高细度，非常适合于生产多种建筑材料。例如，日本将稻壳灰与水泥、树脂混匀，经快速模压制得砖块，具有防火、防水及隔热性能，质量轻，且不易碎裂。美国以65%磨细的稻壳灰与30%熟石灰、5%氯化钙混合，使用时再与水泥、砂、水按一定比例拌和，即得到一种性能相对稳定的混凝土砂浆，固化后强度高，防水、防渗性能良好，用于仓库、地下室极为合适。稻壳烧成活性高的黑色炭粉后，与石灰化学反应便可生成黑色稻壳灰水泥，它防潮、不结块，使用时再配上抗老化性能良好的罩光剂，能赋予建筑物柔和典雅的光泽。印度是多雨水的国家，为避免屋顶渗漏，某科研所用稻壳灰对沥青改性，新材料可耐80 ℃高温，防水性能优异，有效使用寿命达20年以上，现已批量生产。巴西某公司依据稻壳灰熔点高、热传导率极低的特性，将其放入球磨机内研磨后，与耐火黏土、有机溶剂混合制造耐火砖取得成功，这种砖适用于易燃、易爆品仓库。

(五)煤矸石

我国是世界上产煤大国之一，能源结构以煤为主。煤矸石是夹在煤层中的岩石，是采煤和洗煤过程中排出的固体废弃物。煤矸石是我国排放量最大的工业废渣之一，每年的排放量相当于当年煤炭产量的10%左右，达到1亿多t。据统计，全国目前有煤矸石山1500多座，累计堆存量40多亿t，占地20万亩以上；有237座煤矸石山曾经发生过自燃，目前仍有134座煤矸石山在自燃，煤矸石自燃放出大量的有害气体，严重污染大气环境。

已有研究证明，煤矸石烧后的灰渣成分一般为SiO_2（40%～65%）、Al_2CO_3（15%～35%）、CaO（1%～7%）、MgO（1%～4%），Fe_2O_3（2%～9%）等。分析其化学成分可知，烧煤矸石或自燃煤矸石可作为混凝土掺合料使用：一是能降低水泥用量，降低能源消耗；二是能大量利用工业废渣，降低对环境的污染；三是能改善水泥混凝土的性能，增加水泥混凝土的抗炭化和抗硫酸盐侵蚀等能力。煤矸石经过适当处理后还可以作为其他建筑材料的原材料。

煤矸石的堆存，不仅浪费了宝贵的资源，而且严重污染大气及生态环境，危害人们的身体健康，占用大片土地。我国目前对煤矸石的利用技术相对落后，导致煤矸石利用率不高。2015年，我国煤矸石的综合利用率为43%，还不到排放量的1/2，其中有一定技术含量的利用率则更低。煤矸石综合利用是节约资源、保护环境、实现可持续发展的重要措施。因此，如何扩大煤矸石利用成为摆在人们面前的严峻问题。

（六）淤泥

我国地域辽阔，江河湖泊众多，每年清淤会产生大量的淤泥。我国沿海地区还有大量的淤积海泥，并呈逐年上升趋势，已对海洋环境和沿海地区的生态平衡造成一定影响。据有关部门调查，目前我国仅湖泊、河道拥有的淤泥，每年的采集量至少可达7000万t，加上城市下水道的污泥，每年的总集量可达1亿t以上。如此大量的淤泥（尤其是含有很多有害物质的城市下水道污泥）随意堆放势必对自然环境造成污染，而且堆放会占用大量耕地，还有赔偿青苗费、土地平整费等，大大提高了河道疏浚的成本。所以，加强对各种淤泥的综合利用技术开发，已成为一项迫切任务。大多数淤泥当中含有很多硅质材料和钙质材料，品质合格的淤泥适合用作多种建筑材料的原料。例如，江河湖泊的淤泥其矿物成分一般是以高岭土为主，其次是石英、长石及铁质，有机含量较少，淤泥的颗粒大多数在80 μm以下，含有一定量的粗屑垃圾及细砂。就淤泥的成分来看，它完全可以作为建筑材料的原材料。按目前的工艺技术，品质合格的淤泥至少可以应用在三种建材产品中：替代水泥企业生产的辅助原料，如页岩、砂岩、黏土等；用于开发人造轻集料（淤泥陶粒）及制品；用以取代黏土开发高档次的新型墙体材料。例如，在我国的江浙等地，淤泥不再是负担而是变成了资源，制砖企业用它来制造砖瓦。2014年，仅浙江某县就有6家规模较大的淤泥制砖企业，这6家企业2014年共利用淤泥超过24万m^2，淤泥制砖总量8356万块，节约土地176.61亩。近几年来，该县已累计利用河道淤泥制砖近 50 万 m^2。山东青岛某新型建材公司研制开发了利用淤积海泥为原料生产超轻质陶粒的技术，所生产的超轻质陶粒规格为 5～20 mm，堆积密度等级为 300～700 kg/m^3，筒压强度为 1～5 MPa。该产品已用来生产轻骨料混凝土及轻质保温墙板。

建材行业参与开发利用淤泥资源，还具有良好的综合效益。仅以利用江河湖泊的淤泥来看，既能疏浚整治河道，加大了河道蓄水量和过水量，恢复和提高其引排能力和防洪标准，又能减轻农民负担与河道工程投入对地方财政的压力，为加快河道疏浚步伐和实现水利建设良性循环开辟了切实有效的途径；而且能帮助建材企业提供新的原料来源，节约其他宝贵自然资源；既能有效地消除淤泥堆存造成的环境污染，减轻环境承受负担，又能有效节约和保护耕地资源。对淤积海泥的利用还能在相当大的海域范围消除赤潮污染和航道阻塞现象，有利于海湾生态环境保护和发展海洋经济。

（七）农作物秸秆

我国是一个农业大国，农作物秸秆资源十分丰富，稻草、小麦秸秆和玉米秸秆为三大农作物秸秆。据统计，我国每年农作物秸秆达到 7 亿 t 以上，约占全世界秸秆总量的 30％左右。秸秆是巨大的可再生资源，其根本出路在于工业化利用。

我国农村的农作物秸秆虽然十分丰富，但是利用率和利用质量不高。目前我国有相当部分的秸秆资源没有得到合理开发利用，秸秆综合利用率很低，经过技术处理后利用的仅约占 2.6％。农作物秸秆是一种十分宝贵的生物可再生资源，不恰当的处置不仅造成资源浪费，而且污染环境，毁坏树木和耕地，甚至引发交通、火灾等重大安全事故。例如，20 世纪 90 年代以来，我国部分粮食主产区出现了较为严重的焚烧秸秆污染，虽然各地区秸秆焚烧的严重程度不同，但每到夏秋收获之际，浓烟滚滚，不仅大气环境受到了严重污染，也造成了多发事故，对高速公路、铁路的交通安全及民航航班的起降安全等构成极大威胁。《西安周边大量焚烧玉米秸秆漫天浓烟威胁飞行安全》批示：“此事强调多年，仍未得到解决，看来关键是要给秸秆找出路。”因此，如何做好农作物秸秆的转化工作已成为亟待解决的问题。废弃植物纤维由于具有很多良好的性能，在建筑材料中应用具有一定的性能潜力。例如，可以开发研究绿色环保型植物纤维增强水泥基建筑材料及制品，变废为宝，不仅十分有利于消化吸收大量的农作物秸秆等废弃植物纤维，减轻环境污染，而且为建筑材料生产提供了廉价的原材料来源，减少了建筑材料生产对矿产等宝贵天然资源的蚕食，促进循环经济发展。

德国在农作物秸秆用于建筑材料方面获得了诸多发明新成果，值得借鉴。

第一，用秸秆为填充料，以膨润土或膨润类黏土为基料，以水玻璃作黏结剂按适当配比配料。生产工艺是将秸秆切割成一定尺寸，与其他原料混合，喂入挤压机，连续挤压成一定宽度和厚度的坯板，然后按一定长度切割，在自然环境或热风下干燥，再机械加工成可供建筑安装的板材。该板材适用于建筑物内外墙，其特色是轻质高强，适应各种气候变化。

第二，用秸秆为基料，以硅酸盐水溶液和水玻璃作黏结剂，按需要添加淀粉或有机纤维素成型助剂，外掺亚黏土配料。将该配合料混合，均化处理，注模，在一定压力和温度下热压干燥一定时间，可生产出具有良好隔热隔声性能的轻质高强建筑板材。

第三，用聚异箇.酸酯有机黏结剂与秸秆配料，外掺用作防火剂的水玻璃、抗静电剂和杀菌剂，经模压工艺成型，由此制成的建筑板材具有轻质、低导热性、防静电、阻燃、抗菌的功能。

第四，将短切秸秆浸泡在硼砂溶液中处理，取出放干，再在氢氧化钙悬浮液中处理，取出放干。经这样处理的秸秆可作为保温隔热、隔声、防火的优质芯材，生产轻质夹芯复合墙板。

第五，用秸秆的屑与亚黏土配料生产出超轻质建筑砖。

我国烟台万华集团的控股子公司——万华生态板业股份有限公司开始正式推广零甲醛秸秆生态板技术。零甲醛秸秆生态板被称为零境界健康板，是以各种秸秆为基础原料，使用 MDI 生态胶黏剂，采用先进工艺制成的各种板材，从源头上杜绝了甲醛污染。该产品已经获得了由中国环境保护产业协会颁发的“绿色之星”认证。该秸秆板材采用绿色环保新技术，将环保理念、人造板及下游轻工产品及上游原材料相结合，建立一个符合循环经济要求的全新产业。

我国建材行业采用工农业废弃物作产品原料已经具有良好的开端和基础。2015 年建材工业综合利用各种工业固体废弃物超过 4 亿 t，占全国工业固体废弃物利用总量的 40%以上。其中水泥行业工业废弃物综合利用量超过 2 亿 t，墙体材料行业利用各类工业固体废弃物近 2 亿 t。建材工业已被国家确定为发展循环经济的试点行业，北京水泥厂、内蒙古乌兰水泥有限公司、吉林亚泰集团股份有限公司被确定为第一批循环经济试点企业。全行业节能、环保意识普遍增强并取得良好成效，建材工业已成为利废的主要工业部门之一。如城市生活垃圾和有害工业废弃物的处置在北京水泥厂得到突破，混凝土生产中矿渣、粉煤灰等工业废渣的利用量超过 3000 万 t。据测算，目前建材全行业年利用固体废弃物总量已超过 4 亿 t。

黏土实心砖总量由“十二五”初期的6000亿块/年下降到4800亿块/年；烧结空心制品、掺废渣(不含煤矸石、粉煤灰)30%以上的各种废渣砖、煤矸石砖、粉煤灰砖、灰砂砖分别由200亿块/年、800亿块/年、50亿块/年、30亿块/年、50亿块/年增加到1600亿块/年、1400亿块/年、80亿块/年、50亿块/年、90亿块/年；烧结瓦由700亿片/年下降到近500亿片/年(平瓦470亿片/年、板瓦10亿片/年、琉璃瓦10亿片/年)；各种水泥彩色瓦发展较快，总量由“十二五”初期的几亿片增加到20亿片/年。各种新型墙材产品总量增加，砖瓦产品结构正发生着质的变化，“十二五”期间累计节土2.63亿t，节约能源3200万t标煤，利用废渣2.5亿t，取得了较好的社会效益和经济效益。

第四节　绿色建筑材料的评价体系

现有的绿色建材的评价指标体系分为两类：第一类为单因子评价体系，一般用于卫生类，包括放射性强度和甲醛含量等。在这类指标中，有一项不合格就不符合绿色建材的标准。第二类为复合类评价指标，包括挥发物总含量、人体感觉试验、耐燃等级和综合利用指标。在这类指标中，如果有一项指标不达标，并不一定排除出绿色建材范围。大量研究表明，与人体健康直接相关的室内空气污染主要来自于室内墙面、地面装饰材料及门窗、家具等制作材料等。这些材料中VOC、苯、甲醛、重金属等的含量及放射性强度均会造成人体健康的损害，损害程度不仅与这些有害物质含量有关，而且与其散发特性即散发时间有关。因此，绿色建材测试与评价指标应综合考虑建材中各种有害物质含量及散发特性，并选择科学的测试方法，确定明确的可量化的评价指标。

根据绿色建材的定义和特点，绿色建材需要满足四个目标，即基本目标、环保目标、健康目标和安全目标。基本目标包括功能、质量、寿命和经济性；环保目标要求从环境角度考核建材生产、运输、废弃等各环节对环境的影响；健康目标考虑到建材作为一类特殊材料与人类生活密切相关，使用过程中必须对人类健康无毒无害；安全目标包括耐燃性和燃烧释放气体的安全性。围绕这四个目标制定绿色建材的评价指标，可概括为产品质量指标、环境负荷指标、人体健康指标和安全指标。量化这些指标并分析其对不同类建材的权重，利用ISO 14000系列标准规范的评价方法做出绿色度的评价。

在绿色建筑评价体系研究中选择了多个不同用途、不同结构的单体建筑进行实例计算。建筑有住宅楼、办公楼、体育场馆、公共建筑等，结构形式有钢结构、混凝土框架结构、砖混结构、剪力墙结构等。通过对这些建筑所用建筑材料在生产过程中消耗的资源量、能源量和 CO_2 排放量(以单位建筑面积消耗数量表示)进行统计、计算和分析,得出评分标准,用以评价不同建筑体系所用建筑材料的资源消耗、能源消耗和 CO_2 排放的水平,供初步设计阶段选择环境负荷小的建筑体系。

一、资源消耗

目的:降低建筑材料生产过程中天然和矿产资源的消耗,保护生态环境。

要求:计算建筑所用建筑材料生产过程中资源的消耗量。鼓励选择节约资源的建筑体系和建筑材料。

指标与评分:计算单体建筑单位建筑面积所用建筑材料生产过程中消耗的天然及矿产资源量 $C(t/m^2)$,以此评分。

$$C=\sum_{i=1}^{n}X_iB_i(1-a)/S \tag{6-1}$$

式中:

X_i——第 i 种建筑材料生产过程中单位质量消耗资源的指标(t/t);

B_i——单体建筑用第 i 种建筑材料的总质量(t);

S——单体建筑的建筑面积(m^2);

a——单体建筑所用第种建筑材料的回收率(%);

n——单体建筑所用建筑材料的种类数。

评分等级设为 5 分,值范围为 0.35~0.65,值越大,分值越低。

绿色建筑对材料资源方面的要求可归纳如下:

第一,尽可能地少用材料;

第二,使用耐久性好的建筑材料;

第三,尽量使用占用较少不可再生资源生产的建筑材料;

第四,使用可再生利用、可降解的建筑材料;

第五,使用利用各种废弃物生产的建筑材料。

绿色建筑强调减少对各种资源尤其是不可再生资源的消耗,包括水资源、土地资源。对于建筑材料来讲,减少水资源的消耗表现在使用节水型建材产品,例如:使用新型节水型坐便器可以大幅减少城市生活用水;使用透水型陶瓷或混凝土砖可以使雨水渗入地层,保持水体循环,减少热岛效应。在建筑中限制使用和淘汰大量消耗土地尤其是可耕地的建筑材料(实心黏土砖等)的使用,同时提倡使用利用工业固体废弃物如矿渣、粉煤灰等工业废渣及建筑垃圾等制造的建筑材料。发展新型墙体材料和高性能水泥、高性能混凝土等既具有优良性能又大幅度节约资源的建筑材料，发展轻集料及轻集料混凝土，减少自重，节省原材料。

在评价建筑的资源消耗时必须考虑建筑材料的可再生性。建筑材料的可再生性是指材料受到损坏但经加工处理后可作为原料循环再利用的性能。可再生材料：一是可进行无害化的解体；二是解体材料再利用，如生活和建筑废弃物的利用，通过物理或化学的方法解体，做成其他建筑部品。具备可再生性的建筑材料包括钢筋、型钢、建筑玻璃、铝合金型材、木材等。钢铁（钢筋、型钢等）、铝材（铝合金、轻钢大龙骨等）的回收利用性非常好，而且回收处理后仍可在建筑中利用，这也是提倡在住宅建设中大力发展轻钢结构体系的原因之一。可以降解的材料如木材甚至纸板，能很快再次进入大自然的物质循环，在现代绿色建筑中经过技术处理的纸制品已经可以作为承重构件而被采用。

二、能源消耗

目的：降低建筑材料生产过程中能源的消耗，保护生态环境。

要求：计算建筑所用建筑材料生产过程中的能源的消耗量，鼓励选择节约能源的建筑体系和建筑材料。

指标与评分：计算单体建筑单位建筑面积所用建筑材料生产过程中消耗的能源量 $E(GJ/m^2)$，以此评分。

$$E=\sum_{i=1}^{n}B_i[X_i(1-a)+aXr_i]/S \tag{6-2}$$

式中：

X_i——第 i 种建筑材料生产过程中单位质量消耗能源的指标；

B_i——单体建筑所用第 i 种建筑材料的总质量，t；

S——单体建筑的建筑面积，m^2；

α——单体建筑所用第 i 种建筑材料的回收系数，%；

Xr_i——单体建筑所用第 i 种建筑材料的回收过程的生产能耗指标；

n——单体建筑所用建筑材料的种类数。

评分等级设为 5 分，值范围为 1.50～3.50，值越大，评分越低。

在能源方面，绿色建筑对建筑材料的要求总结如下。

第一，尽可能使用生产能耗低的建筑材料。建筑材料的生产能耗在建筑能耗中所占比例很大。因此，使用生产能耗低的建筑材料无疑对降低建筑能耗具有重要意义。目前,我国的主要建筑材料中,钢材、铝材、玻璃、陶瓷等材料单位产量生产能耗较大(表6—5)。但在评价建筑材料的生产能耗时必须考虑建筑材料的可再生性。钢材、铝材虽然生产能耗非常高,但其产品回收率非常高,钢筋和型钢的回收率可分别达到50%和90%,铝材的回收利用率可达95%。回收的建筑材料循环再生过程消耗的能量消耗较之初始生产能耗有较大的降低,目前我国回收钢材重新加工的能耗为钢材原始生产能耗的20%~50%,可循环再生铝生产能耗占原生铝的5%~8%。经计算,钢筋单位质量消耗的综合能源指标为20.3 *GJ*/t,型钢单位质量消耗的综合能源指标为13.3 *GJ*/t,铝材单位质量消耗的综合能源指标为19.3 *GJ*/t。

表6—5　我国单位质量建筑材料生产过程中消耗能源的指标(*GJ*/t)

钢材	铝材	水泥	建筑玻璃	建筑卫生陶瓷	实心黏土砖混	凝土砌块	木材制品
29.0	180.0	5.5	16.0	15.4	2.0	1.2	1.8

因此,用建筑材料全生命周期的观点看,考虑材料的可再生性,像钢材、铝材这样高初始生产能耗的建筑材料其综合能耗并不很高。这也是目前我国提倡采用轻钢结构的一个原因。

第二,尽可能使用可减少建筑能耗的建筑材料。建筑材料对建筑节能的贡献集中体现在减少建筑运行能耗,提高建筑的热环境性能方面。建筑物的外墙、屋面与窗户是降低建筑能耗的关键所在,选用节能建筑材料是实现建筑节能最有效和最便捷的方法,采用高效保温材料复合墙体和屋面及密封性良好的多层窗是建筑节能的重要方面。我国保温材料在建筑上的应用是随着建筑节能要求的日趋严格而逐渐发展起来的,相对于保温材料在工业上的应用,建筑保温材料和技术还较为落后,高性能节能保温材料在建筑上利用率很低。保温性能差的实心黏土砖仍在建筑墙体材料组成中占有绝对优势。为实现新标准节能50%的目标,根本出路是发展高效节能的外保温复合墙体。一些先进的新型保温材料和技术已在国外建筑中普遍采用,如在建筑的内、外表面或外层结构的空气层中采用高效热发射材料,可将大部分红外射线反射回去,从而对建筑物起保温隔热作用。目前,美国已开始大规模生产热反射膜,用于建筑节能。

建筑物热损失的1/3以上是由于门、窗与室外热交换(热传导、热辐射和热对流)造成的。窗户的保温隔热措施要从两个方面着手来提高:首先是玻璃,玻璃的传热系数大,这不仅因为玻璃的导热系数高,更主要是由于玻璃是透明材料,热辐射成为重要的热交换方式。因此必须考虑采用夹层玻璃、中空玻璃、低辐射玻璃等保温性能好的玻璃以替代单层玻璃,采用高效节能玻璃以显著提高建筑节能效率。其次是门、窗的传热系数比外墙、屋面等围护结构大得多，因此，发展先进的门、窗材料和门、窗结构是建筑节能的重要措施。对窗户的框材做断热处理，即将型材朝室内的一面和朝室外的一面断开，用导热性能差的材料将两者连接起来，可以大大地提高窗户的保温性能。

第三，使用能充分利用绿色能源的建筑材料。利用绿色能源主要指利用太阳能、风能、地能和其他再生能源。太阳能利用装置和材料，如透光材料、吸收涂层、反射薄膜和太阳能电池等都离不开玻璃，太阳能光伏发电系统、太阳能光电玻璃幕墙等产品都将大量采用特种玻璃。对用于太阳能利用的玻璃，要求具有高透光率、低反射率、高温不变形、高表面平整度等特性。太阳能发电板在悉尼奥运会中被普遍应用，其中采光材料大量采用低铁玻璃。

三、环境影响

目的：降低建筑材料生产过程中对环境的污染，保护生态环境。

要求：计算建筑所用建筑材料生产过程中的 CO_2 排放量，以此作为建筑的环境负荷评价指标。鼓励选择对环境影响小的建筑体系和建筑材料。

指标与评分：计算单体建筑单位建筑面积所用建筑材料生产过程中排放的 CO_2 量 $P(t/m^2)$，以此评分。

$$P=\sum_{i-1}^{n}B_i[X_i(1-a)+aXr_i]/S \tag{6-3}$$

式中：

X_i——第 i 种建筑材料生产过程中单位质量排放 CO_2 的指标，t/t；

B_i——单体建筑所用第 i 种建筑材料的质量总和，t；

S——建筑单体建筑面积总和，m^2；

α——单体建筑所用第种建筑材料的回收系数；

Xr_i——单体建筑所用第种建筑材料的回收过程排放 CO_2 指标(t/t)；

n——单体建筑所用建筑材料的种类数。

评分等级设为 5 分，值范围为 0.20～0.40，值越大，评分越低。

部分环境指标主要侧重评价建筑材料生产过程中对大气的污染程度。

目前国际上普遍采用排放 CO_2 指标来评价建筑或建筑材料的环境负荷。

四、本地化

目的：减少建筑材料运输过程中对环境的影响；促进当地经济发展。

要求：计算建筑所用建筑材料中当地生产的建筑材料用量占总建筑材料用量的比例，鼓励使用当地生产的建筑材料，减少建筑材料在运输过程中的能源消耗和污染，尽可能就近取材。

指标与评分：计算距施工现场 500 km 以内生产的建筑材料用量 t_i(t)与建筑材料总用量 T_m(t)的比例 L_m，以此评分。

$$L_m=\frac{t_i}{T_m}\times 100\% \tag{6-4}$$

绿色建筑除要求材料优异的使用性能和环保性能外，还要注意材料在采集、制造、运输等全过程中是否节能和环保，因此尽量使用地方材料。

五、旧建筑材料利用率

目的：鼓励使用可回收利用的旧建筑材料。

要求：计算旧建筑材料的利用率。

指标与评分：计算旧建筑材料用量 t_r(t)与建筑材料总用量扁 T_m(t)的比例，以此评分。

$$R_u=\frac{t_r}{T_m}\times 100\% \tag{6-5}$$

旧建筑材料指旧建筑拆除过程中以其原来形式无须再加工就能以同样或类似使用的建筑材料，包括木地板、木板材、木制品、混凝土预制构件、铁器、装饰灯具、砌块、砖石、钢材、保温材料等。

六、室内环境质量

室内环境质量包括室内空气质量(IAQ)、室内热环境、室内光环境、室内声环境等。它应包括四个方面的内涵：①从污染源上开始控制，最佳地利用和改善现有的市政基础设施，尽可能采用有益于室内环境的材料；②能提供优良空气质量、热舒适、照明、声学和美学特性的室内环境，重点考虑居住人的健康和舒适；③在使用过程中，能有效地使用能源和资源，最大限度地减少建筑废料和室内废料，达到能源效率与资源效率的统一；④既考虑室内居住者本身所担负的环境责任，同时也考虑经济发展的可承受性。室内空气中甲醛、苯、甲苯、有机挥发物、人造矿物纤维是危害人体健康的主要污染物。现在国内开发很多有利于室内环境的材料包括无污染、无害的建筑材料；有利于人体健康的材料，如净化空气材料、保健抗菌材料、微循环材料等。已开发出无毒、耐候性、长寿命的内、外墙涂料，耐候性达到10年左右；利用光催化半导体技术产生负氧离子，开发出具有防霉、杀菌、除臭的空气净化功能材料；具有红外辐射保健功能的内墙涂料；可调湿建筑内墙板。近期在研究观念上又前进一步，将消极的灭杀空气中有害物质的理念上升为积极地提供有利于人体健康的元素，利用稀土离子和分子的激活催化手段，开发出具有森林功能效应、能释放一定数量负离子的内墙涂料及其他建筑材料。这些新材料的研究开发将为建造良好室内空气质量提供了基本的材料保证。

提高建筑材料的环保质量，从污染源上减少对室内环境质量的危害是解决室内空气质量、保证人体健康等问题的最根本措施。使用高绿色度的具有改善居室生态环境和保健功能的建筑材料，从源头上对污染源进行有效控制具有非常重要的意义。

国外绿色建筑选材的新趋向是：返璞归真，贴近自然，尽量利用自然材料或健康无害化材料，尽量利用废弃物生产的材料，从源头上防止和减少污染，尽量展露材料本身，少用油漆涂料等覆盖层或大量的装饰。这一观点已被我国的建筑设计师们认可并采纳，在一些绿色建筑中逐渐实施。

第七章　绿色建筑的施工管理与评价

第一节　绿色施工概述

施工阶段既是规划设计的实现过程，同时又是大规模地改变自然生态环境，消耗自然资源的过程。它的周期虽然相对较短，但对自然形态的影响却往往是突发性的，对于资源和能源的消耗也是非常集中的。我国尚处于经济快速发展阶段，作为大量消耗资源、影响环境的建筑业，应全面实施绿色施工，承担起可持续发展的社会责任。因此，施行绿色施工已经成为我国建筑业当务之急。

一、绿色施工背景

早在1993年，Charles J. Kibert 教授提出了可持续施工，并介绍了工程施工在环境保护和节约资源方面的巨大潜力。1994年首届可持续施工国际会议在美国召开，会议上将可持续施工定义为："在有效利用资源和遵守生态原则的基础上，创造一个健康的施工环境，并进行维护。"1998年，George Ofori 建议与建筑施工可持续性相关的所有主题都应该得到关注和重视，尤其要得到发展中国家的认可。随着可持续施工理念的日趋成熟，许多国家开始实施可持续施工、清洁生产、环保施工或绿色施工。与此同时，一些发达国家率先制定了相关法律与政策，通过与建筑协会、建筑研究所和一些有实力的公司共同协作，出版了《绿色建筑技术手册(设计·施工·运行)》《绿色建筑设计和建造参考指南》等书籍，这些书籍具有较好的指导性和实践性，大力促进了绿色施工的发展和推广。

近些年来，由于环境问题的日益严重，许多学者呼吁通过加强建筑行业与学术界的密切合作.促使绿色施工更快、更好的发展和普及。目前，国外绿色施工的理念已经融入了建筑行业各个部门、机构，并同时受到最高领导层和消费者的关注。国际标准委员会(International Code Council)(简称 ICC)首次发起为新建与现有商业建筑编写《国际绿色施工标准》(IGCC)，届时 IGCC 将被作为一个绿色施工模版以供参考使用。

在我国，由于经济的高速发展，伴随而来的环境的恶化和大气污染，如雾霾、PM2.5、水污染等引起国家、社会高度关注。我国出台的《绿色施工导则》明确指出，绿色施工由施工管理、环境保护、节材与材料资源利用、节水与水资源利用、节能与能源利用、节地与施工用地保护六个方面组成，见图7－1。这六个方面涵盖了绿色施工的基本指标，同时包含了施工策划、材料采购、现场施工、工程验收等各阶段的指标的子集，为实施绿色施工、优化总体方案提供了基础条件。

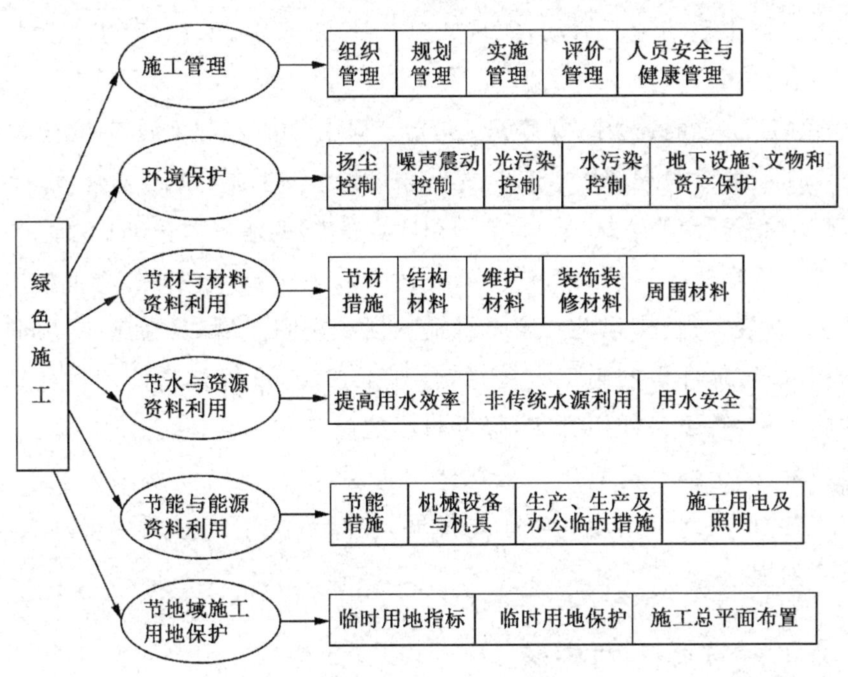

图7－1　绿色施工总体框架

住建部已经发布的《建筑工程绿色施工评价标准》，该标准建立了建筑工程绿色施工评价框架体系。绿色施工评价框架体系有评价阶段、评价要素、评价指标、评价登记构成。评价阶段按地基与基础工程、结构工程、装饰装修与机电安装工程进行。评价要素由控制项、一般项、优选项三类评价指标组成。评价等级分为不合格、合格和优良。各个社会组织，如中国建筑业协会发布的《全国建筑业绿色施工示范工程管理办法（试行）》和《全国建筑业绿色施工示范工程验收评价主要指标》对绿色施工进行推进。

总之，绿色施工已越来越为社会和施工企业所接受，绿色施工在实施中应符合国家的法律、法规及相关的标准规范，实现经济效益、社会效益和环境效益的统一。实施绿色施工，应依据因地制宜的原则，贯彻执行国家、行业和地方相关的技术经济政策。施工企业应运用ISO 14001环境管理体系和OHSAS 18001职业健康安全管理体系，将绿色施工有关内容分解到管理体系目标中去，使绿色施工规范化、标准化。

二、绿色建筑施工的概念

我国出台的《绿色施工导则》明确指出，绿色施工是指工程建设中，在保证质量、安全等基本要求的前提下，通过科学管理和技术进步，最大限度地节约资源与减少对环境负面影响的施工活动，实现四节一环保(节能、节地、节水、节材和环境保护)以下用简称。

在《绿色施工评价标准》中，绿色施工是指工程建设中，在保证质量、安全等基本要求的前提下，通过科学管理和技术进步，最大限度地节约资源与减少对环境负面影响，实现“四节一环保”(节能、节材、节水、节地和环境保护)的建筑工程施工活动。

绿色施工旨在保护环境、控制污染、是污染最小化；节约资源、降低成本、使成本最小化，效率最大化；构建健康安全舒适的活动空间。例如，在施工期间进行技术经济分析，确定最环保的施工方法；结合施工方法，进行材料使用的比选，确定最合适的施工机械、设备使用方案，降低材料的储存成本和运输成本；运用先进的绿色施工技术、绿色新型材料等。从总体上来说，绿色施工是对国内当前倡导的文明施工、节约型工地等活动的继承与发展，在绿色施工的概念中管理和技术处于同等重要的地位。

三、绿色建筑施工的内涵

(一)绿色施工原则

第一，绿色施工是建筑全寿命周期中的一个重要阶段。实施绿色施工，应进行总体方案优化。在规划、设计阶段，应充分考虑绿色施工的总体要求，为绿色施工提供基础条件。

第二，实施绿色施工，应对施工策划、材料采购、现场施工、工程验收等各阶段进行控制，加强对整个施工过程的管理和监督。

(二)绿色施工的内容

绿色施工主要包括节能、节地、节水、节材和环境保护五方面，即我们所说的“四节一环保”。

第一，节约能源。

建筑施工的复杂性、综合性和较长的周期特征决定了在整个施工过程中必然消耗大量能源，造成电能、化学能、机械能的浪费。针对这一点，绿色施工要求做到“节约能源”其中包括了两个方向：一是降低能耗量，提高能源利用率；二是要寻找环保型能源、降低对不可再生能源的消耗。如：安装节能灯具、采用节电型、高效环保型的施工机械、通过高度有效的管理来提高机械满载率与使用率，根据施工现场进行及时调度、充分利用绿色环保能源（太阳能、风能、热能）等。

第二，节约土地。

虽然我国有着广阔的土地，但是人多地少，除去山地和其他不适合人类居住的土地面积，人均居住面积低于世界平均水平，加之我国处于经济快速发展时期，建设用地需求紧张，土地显得尤为珍贵。虽然设计阶段的工作很关键，但是绿色施工也起着重要作用。绿色施工要求对利用的土地进行科学规划，开发地上和地下空间，优选施工方法，减少临时工程用地，减少工程填土或取土，综合利用土地，提高土地利用效率。除此之外，尽力减少对土地的扰动，进行土地硬化处理，防止扬尘；保护原有绿色植被，进行场地绿化，既防止造成水土流失也有效节约了土地资源。

第三，节约用水。

水资源短缺已经困扰我国多年，我国水资源特点是人均水资源占有量低，而且时空分布不均匀。加之我国部分地区供水设备老化，漏水严重，再生利用率低，生活污水严重，浪费现象也很严重。水资源是保障建筑施工的前提，在工程中使用量很大，这就要求我们需要节水意识。绿色施工提倡节水意识，大力推行节约用水措施，推广节约用水新工艺和新技术，安置和使用节水产品；加强用水资源管理，采取技术可行、经济合理、符合环保要求的节约措施与替代措施，减少或避免施工中水的浪费，高效合理利用水资源；建立中水使用系统，为工地提供生活、生产用水；开源和节流并重，提高水的重复利用率。

第四，节约材料。

建筑对材料的需求是巨大的，做到用材的绿色施工意义重大。绿色施工要求通过节约材料来降低建筑业的物耗。因此，它同样包含两方面内容：一是节省用材，二是采用环保材料。如：使用可循环使用的建筑材料，如金属、玻璃等；因地制宜，就地取材；合理堆放现场材料，减少二次搬运，最大限度降低材料损耗；回收利用被拆建筑的建材和物品，优化管线的布置路径，节约材料量；开发废料的其他用途，实现废料的再利用；优选节能环保、持久耐用、性能优越的材料等。

第五，环境保护。

建筑业中推行可持续发展战略，环境保护已成为绿色施工的重要目标之一。

绿色施工要做到环境保护，需根据施工中出现的具体环境问题，按照环境管理要求，制定环境保护计划，采取有效措施来解决工程施工带来的环境问题。工程中出现的环境问题主要有粉尘污染、噪声污染、光污染、水污染、有害气体污染、固体废弃物及地下设施、文物和资源保护等。因此，为了减弱工程建设项目施工对环境造成的影响，我们需要做到以下几方面。

①粉尘污染控制

施工时产生的粉尘是造成空气污染的原因之一，同时也对施工人员和施工现场两侧一定范围内的居民产生了不良影响。施工扬尘是主要根源，大致分为施工初期旧建筑物的拆迁；基础开挖、室外市政管网的土石方施工；施工现场混凝土砂浆等材料的搅拌站；建筑物周围裸露的场地；易散落易飞扬的细颗粒散装材料的运输和存放；建筑垃圾的存放和运输；施工现场、周围生产及生活使用的锅炉厨灶等。

②有害气体控制

有害气体污染包括建筑原料或材料产生的有害气体、汽车、尾气、施工现场机械设备产生的有害气体及炸药爆炸产生的有害气体等。绿色施工要求建筑施工材料应有无毒无害检验合格证明，杜绝使用含有害物质的材料；控制好现场相关的施工车辆、运输车辆及大型机械设备排放的尾气；现场采取有害气体监控预警措施，防止有害气体扩散等。

③水污染控制

建筑施工废水主要有施工废水、雨水、施工场地生活污水等，如不能有效地处理，势必影响周边环境。可以采用泥浆处理技术来减少泥浆的数量；洗车区设置沉淀池；生活污水经化粪池处理后再排出、食堂污水经隔油池处理后再排出；基坑降水作业抽取的地下水再利用；对于化学品等有毒材料、油料的储存地，应有严格的隔水层设计，做好渗漏液收集和处理等措施。

④噪声污染控制

施工现场要对现场噪声进行调查，分区测量现场各部分的噪声频谱与噪声级，再依据相关的环境标准确定所容许的噪声级，获得降噪量后，设置合理的降低噪声的措施，进行吸声降噪、消声降噪或者隔声降噪，使得现场噪声不超过国家标准《建筑施工场界环境噪声排放标准》的规定或者地方有关标准规定。城镇夜间施工还应办理夜间施工许可证。

⑤光污染控制

工程施工造成的光污染主要有夜间施工强光、电焊弧光等。夜间强光使人夜晚难以入睡，导致精神不振；电焊弧光会伤害人的眼睛，引起视力下降。为了减少对周围居民生活的干扰，采取应对措施。合理编制施工作业计划．施工作业尽量避开夜间与周边居民休息的时间；照明灯加灯罩，且透光方向避开居民；电焊作业进行遮挡，防止孤光外泄。

⑥固体废弃物控制

固体废弃物主要是施工中产生的建筑垃圾和生活垃圾等。应提前制定建筑垃圾的处置方案；对现场及时清理，对建筑垃圾及时清运；尽量进行循环利用，做到废物再利用；对生活垃圾进行专门收集，禁止乱堆乱放，并定期送往垃圾场处理。

⑦地下设施、文物和资源保护

前期做好施工现场的环境影响评估，根据评估报告，对施工场地内的重要设施、文物古迹、地下的文物遗址、古树名木等，上报有关部门，并有针对性的制定保护方案，防止后期施工以后造成难以挽回的重大损失。

（三）绿色施工具体措施

第一，节约材料。

①图纸会审时，应审核节材与材料资源利用的相关内容，达到材料损耗率比定额损耗率降低30％。

②根据施工进度、库存情况等合理安排材料的采购、进场时间和批次，减少库存。

③现场材料堆放有序，储存环境适宜，措施得当，保管制度健全，责任落实。

④材料运输工具适宜，装卸方法得当，防止损坏和遗撒。根据现场平面布置情况就近卸载，避免和减少二次搬运。

⑤采取技术和管理措施提高模板、脚手架等的周转次数。

⑥优化安装工程的预留、预埋、管线路径等方案。

⑦应就地取材，施工现场500 km以内生产的建筑材料用量占建筑材料总重量的70％以上。

第二，节约土地。

①根据施工规模及现场条件等因素合理确定临时设施，如临时加工厂、现场作业棚及材料堆场、办公生活设施等的占地指标。临时设施的占地面积应按用地指标所需的最低面积设计。

②要求平面布置合理、紧凑，在满足环境、职业健康与安全及文明施工要求的

前提下尽可能减少废弃地和死角，临时设施占地面积有效利用率大于90%。

③对深基坑施工方案进行优化.减少土方开挖和回填量，最大限度地减少对土地的扰动，保护周边自然生态环境。

④红线外临时占地应尽量使用荒地、废地，少占用农田和耕地。工程完工后及时对红线外占地恢复原地形、地貌，使施工活动对周边环境的影响降至最低。

⑤利用和保护施工用地范围内原有绿色植被。对于施工周期较长的现场，可按建筑永久绿化的要求，安排场地新建绿化。

⑥施工总平面布置应做到科学、合理，充分利用原有建筑物、构筑物、道路、管线为施工服务。

⑦施工现场仓库、搅拌站、仓库、加工厂、作业棚、材料堆场等布置应尽量靠近已有交通线路或即将修建的正式或临时交通线路，缩短运输距离。

⑧尽量利用工地原有围墙，其余的使用原建筑拆除后的砖砌筑。

面宜采用空心砌块、空心隔板等材料，既减轻工程结构自重，又增加使用面积，相对于黏土砖可节省大量土地资源。

⑨临时办公和生活用房采用经济、美观、占地面积小、对周边地貌环境影响较小，且适合于施工平面布置动态调整的多层轻钢活动板房。生活区与生产区分开布置。

⑩施工现场道路按照永久道路和临时道路相结合的原则布置。施工现场内形成环形通路，减少道路占用土地。

第三，节约用水。

①采用适当的小流量器具与设备，采用先进的节水施工工艺，减少用水量，提高用水效率。

②施工现场喷洒路面、绿化浇灌不宜使用市政自来水。现场搅拌用水、养护用水应采取有效的节水措施，严禁无措施浇水养护混凝土。

③施工现场供水管网应根据用水量设计布置，管径合理、管路简捷，采取有效措施减少管网和用水器具的漏损。

④现场机具、设备、车辆冲洗用水必须设立循环用水装置。施工现场办公区、生活区的生活用水采用节水系统和节水器具，提高节水器具配置比率。项目临时用水应使用节水型产品，安装计量装置，采取针对性的节水措施。

⑤施工现场设置专门的蓄水池，将降水作业抽取的地下水和收集的雨水循环利用。

⑥现场施工区、生活区分别安装水表监控用水情况，确定用水定额指标，并分

别计量管理。

⑦对混凝土搅拌站点等用水集中的区域和工艺点进行专项计量考核。施工现场建立雨水、中水或可再利用水的搜集利用系统。

⑧优先采用中水搅拌、中水养护，有条件的地区和工程应收集雨水养护。

⑨处于基坑降水阶段的工地．宜优先采用地下水作为混凝土搅拌用水、养护用水、冲洗用水和部分生活用水。

⑩现场机具、设备、车辆冲洗、喷洒路面、绿化浇灌等用水，优先采用非传统水源，尽量不使用市政自来水。

在非传统水源和现场循环再利用水的使用过程中，应制定有效的水质检测与卫生保障措施，确保避免对人体健康、工程质量及周围环境产生不良影响。

第四，环境保护。

(1)扬尘控制

①运送土方、垃圾、设备及建筑材料等，不污损场外道路。运输容易散落、飞扬、流漏的物料的车辆，必须采取措施封闭严密，保证车辆清洁。施工现场出口应设置洗车槽。

②土方作业阶段，采取洒水、覆盖等措施，达到作业区目测扬尘高度小于1.5 m，不扩散到场区外。

③结构施工、安装装饰装修阶段，作业区目测扬尘高度小于0.5 m。对易产生扬尘的堆放材料应采取覆盖措施；对粉末状材料应封闭存放；场区内可能引起扬尘的材料及建筑垃圾搬运应有降尘措施．如覆盖、洒水等；浇筑混凝土前清理灰尘和垃圾时尽量使用吸尘器，避免使用吹风器等易产生扬尘的设备；机械剔凿作业时可用局部遮挡、掩盖、水淋等防护措施；高层或多层建筑清理垃圾应搭设封闭性临时专用道或采用容器吊运。

④施工现场非作业区达到目测无扬尘的要求。对现场易飞扬物质采取有效措施，如洒水、地面硬化、围挡、密网覆盖、封闭等，防止扬尘产生。

⑤构筑物机械拆除前，做好扬尘控制计划。可采取清理积尘、拆除体洒水、设置隔挡等措施。

⑥构筑物爆破拆除前，做好扬尘控制计划。可采用清理积尘、淋湿地面、预湿墙体、屋面敷水袋、楼面蓄水、建筑外设高压喷雾状水系统、搭设防尘排栅和直升机投水弹等综合降尘。选择风力小的天气进行爆破作业。

⑦在场界四周隔挡高度位置测得的大气总悬浮颗粒物(TSP)月平均浓度与城市背景值的差值不大于0.08 mg/m^3。

(2)有害气体排放控制

①禁止对各种废弃物进行焚烧。

②项目中的施工设备、车辆、机械等的尾气排放须符合国家及地方规定。

③尽量采用清洁燃料,如石油气、煤气等。

④复检含有害物质的建筑材料,检验合格后再使用。

(3)水污染控制

①在工地配置三级无害化粪池,并连接市政污水处理设施,或者采用移动厕所,由相关公司负责。

②采用三级沉降池对施工污水进行自然沉降,并配合沉淀剂和酸碱中和措施后再排放。

③施工现场存放的油料和化学溶剂等物品,废弃的油料和化学溶剂集中处理,不得随意倾倒。

④污水排放委托有资质的单位进行废水水质检测,提供相应的污水检测报告。

⑤采用隔水性能好的边坡支护技术。在缺水地区或地下水位持续下降的地区,基坑降水尽可能少地抽取地下水;当基坑开挖抽水量大于50万 m^3 时,进行地下水回灌,并避免地下水被污染。

⑥对于化学品等有毒材料、油料的储存地,要进行严格的隔水层设计,做好渗漏液收集和处理。

(4)噪声控制

①工地须遵循国家标准《建筑施工场界环境噪声排放标准》,并对噪声进行检测和记录,实时控制。

②工地的降噪设备应设置在远离居民区的一侧,或者采取搭设隔声棚等降噪措施。

③运输车辆进入工地严禁鸣笛,装卸材料时须轻拿轻放。

④使用低噪声、低振动的机具,采取隔声与隔振措施,避免或减少施工噪声和振动

(5)光污染控制

①尽量避免或减少施工过程中的光污染。夜间室外照明灯加设灯罩,透光方向集中在施工范围。

②电焊作业时进行适当遮挡,避免电弧光外泄。

(6)固体废弃物控制

①对塑料、金属、玻璃、纸等进行分类回收利用,力争建筑垃圾的再利用和回

收率达到30%,建筑物拆除产生的废弃物的再利用和回收率大于40%。

②无法再利用的固体废弃物进行压实或破碎后及时清运。还可采用地基填埋、铺路等方式提高再利用率,力争再利用率大于50%。

③对生活垃圾的消纳能力强的地区或者生活垃圾中含较多易腐有机物的情况,采用堆肥的方案处理。

④制定建筑垃圾减量化计划,如住宅建筑,每万平方米的建筑垃圾不宜超过400 t。

⑤施工现场生活区设置封闭式垃圾容器,施工场地生活垃圾实行袋装化及时清运。对建筑垃圾进行分类,并收集到现场封闭式垃圾站,集中运出。

(7)地下设施、文物和资源保护

①施工前应调查清楚地下各种设施,做好保护计划,保证施工场地周边的各类管道、管线、建筑物、构筑物的安全运行。

②施工过程中一旦发现文物,立即停止施工,保护现场并通报文物部门并协助做好工作。

③避让、保护施工场区及周边的古树名木。

④逐步开展统计分析施工项目的CO_2排放量及各种不同植被和树种的CO_2固定量的工作。

(四)绿色施工的特点

绿色施工与传统施工相比有以下特点。

第一,低能耗、低浪费。建筑项目对建材、水、土地、能源的需求是很大的,绿色施工在保证工程质量的同时,还减少了资源的浪费和能源的消耗,提高了资源利用率,总的来说,具有低能耗、低浪费的特点。

第二,综合性强。传统的施工对于技术的要求很高,绿色施工除了传统施工所具备的技术等层面的问题外,还需要环境、水、能源、土地等方面的知识。更重要的是,对于施工过程中工作的细化程度有更严格的要求,只有真正了解施工过程中能源的消耗、建材的运用、水的利用,才能够知道如何节约并付诸行动。所以,绿色施工综合性更强,涉及面更广。

第三,生态和谐。前面提到的绿色施工内容就给我们列举了一个很关键的方面环境保护,这就决定了绿色施工具有保护生态、创建和谐绿色建筑的功能。采取相关措施,切实做好保护工作,使建筑与人、社会、自然的关系向着生态和谐发展。

第四，经济高效。在节能降耗的意识规范下，工程师懂得运用生态规律指导工人在施工中如何减少浪费，减少对能源的消耗，控制了成本，使绿色建筑更为经济。而且，绿色施工还有一个人员调度的问题，组织管理施工人员进行科学高效的作业，施工效率得到提高。

第五，系统科学。传统施工追求的目标重在质量、工期和利益，这表明它的整个施工体系是围绕着三个方面而成。绿色施工在此基础上拓展了生态、节能、和谐、可持续等新领域，使施工更科学，理论体系更系统。

第六，信息技术支持。随着项目施工的进展，各种资源的利用量是随着工程量和进度计划安排的变化而变化的。通常，传统施工在选择机械、设备、材料等资源时往往主观的方式进行决策，如此选择相对较为粗放，为保险起见，决策者一般会刻意高估资源需求量，从而导致不必要的浪费，此外，在工程量动态变化中进行动态调整的工作更是难上加难。因此，只有借助信息技术才能高效的动态监管，实施绿色施工。如 BIM 技术软件进行管线综合平衡和碰撞检查，减少管线返工损失；运用鲁班软件精确算量，并根据施工进度计划合理安排材料进场。现场主要材料（钢筋、水泥等）按照一周进行储备，其他材料随需随进，减少材料储存损耗。

第二节　绿色施工管理

绿色施工管理主要包括组织管理、规划管理、实施管理、评价管理和人员安全与健康管理五个方面。在这五个方面管理的侧重点和管理方法各有不同。

一、组织管理

组织管理就是通过建立绿色施工管理体系，制定系统完整的管理制度和绿色施工整体目标，将绿色施工的工作内容具体分解到管理体系结构中去，使参建各方在项目负责人的组织协调下各司其职地参与到绿色施工过程中，使绿色施工规范化、标准化。由于项目经理是绿色施工第一负责人，所以承担着绿色施工的组织实施和设计目标实现的责任。施工过程中，项目经理的工作内容就成了组织管理的核心。

(一)绿色施工管理体系

形成绿色施工管理体系所采取的措施：①设立两级绿色施工管理机构，总体负责项目绿色施工实施管理。一级机构为建设单位组织协调的管理机构(绿色施工管理委员会)，其成员包括建设单位、设计单位、监理单位、施工单位。二级机构为施工单位建立的管理实施机构(绿色施工管理小组)，主要成员为施工单位各职能部门和相关协力单位。建设单位和施工单位的项目经理应分别作为两级机构绿色施工管理的第一责任人。②各级机构中任命分项绿色施工管理责任人，负责该机构所涉及的与绿色施工相关的分项任务处理和信息沟通。③以管理责任人为节点，将机构中不同组织层次的人员都融入绿色施工管理体系中，实现全员、全过程、全方位、全层次管理。

(二)任务分工及职能责任分配

管理任务分工，在项目实施阶段应对各参建单位的管理任务进行分解，见图7－2。

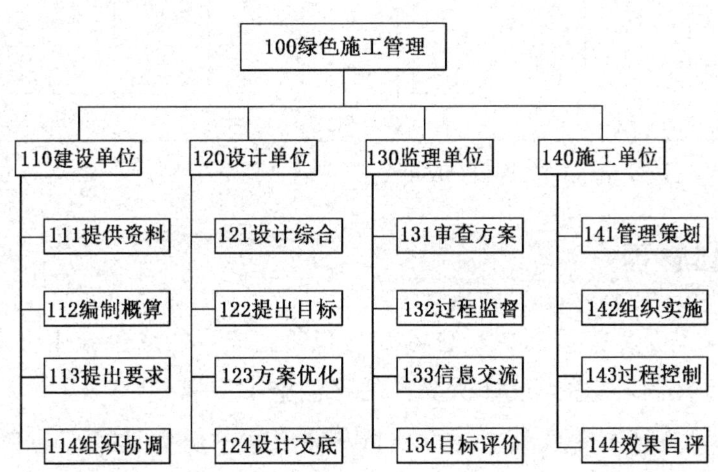

图7－2　绿色施工管理任务分解结构

管理任务分工应明确表示各项工作任务由哪个单位或部门(个人)负责，由哪些单位或部门(个人)参与，并在项目实施过程中不断对其进行跟踪调整完善。管理职能责任分配，通过管理任务分解，建立责任分配矩阵，见表7－1。

表 7—1　责任分配矩阵表

任务		责任者								
编码	名称	领导班子	安全部	质量部	工程部	技术部	物资部	商务部	信息部	其他
111	提供资料	S			C	F	C	C		
112	编制概算	S			C	C	C	F		
113	提出要求		C	C	C	F	C			
114	组织协调	F	C	C	C	C		C	C	
121	设计综合	S			C	F			C	
122	提出目标	S	J	J	C	F	C	C		
123	方案优化	S			C	F	C			
124	设计交底		J	J	C	F	C			
131	审查方案	S	C	C	C	F	C	C	C	
132	过程监督		J	J	F	C	C	C	C	
133	信息交流	C	C	C	C	C	C	C	F	
134	目标评价		J	J	F	C	C	C		
141	管理策划	S	C	C	F	C	C	C	C	
142	组织实施	S	J	J	F	C	C			
143	过程控制	S	J	J	F	C	C	C	C	
144	效果自评	S	J	J	F	C	C	C	C	

注:C 参与,F 负责,J 监督,S 审批。

二、规划管理

规划管理主要是指编制执行总体方案和独立成章的绿色施工方案,实质是对实施过程进行控制,以达到设计所要求的绿色施工目标。

第一,总体方案编制实施。建设项目总体方案的优劣直接影响到管理实施的效果,要实现绿色施工的目标,就必须将绿色施工的思想体现到总体方案中去。同时,根据建筑项目的特点,在进行方案编制时,应该考虑各参建单位的因素:①建设单位应向设计、施工单位提供建设工程绿色施工的相关资料,并保证资料的真实性和完整性;在编制工程概算和招标文件时,建设单位应明确建设工程绿色施工的要求,并提供包括场地、环境、工期、资金等方面的保障,同时应组织协调参建各方的绿色施工管理等工作。②设计单位应根据建筑工程设计和施工的内在联系,按照建设单位的要求,将土建、装修、机电设备安装及市政设施等专业进行综合，使建筑工程设计和各专业施工形成一个有机统一的整体，便于施工单位统筹规划，合理组织一体化施工。同时，在开工前设计单位要向施工单位作整体工程设计交底，明确设计意图和整体目标。③监理单位应对建设工程的绿色施工管理承担监理责任，审查总体方案中的绿色专项施工方案及具体施工技术措施，并在实施过程中做好监督检查工作。④实行施工总承包的建设工程，总承包单位应对施工现场绿色施工负总责，分包单位应服从总承包单位的绿色施工管理，并对所承包工程的绿色施工负责。实行代建制管理的，各分包单位应对管理公司负责。

第二，绿色施工方案编制实施。在总体方案中，绿色施工方案应独立成章，将总体方案中与绿色施工有关的内容进行细化。①应以具体的数值明确项目所要达到的绿色施工具体目标，比如材料节约率及消耗量、资源节约量、施工现场环境保护控制水平等。②根据总体方案，提出建设各阶段绿色施工控制要点。③根据绿色施工控制要点，列出各阶段绿色施工具体保证实施措施，如节能措施、节水措施、节材措施、节地与施工用地保护措施及环境保护措施等。④列出能够反映绿色施工思想的现场各阶段的绿色施工专项管理手段。

三、实施管理

实施管理是指绿色施工方案确定之后，在项目的实施管理阶段，对绿色施工方案实施过程进行策划和控制，以达到绿色施工目标。

第一，绿色施工目标控制。建设项目随着施工阶段的发展必将对绿色施工目标的实现产生干扰。为了保证绿色施工目标顺利实现，可以采取相应措施对整个施工过程进行控制。①目标分解。绿色施工目标包括绿色施工方案目标、绿色施工技术目标、绿色施工控制要点目标及现场施工过程控制目标等，可以按照施工内容的不同分为几个阶段，将绿色施工策划目标的限值作为实际操作中的目标值进行控制。②动态控制。在施工过程中收集各个阶段绿色施工控制的实测数据，定期将实测数据与目标值进行比较，当发现偏离时及时分析偏离原因、确定纠正措施、采取纠正行动，实现 PDCA 循环控制管理，将控制贯穿到施工策划、施工准备、材料采购、现场施工、工程验收等各阶段的管理和监督之中，直至目标实现为止。

第二，施工现场管理。建设项目环境污染和资源能源消耗浪费主要发生在施工现场，因此施工现场管理的好坏，直接决定绿色施工整体目标能否实现。绿色施工现场管理应包含的内容有：①明确绿色施工控制要点。结合工程项目的特点，将绿色施工方案中的绿色施工控制要点进行有针对性的宣传和交底，营造绿色施工的氛围。②制定管理计划。明确各级管理人员的绿色施工管理责任，明确各级管理人员相互间、现场与外界（项目业主、设计、政府等）间的沟通交流渠道与方式。③制定专项管理措施，加强一线管理人员和操作人员的培训。④监督实施。对绿色施工控制要点要确保贯彻实施，对现场管理过程中发现的问题进行及时详细的记录，分析未能达标的原因，提出改正及预防措施并予以执行，逐步实现绿色施工管理目标。

四、评价管理

绿色施工管理体系中应建立评价体系。根据绿色施工方案，对绿色施工效果进行评价。评价应由专家评价小组执行，制定评级指标等级和评分标准，分阶段对绿色施工方案、实施过程进行综合评估，判定绿色施工管理效果。根据评价结果对方案、施工技术和管理措施进行改进、优化。常用的评价方法有层次分析法、模糊综合评判法、数据包络分析法、人工神经网络评价法、灰色综合评价法等。

五、人员安全与健康管理

贯彻执行ISO 14001环境管理体系和OHSAS 18001职业健康安全管理体系要求，制订施工防尘、防毒、防辐射、防振动等措施，保障施工人员的长期职业健康。合理布置施工场地，保护生活及办公区不受施工活动的有害影响。提供卫生、健康的工作与生活环境，加强对施工人员的住宿、膳食、饮用水等生活与环境卫生等管理，改善施工人员的生活条件。施工现场建立卫生急救、保健防疫制度，并编制突发事件预案，设置警告提示标志牌、现场平面布置图和安全生产、消防保卫、环境保护、文明施工制度板、公示突发事件应急处置流程图。

第三节　绿色建筑施工评价

绿色施工评价应以建筑工程项目施工过程为对象，以“四节一环保”为要素进行。绿色施工的评价贯穿整个施工过程，评价的对象可以是施工的任何阶段或分部分项工程。评价要素是环境保护、节材与材料资源利用、节水与水资源利用、节能与能源利用、节地与施工用地保护五个方面。

推行绿色施工的项目，应建立绿色施工管理体系和管理制度，实施目标管理，施工前应在施工组织设计和施工方案中明确绿色施工的内容和方法。项目部根据预先设定的绿色施工总目标，进行目标分解、实施和考核活动。要求措施、进度和人员落实，实行过程控制，确保绿色施工目标实现。

为保证绿色施工推进.明确了建设单位、监理单位和施工单位在绿色施工中的责任。

实施绿色施工，建设单位应履行下列职责：①对绿色施工过程进行指导；②编制工程概算时，依据绿色施工要求列支绿色施工专项费用；③参与协调工程参建各方的绿色施工管理。

实施绿色施工，监理单位应履行下列职责：①对绿色施工过程进行督促检查；②与施工组织设计施工方案的评审；③见证绿色施工过程。实施绿色施工，施工单位应履行下列职责：①总承包单位对绿色施工过程负总责，专业承包单位对其承包工程范围内的绿色施工负责；②项目经理为绿色施工第一责任人，负责建立工程项目的绿色管理体系，组织编制施工方案，并组织实施；③组织进行绿色施工过程的检查和评价。

绿色施工应做到：①根据绿色施工要求进行图纸会审和深化设计；②施工组织设计及施工方案应有专门的绿色施工章节，绿色施工目标明确，内容应涵盖“四节一环保”要求；③工程技术交底应包含绿色施工内容；④建立健全绿色施工管理体系；⑤对具体施工工艺技术进行研究，采用新技术、新工艺、新机具、新材料；⑥建立绿色施工培训制度，并有实施记录；⑦根据检查情况，制定持续改进措施。

发生下列事故之一，不得评为绿色施工合格项目：①施工扰民造成严重社会影响；严重社会影响是指施工活动对附近居民的正常生活产生很大的影响的情况，如造成相邻房屋出现不可修复的损坏、交通道路破坏、光污染和噪声污染等，并引起群众性抵触的活动。②工程死亡责任事故(施工生产安全死亡事故)；③损失超过5万元的质量事故，并造成严重影响；造成严重影响是指直接经济损失达到5万元以上，工期发生相关方难以接受的延误情况。④施工中因“四节一环保”问题被政府管理部门处罚；⑤传染病、食物中毒等群体事故。

绿色施工评价宜按地基与基础工程、结构工程、装饰装修与机电安装工程等三个阶段进行。为便于工程项目施工阶段定量考核，将单位工程按形象进度划分为三个施工阶段。绿色施工应依据环境保护、节材与材料资源利用、节水与水资源利用、节能与能源利用和节地与施工用地保护等五个要素进行评价。绿色施工依据《建筑工程绿色施工导则》“四节一环保”五个要素进行绿色施工评价。针对不同地区或工程应进行环境因素分析，对评价指标进行增减，并列入相应要素评价。由于工程性质和所在地域不同,工程的环境因素是不同的。因此在评价前应会同建设和监理单位对具体工程进行客观分析,据实增减评价指标的相应条款列入要素后进行评价。

绿色施工评价要素均包含控制项、一般项、优选项三类评价指标。绿色施工评价分为不合格、合格和优良三个等级。

一、绿色建筑施工评价的组织和程序

绿色施工评价应以建筑工程项目施工过程为对象,以“四节一环保”为要素进行。单位工程绿色施工评价的组织方是建设单位,参与方为项目实施单位和监理单位。施工阶段要素和批次评价应由工程项目部组织进行,评价结果应由建设单位和监理单位签认。企业应进行绿色施工的随机检查,并对绿色施工目标的完成情况进行评估。项目部会同建设和监理方根据绿色施工情况,制定改进措施,由项目部实施改进。项目部应接受业主、政府主管部门及其委托单位的绿色施工检查。

绿色建筑施工评价的程序如下:①单位工程绿色施工评价应在项目部和企业评价的基础上进行;②单位工程绿色施工应由总承包单位书面申请,在工程竣工验收前进行评价;③单位工程绿色施工评价应检查相关技术和管理资料,并听取施工单位《绿色施工总体情况报告》,综合确定绿色施工评价等级;④单位工程绿色施工评价结果应在有关部门备案。

二、绿色建筑施工评价框架体系

绿色施工评价宜按地基与基础工程、结构工程、装饰装修与机电安装工程等三个阶段进行。为便于工程项目施工阶段定量考核,将单位工程按形象进度划分为三个施工阶段,见图 7－3。绿色施工应依据环境保护、节材与材料资源利用、节水与水资源利用、节能与能源利用和节地与施工用地保护等五个要素进行评价。针对不同地区或工程应进行环境因素分析,对评价指标进行增减,并列入相应要素评价。由于工程性质和所在地域不同.工程的环境因素是不同的。因此在评价前应会同建设和监理单位对具体工程进行客观分析,据实增减评价指标的相应条款列入要素后进行评价。

绿色施工评价要素均包含控制项、一般项、优选项三类评价指标。绿色施工评价分为不合格、合格和优良三个等级。

绿色施工过程中应采集和保存过程管理资料、见证资料和自检评价记录等资料。绿色施工资料是指与绿色施工有关的施工组织设计、施工方案、技术交底、过程控制和过程评价等相关资料.及用于证明采取绿色施工措施,使用绿色建材和设备等相关资料。

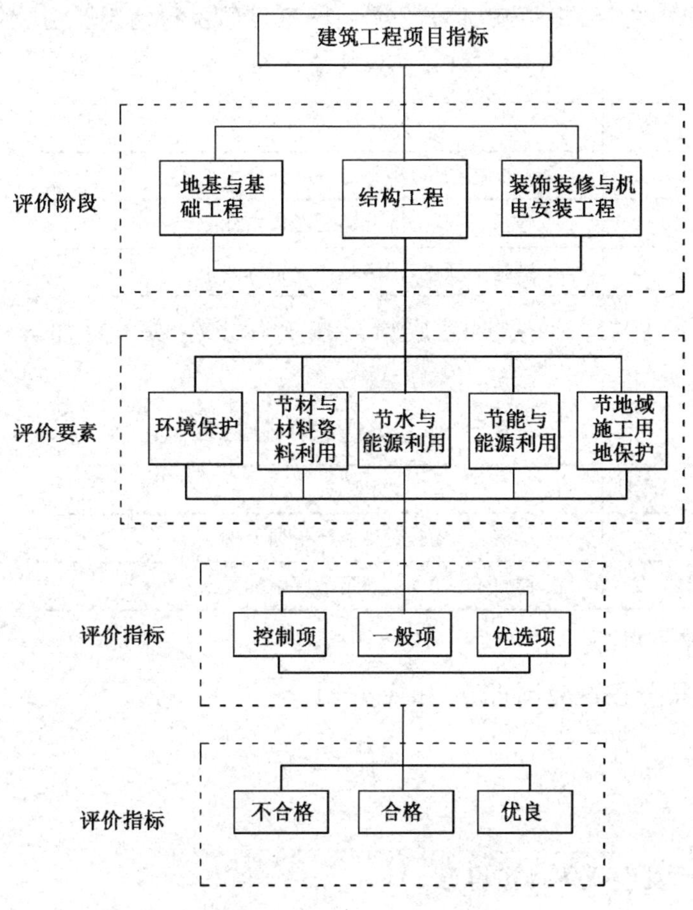

图 7—3 绿色施工评价框架体系

三、绿色建筑施工评价的方法

绿色施工项目评价次数每月应不少于一次,且每阶段不少于一次。绿色建筑施工评分方法如下。

第一,控制项指标,必须全部满足,评价方法见表7—2。

表 7—2　控制项评价方法

序号	评分要求	结论	说明
1	措施到位，全部满足考评指标要求	合格	进入一般评价流程
2	措施不到位，不满足考评指标要求	不合格	一票否决，为非绿色施工项目

第二，评分项指标，根据实际发生项具体条目的执行情况计分，见表 7—3。

表 7—3　一般项计分标准

序号	评分要求	评分
1	措施到位，满足考评指标要求	2
2	措施基本到位，部分满足考评指标要求	1
3	措施不到位，不满足考评指标要求	0

第三，加分项项指标，根据完成情况按实际发生项条目加分，加分方法见表7—4。

表 7—4　优选项加分标准

序号	评分要求	评分
1	措施到位，满足考评指标要求	1
2	措施不到位，不满足考评指标要求	0

(1)要素评价得分

①评分项得分按百分制折算，如式 7—1。

$$A=\frac{B}{C}\times 100 \tag{7—1}$$

式中

B——实际发生项条目实得分；

C——实际发生项条目应得分；

A——折算分。

②加分项加分：按优选项实际发生条目加分求和(D)。

③要素评价得分：要素评价得分(F)＝一般项折算分(A)＋优选项加分(D)。

(2)批次评价得分

①批次评价应按表 7—5 进行要素权重确定。

②批次评价得分(E)＝$\sum$要素评价得分(F)×权重系数。

表 7－5　批次评价要素权重系数表

评价阶段 / 评价要素	地基与基础、结构过程、装饰装修与机电安装
环境保护	0.3
节材与材料资源利用	0.2
节水与水资源利用	0.2
节能与能源利用	0.2
节地与施工用地保护	0.1

(3)评价阶段

阶段评价得分$(G)=\sum$批次评价得分(E)/评价批次数

(4)单位工程绿色评价得分

①单位工程评价应按表 7－6 进行要素权重确定。

②单位工程评价得分$(E)=\sum$阶段评价得分$(G)\times$权重系数

表 7－6　单位工程要素权重系数表

评价阶段	权重系数
地基与基础	0.3
结构工程	0.5
装饰装修与机电安装	0.2

(5)单位工程项目绿色施工等级判定

①满足以下条件之一者为不合格：控制项不满足要求；单位工程总得分<60 分；结构工程阶段得分<60 分。

②满足以下条件者为合格：控制项全部满足要求；单位工程总得分≤80 分，结构工程得分≥60 分；至少每个评价要素各有一项优选项得分，优选项各要素得分≥1，总分≥5。

③满足以下条件者为优良：控制项全部满足要求；单位工程总得分≥80 分，结构工程得分≥80 分；至少每个评价要素中有两项优选项得分。优选项各要素得分≥2，总分≥10。

单位工程绿色施工评价资料应包括:①绿色施工组织设计专门章节,施工方案的绿色要求、技术交底及实施记录;②绿色施工自检及评价记录;③第三方及企业检查资料;④绿色技术要求的图纸会审记录;⑤单位工程绿色施工评价得分汇总表;⑥单位工程绿色施工总体情况总结;⑦单位工程绿色施工相关方验收及确认表。绿色施工评价资料应按规定存档。

绿色施工资料应采集和保存过程管理资料、见证资料和自检评价记录等绿色施工资料。绿色施工资料是指与绿色施工有关的施工组织设计、施工方案、技术交底、过程控制和过程评价等相关资料及用于证明采取绿色施工措施,使用绿色建材和设备等相关资料。

第八章　绿色建筑企业技术创新评价

基于中建企业实地调研和建筑业技术创新的现有研究基础，分析建筑企业技术创新与制造企业技术创新的异同点，探析建筑企业技术创新评价的独特之处，进而提出建筑企业技术创新评价的基本思路及评价方法。旨在为将建筑企业科技统计及其统计分析向建筑企业科技创新统计及其分析演进做探索性研究，提出一个符合建筑业技术创新规律和特征的企业技术创新评价方法，促进企业进行创新发展的自我诊断和发展战略的科学决策。同时，所建立的适用于建筑企业的技术创新评价方法，将完善创新型企业评价工作的评价方法体系，有助于发展政府第三方创新评价。

第一节　企业技术创新评价理论与经验

文献综述表明，国内外学者对企业技术创新的测度和评价方法，特别是技术创新能力评价等做了大量研究，评价内容包括创新投入、创新活动和创新产出等方面，如创新目的、促进或阻碍创新因素、创新的新颖性及创新对企业行为的影响等。从评价影响力角度上看，欧洲创新计分牌（EIS）、韩国的《技术创新能力评价指标》、美国的《21 世纪创新工作组报告》和国内创新型企业评价值得重点参考。

一、欧洲创新计分牌（EIS）

欧洲创新计分牌（European Innovation Scoreboard，EIS），旨在评比欧盟各成员国的创新绩效，充分运用了《奥斯陆手册》中关于企业技术创新的评价指标及其指标体系构架设计，值得借鉴。

该评价指标框架确定的创新范畴包括更新或扩展产品、服务及相关市场的范围；建立新的生产、供应和销售方法；引入管理、工作组织、工作条件和劳动技能方面的变革四个方面。基于 CIS 调查数据，建立了由：①创新人力资源（5 个指标）；②新知识创造（6 个指标）；③知识的转移和应用（4 个指标）；④创新收益、产出和市场（7 个指标）四组 22 个指标构成的评价指标体系。最后，合成一个综合指标——综合创新指数，用于评价欧盟各国及其他若干参照国家的创新能力。

经过这套评价指标体系的检验，可发现欧洲和美国、日本创新绩效的差距；通过这些横向对比，能够发现各成员的优劣势及问题所在，便于各国制定有针对性的创新政策。

二、韩国的《技术创新能力评价指标》

韩国中小企业厅根据OECD的《奥斯陆手册》开发出《技术创新能力评价指标》，以帮助技术创新为核心竞争力的中小企业。该评价指标由企业的“技术创新系统评价”(1000分)和“企业具有的单项技术的竞争力评价”(10个等级)构成。

在此基础上，开发企业在线自我诊断的技术创新评价指标体系，由技术创新能力、技术产业化能力、技术创新经营能力、技术创新成果四类指标组成，涵盖了企业的投入、生产、经营过程和最终的成果。其中每一部分还包括若干二级、三级指标。根据企业所属行业赋予不同的分数，具体分为制造业企业(50人以下)、制造业企业(50人以上)、软件企业、生物企业、环境保护企业、服务企业。在对三级指标计算企业的分数时，采用一般的加权得分：①各指标的分数分为5档次(A，B，C，D，E)，分数设置以5分、4分、3分、2分、1分为其标准。每个项目按照问题的重要性不同，分配不同的分数权重。②各指标以赋予的权重乘以各档次分数得出该项指标的实际得分。

三、美国《21世纪创新工作组报告》

美国的《21世纪创新工作组报告》提出，国家创新政策要有效，关键在于对驱动创新绩效的因素进行测度与监控。但是如何准确监测呢？研究认为指标体系既要包含定量方法，又要包含与创新绩效相关的公共政策等因素。对此，提出用“国家创新生态”指导国家创新系统建设的设想。“国家创新生态”不仅关注创新能力和投入要素，还强调了政策和市场影响力等软性要素并选取了相应的定性指标，如宏观经济条件、国家优先领域、市场准入、产业竞争结构、标准、股票市场评估等。评价指标体系包括六方面：①创新投入要素，如企业的知识、资本和人力资源等关键创新资源；②创新执行要素，如设计、生产、组织文化、产业化障碍；③公共政策环境，如研发政策、财税政策、知识产权保护、技术转移政策、人力资源政策、政府采购政策、市场准入等；④创新基础设施，如研究机构、教育机构、资本市场、信息基础设施、区域创新集群等；⑤企业产出绩效(财务绩效，知识和能力等无形的产出)，消费者价值和产出(产品、服务和工艺)[产品方面包括改善产品的性能、适用范围等以提高顾客的效用；工艺方面包括降低成本、提高生产灵活性、提高生产率和产量；服务方面包括及时传输、便利、技术支持、培训、品牌、安全性、环境影响等]；⑥国家创新产出和成果，包括创新对GDP增长的贡献、劳动和全要素生产率、部门贸易余额、公司创新收入、市场份额等。

该报告有两大贡献：首先，在指标体系理论方法上有重大创新，不同于以往单纯地关注投入、产出或创新的状况，更重视知识、无形资产等创新过程要素的影响。四代指标变化见表8－1。其次，有几个明确的政策含义：一是为政策制定者与社会公众提供有关国家创新系统运行绩效的信息；二是测度企业创新战略和公共政策目标的进展与结果；三是引导各方关注重大创新趋势和发展机会；四是支撑R&D预算和创新政策的成本测算及评价；五是推动创新政策的立法舆论。

表8－1　评价方法、指标的变化

指标特色	第一代	第二代	第三代	第四代
	投入指标	产出指标	创新指标	过程指标
指标内容	研发支出 科学和技术人员 资金 技术密集度	专利 论文 产品 质量变化	创新调查 创新指数 创新能力比较	知识 无形资产 网络 需求 集群 管理方法 风险/回报 系统动力学
理论基础	反映的是线性创新概念，着重于投入指标，如研发投入、教育支出，资金支出、研究人员、大学毕业生、技术密集度等	考虑到科学与技术活动的中间产出而增加了一些投入指标，如专利数、科学论文、新产品和工艺数、高技术贸易	在调查和综合公开可用数据的基础上，集中了更丰富的创新指标和指数，主要关注国家创新能力的比较和排名。难度在于国际数据的有效性和服务部门创新调查	计算实物或人力投入所依赖的知识基础的形成与扩散途径；跨组织的网络关系带来的知识交换；考虑经济状况、公共政策、环境、基础设施、社会态度和文化对创新系统的影响
执行组织		OECD等	OECD/创新调查	在研究中

注：本表基于美国《21世纪创新工作组报告》整理。

四、中国"创新型企业评价"

所谓创新型企业是依靠技术创新获得持续发展、竞争优势的企业。基于对创新型企业创新性、持续性、系统性和代表性四个基本特征的认识，中国科技部等提出技术创新依存度指数方法对创新型企业进行评价遴选。

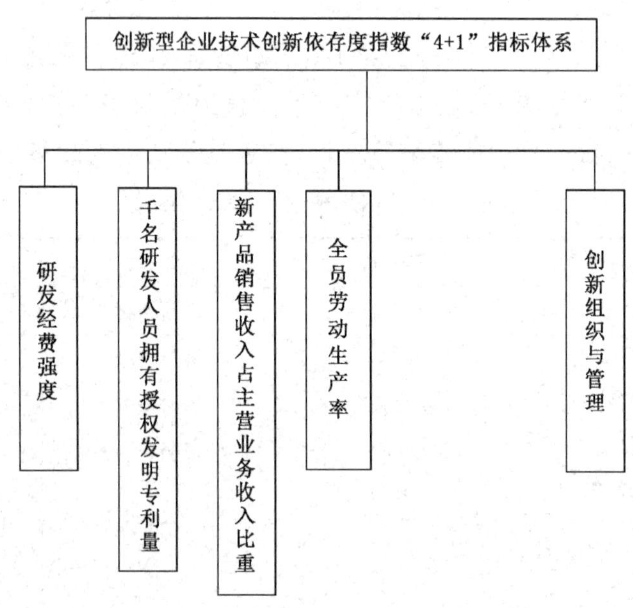

图 8—1 创新型企业技术创新依存度指数的指标构成

创新型企业技术创新依存度指数采用定量与定性相结合的综合评价方法，基于可采集性、可比性、可操作性，遴选出研发经费强度、千名研发人员拥有的授权发明专利量、新产品（工艺、服务）销售收入占主营业务收入的比重、全员劳动生产率 4 个定量指标和"创新组织与管理"1 个定性指标，构成指数的指标体系（简称"4＋1"指标体系，见图 8—1）。进而，运用综合评价指数，评价企业创新投入、创新产出、创新绩效和创新管理等对企业发展的影响，以此反映企业在获取市场竞争优势和持续发展过程中对技术创新依存的程度和趋势。

第二节 建筑企业评价指标

当前，对建筑企业的绩效评价及指标分析，其目标主要是系统地测度建筑业的发展态势，比较分析建筑企业在不同时期的绩效，反映和监督行政部门治理建筑业的效率，为实施国家建筑业发展规划提供必要的目标及指导产业发展规划管理中的日常活动并在实施中激励创新活动。

就技术创新而言，建筑业是一个复杂的领域，在这个领域内从国家层面上去培育创新和评价影响的方法非常困难。在国外，技术创新一般用增加值中的研发支出比例，或用人均增加值表示的生产率来衡量。这些数据都来自《国民收入和生产核算账户》，其分类基于标准工业分类（SIC），《奥斯陆手册》提供了其中的操作原理。然而，正是SIC导致建筑业与其他行业无法直接进行比较。

目前国际上已经应用的建筑企业评价指标有以下几种。

一、新加坡的建筑业发展绩效指标和效率指标

质量是新加坡建筑业的关键问题，对建筑企业竞争力至关重要。为此，新加坡建筑产业发展局（CIDB）引入建筑质量评估框架（Construction Quality Assessment Scheme，CONQUAS），通过系统性采样来测量一个建筑的工艺标准。根据建筑类型的差异，给不同组成打分，如：结构的（40～45分），建筑的（50～55分），机械的和电子的（5～20分）。所有的公共部门项目和那些建在从政府购买的土地上的建筑由CONQUAS评估。所有建筑的CONQUAS平均分数就是建筑业发展绩效指标。

CIDB引入的建筑业发展规划绩效指标，具体指标包括训练工人数（全日和业余时间课程的受训人）；经过技能测验的工人数；具有资格验证的工人数；受过训练的监督者数量；建筑的平均CONQUAS分数；承包人注册（被分类为所处置的案例（数量），对翻新和新的及升级案例的处置时间（天数））。

CIDB引入的建筑产业发展规划效率指标。具体指标包括建筑产业发展；政府每年给建筑工程500万美元的拨款；承包人注册：每种类别工程注册的成本；建筑工人的培训（全日培训工人的成本；业余时间培训工人成本；职业测验的成本）等。

建筑业绩效和效率指标反映了CIDB最关心的问题。同时，CIDB还为其发展建筑业的每个中期规划都建立了可测量的目标。如在2004—2014年十年间，目标为施工生产率达到日本当前水平（预制率为15%），CONQUAS为78分，有300家企业获取IS09000认证。另外，CIDB成立的主要原因是解决新加坡建筑业的劳工问题，因此，在操作和监管水平上的人力资源发展成为主要的政策目标。

二、联合国UNCHS指标

联合国人居中心（UNCHS）制定了一套建筑业指标，用于评价一个国家建筑

业实现其潜力的程度。具体包括以下几方面。

第一,在一个国家的发展规划中,建筑项目按时和在设定的成本以内被实施的程度。

第二,进口(材料、机械和设备及有技能的工作人员)在全部建筑业产出中的百分比。

第三,在承包或本地建筑业发展中的本地参与程度。

第四,本地建筑材料产业的发展程度,包括本地材料的质量和可获得性及本地产业的成本和保护程度。

第五,建筑部门的整体效率和生产率(由每单位产出的成本来衡量)。

UNCHS 提出一套关于建筑的指标,作为它的人类定居指标规划的一部分。指标包括建筑成本;建筑时间;现场生产率;产业集中度;就业;雇佣劳动等。

但有学者认为,建筑业发展指标应该涉及更大范围的问题,如整体经济发展水平、产业、公司、个体和物资的投入。

总之,上述指标虽然已经在建筑业领域运用多年,但不是针对建筑业技术创新活动的评价指标。这些指标体系既没有明确建筑业活动的定位与界限,指标的选择也没有反映出建筑业技术创新的特征及内外部影响因素,至今建筑业技术创新活动的识别与评价问题仍然悬而未决。

第三节　建筑业技术创新的影响因素

一、国外影响因素的一般分析

建筑企业技术创新活动受到多方面因素的影响和制约。塔特姆较早描述了建筑产业在技术创新方面具有的优势和劣势。优势方面包括项目组织、创新的必要性和挑战、工程和建筑集成、低资本投入、关键人员的能力和经验、过程重点和方法的多样性等。主要的劣势则包括投资意愿低、竞争水平低、制度性框架、季节性和经济周期、供应商的作用,等。

一般来讲,建筑企业的技术创新主要受到五个方面不同因素的影响:市场、产品、管理、建造过程和行业特征。在制约建筑企业技术创新能力提升上,芒索认为产业的分割、矛盾的关系、信息交换问题和缺乏技能人员等因素是最常见的原因。在促进建筑企业技术创新能力提升上,博辛克从荷兰建筑业的情况出发,认为环境压力、技术能力、知识交换和界限范围是四种创新动力。伊特门总结了建筑业技术创新活动的动因，包括6个因素：全球化和竞争战略；组织文化和文化的改变；IT技术的运用；用于持续改进的绩效测量和基准；施工实施的最佳做法和可持续发展等。

二、国内影响因素的一般分析

在国内，刘桦等总结建筑业技术创新面临的问题：①研发经费和人员投入不足，且缺乏战略性；②科技成果转化和商品化能力薄弱；③创新阻力较大，企业创新能力的总体水平偏低；④稳定、持久的合作创新网络尚未普遍形成；⑤建筑业创新组织模式的多样化程度和普及程度较低；⑥以自上而下的方式促进建筑业创新，难以取得预期的成效；⑦建筑业对外技术扩散和技术转移能力较弱，缺乏国际化的技术标准、知识产权保护和技术扩散战略的指导。

关于我国建筑业技术创新的障碍因素，赵雪凌分别从行业、制度等角度分析提出三个制约因素：首先，建筑业的技术经济特点创新有不利影响。建筑产品的单件性、固定性决定了建筑生产的流动性和生产区域的离散性，企业与企业，如总包和分包之间，通常缺乏足够的和稳定的信息交流，这极大地限制了建筑业技术创新；其次，建筑业设施和材料的复杂性及耐久性也极大地影响了建筑业的技术创新；最后，建筑项目的契约特性极大限制建筑业创新。建设项目都具有一次性，供求双方仅就当前项目达成共识，这种单件产品的契约不利于企业的长期创新和企业的创新能力积累。

从工程项目上看，李惠玲和赵亮认为建筑业技术创新的重点应放在项目管理创新上，包括推广计算机与网络应用技术成果（计算机辅助）和精益生产，新材料的开发应用、生产技术的创新，包括机械设备的使用创新和工艺技术的创新等方面。而杨丹布等建议更深层地认识业主的创新动机，更好地识别业主需求，建立起更合适的业主参与建设过程的机制和网络等，在建筑业中鼓励应利用最新的信息与通信技术和可视化技术，通过建设建筑技术知识共享、协作的共同创新平台，构建以业主为中心、需求为驱动、业主及用户全程参与的全新创新模式。这种业主驱动创新模式更适合大型企业采用。

总之，当前国内建筑企业过度依赖基本要素，行业效率不高，长期形成了对廉价劳动力和廉价建筑材料的依赖，对专业技术人员、教育培训、科技创新、技术装备等高级要素的培植与扩充重视不足。从制度角度来看，到目前为止，政府只提出了推动建筑业技术创新的框架性意见，并没有出台相关的鼓励政策，建筑业中的产学研联系不顺畅，因此建筑业技术创新体系建设应当得到重视。

三、国内外影响因素的共性分析

在国内外诸多影响因素中，以下影响因素具有共性。

第一，客户和消费者对建筑业创新的影响力比较大。安德烈·芒素和乔治·西登指出，建筑业正在发生重大的变化，人们需要更加功能化的建筑(更加关注使用者的满意度和生产率)、更高级的配置(能更好控制能源效率或室内环境的智能化装置)、提高工作或居住条件、更能适应环境的约束等。国家质量标准和建筑成本也越来越面临国际间的比较。由于建筑项目的规模性、复杂性和独特性，一般来说，建筑客户对供应商的力量要远远大于消费者对制造品的作用。曼利基于对澳大利亚建筑产业的大规模调查数据，对公共部门客户的创新能力进行了检验。结果显示，与承包人、顾问和供应商相比，客户具有相对较强的创新能力。OECD的报告认为建筑业技术变化的主要驱动力是由供应商提供的新组件。

第二，人才资本在建筑业创新中的重要性高。研究表明，从创新的阻力来看，小建筑企业比大建筑企业要面临更多的技术创新障碍。对小建筑企业来说，主要的障碍是混资成本，缺乏合格的工作人员及规章和标准的影响。对大的建筑企业来说，主要的创新障碍是缺乏顾客的反映，融资成本和缺乏合格的工作人员。两者都强调，融资成本和缺乏合格工作人员是阻碍企业创新的因素(Reichstein)。昆士兰科技大学的曼利和麦克法伦调查了澳大利亚335家企业，以确定导致企业具有创新性的因素。创新性是用对先进技术和实务的采纳速度来衡量的，而考察因素包括企业战略和环境。研究结果表明，企业战略要比企业环境重要得多。有三种战略能显著决定企业创新性的高低：一是雇佣新的研究生；二是引进新技术；三是增强技术能力。除此以外，建筑业企业创新水平的高低还与领导的个人角色有密切关系。斯坦福大学的纳姆和塔特姆曾对美国建筑业的10个最成功的创新过程中的个人角色进行了实证研究，得出三个结论：一是有效的领导是技术创新的基础，特别是在建筑行业；二是技术能力是建筑创新中有效领导的必要条件，与企业大小无关；三是技术精英的角色只有在充足的资源和足够的权力的条件下才能发挥作用。

第三，创新信息和知识的来源日益重要。学者们通过对英国的调查发现，建筑企业高度依赖专业化的和制度性的创新思想，因而强调了大学和管制在建筑创新过程中的重要性。然而，建筑企业的内部和市场的因素没有被赋予足够的重视。建筑企业过于封闭，对于外部环境更加不开放，可能会无法充分利用企业外部创新来源的优势，即缺乏从外部环境中吸收知识的能力。这意味着对建筑企业而言，低水平的创新能力会使其越发不重视那些阻碍创新的因素。

第四，市场特性极大地影响着建筑企业的创新潜力。赖希斯泰因研究发现，有7.8％的小企业和76.2％的大企业表示，市场条件不需要他们去创新。建筑企业深深地根植于它们的本地市场，而本地市场经常意味着挑剔的顾客。从这个方面来说，建筑业不同于其他所有的行业，甚至是传统的服务业。

第五，灵活的竞争战略对企业创新取得成功是至关重要的。德国卡尔斯鲁厄理工学院的利姆，舒尔特曼和奥福里通过运用18个OECD国家的统计数据及与新加坡的专家会谈，以考察制造业与建筑业。结果表明，建筑业的特殊性使得创新并不是直接获取利润的有效工具。相反，建筑企业可以通过运用那些消费者愿意支付的创新和降低建筑成本的创新来获取竞争优势。论文建议企业首先通过质量改进来攫取消费者对创新产品的支付意愿，然后提高对于创新的融资并发展它们的建筑产品品牌，然后通过生产率的提高获取可持续的发展。

第六，缺乏有效的创新评价管理是一个重要的制约因素。奥福里认为，建筑业创新活动缺乏进展的一个可能原因是，在建筑业发展规划中缺少可测量的目标来指导和评价它们的实施效果。目标和其他的成就指标通常并不包括在建筑业的发展规划中。可能的原因为：一是人们通常认为，规划中要处理的问题会很快被解决；二是建筑业发展规划经常是一份“购物清单”，而没有去积极地协同各种活动。伊特门认为，改善建筑项目创新最主要的障碍之一，是缺少适当的绩效测度。让持续的改进得以发生，必须要有绩效的测度，以检查和监督绩效，验证改善行动的变化和效果。

另外，标准的发展有助于推动建筑业中的创新和帮助进入国内外市场。然而，保护本地和特定团体利益的标准及适应性差的标准则是贸易的障碍，会窒息创新(CERF)。

可见，要切实提高建筑企业的技术创新水平，就需要了解上述因素对建筑业的影响的方向和程度，这取决于建立一套能准确反映和测度建筑企业技术创新水平和状态的评价指标和方法。

第四节　建筑企业技术创新评价的难点

建筑企业技术创新研究的薄弱让我们对建筑业技术创新活动的认识如同隔着一层纱，而建筑业技术创新的上述特点和影响因素更是让我们在测度评价建筑企业技术创新时存在着大量的困难。基于创新型企业评价和中建技术创新调研分析,我们认为,在建筑企业技术创新评价中以下几个疑难问题需要解决。

一、如何测度建筑业的"隐性创新"

通常观点认为,建筑业属于劳动密集型行业,技术创新活动较少,甚至部分观点认为建筑业是典型的传统产业,不存在技术创新。这可能是长期以来一直忽略建筑技术创新研究的一个重要原因。

建筑业技术创新显著有别于制造业的技术创新,所以当从制造业看建筑业时,便会认为建筑业创新很少,甚至认为没有创新。从整体上讲,建筑业具有进入壁垒低、国际竞争有限、价格竞争激烈等特点。许多建筑企业都处在一种较低的绩效、微薄的盈利、有限的投资和糟糕的组织能力等构成的恶性循环状态中。创新能够使一些建筑企业摆脱这种恶性循环。一些研究表明,由于建筑业本身的差异,基于制造业而产生的衡量标准没有准确反映出建筑业的创新水平。事实上,建筑工程的个体性、建筑设计的多样性、建筑功能的创新性,需要建筑企业具备一定的技术创新能力,适应多种变化条件下建设工程任务的施工技术要求。

现代建筑业正面临着重大的转变,迫使或倒逼建筑企业进行技术创新。消费者需要更加功能化的建筑和更为复杂的设施。材料、组件、设计和工程服务等建筑市场的全球化趋势正在增强,一些促进产业转型的新技术如自动化装备、智能材料、场外制造、集成建筑自动系统等正在快速发展。为了有效地响应迅速变化的商业环境,建筑企业需要在技术、流程、组织和服务等方面不断地提高绩效。第一,建筑企业的技术创新要面对国内、国外两个市场。中国建筑市场的特点就是从事建筑工作的人多,这决定了我国建筑企业迟早要进军国际建筑市场;第二,要迎接两个挑战:一是发展的挑战。目前全国建筑市场投资规模达到33000亿元,这是历史上任何年代所不能相比的,应该说投资规模大,建筑企业应该日子好过,但同时也应当看到各行各业的人员也在壮大发展,竞争压力更大;二是科技的挑战。建筑企业要发展,必须改变目前科技滞后的局面。中国建筑业在管理上存在着理论滞后和手段滞后、科技落后和管理落后的问题。实践证明,各行各业高水平的竞争一定是高科技的竞争,建筑业也不例外。第三,要顺应生产方式的转变,即建筑企业的生产方式和经营方式必须要由过去的粗放型向效益型转变。第四,建筑绿色化、生态化和智能化的挑战。MajdalaniZ 等认为绿色建筑不仅仅关注的是物质上的创造,而且还关注经济、文化交流和精神上的创造。绿色设计已远远超过了仅仅关注于热能的损失、自然的采光通风等因素,它已延伸到寻求整个自然和人类社区的许多方面。

建筑企业的技术创新虽然有R&D、有新产品，有建筑工艺上的创新，但建筑业技术创新更多的是对外部新的技术和产品（组件、设备）等的引入，及在此基础上难以测度的经验式创新活动，其中包含着大量的“隐性创新”。英国萨尔福大学的雷斯·拉多克和斯蒂文·拉多克指出，在建筑行业中大量的技术创新被传统的测度方法所隐藏，没有在官方统计数据中体现出来，因而低估建筑业的技术创新活动。隐性创新的存在会影响到对行业生产力和效率的正确评价和判断。他们以英国经济为例，认为对建筑行业内的技术创新的识别和测量，与对知识型资产的支出怎样被包含进投资，是两个相关的问题。在创新活动中，建筑业技术创新很多都表现为经验式的，靠人员之间互相传播，而不是靠编码写成书本传播的，如建筑业的工法也表现为经验的程式化。如果对无形资产的定义包含了像组织资本、人力资本等在内的更宽泛的知识型资产上的支出的话，对无形资产的投资要比对有形资产的投资大得多。因此“隐性创新”和无形资产投资应该被全面加以考虑，以有效地评价该行业的生产率。

二、如何测度介于制造业与服务业之间的建筑业技术创新

建筑业既有本身的特点，又兼具制造业和服务业的特征。在材料、组件和机械设备等方面具有制造业的特征，在设计等环节具有服务业的特征，而在工程方面则具有建筑业独有的特征。这使建筑业技术创新往往需要依赖多方面的技术。

在行业划分上，建筑业横跨第二产业和第三产业。对建筑业概念的研究，不仅涉及建筑业本身的目标和范围，还涉及建筑业与其他经济部门之间的关系。在国民经济核算体系、《全部经济活动的国际标准产业分类》（ISIC，International Standard Industrial Classification of all Economic Activities）和《中心、产品分类》（CPC，Central Product Classification）等体系和标准中，可以发现“狭义建筑业”和“广义建筑业”两种不同的分类方法。

第一，按照传统的统计分类，建筑业主要包括建筑产品的生产（即施工）活动，因而是狭义的建筑业。

第二，广义的建筑业则涵盖了建筑产品的生产及与建筑生产有关的所有的服务内容，包括规划、勘察、设计、建筑材料与成品及半成品的生产、施工及安装，还有建成环境的运营、维护及管理及相关的咨询和中介服务等。这反映了建筑业真实的经济活动空间。

中国国家统计局颁布了新制定的《三次产业划分规定》。该划分规定是在《国

民经济行业分类》国家标准的基础上制定的。经过调整后,共有行业门类 20 个,行业大类 98 个。该标准把工程管理服务、工程勘察设计、规划管理等相关建筑服务列在“第三产业”的“科学研究、技术服务和地质勘查业”门基的“专门技术服务业”大类中。显然,这样划分的目的是为了进行统计,而不是为了行业管理,对获取一个完整的建筑业创新活动统计数据造成了一定的困难。

建筑业的技术创新活动涉及设计、施工、监管、服务乃至装备、机械等多方面参与者及它们之间的互动过程,仅仅从某个特定的人或组织身上去寻找创新的源泉是非常有限的,应了解这些主体的需求、它们的能力、它们是如何互动的及这些互动的结果。因此,理解建筑业技术创新需要一个兼顾制造业和服务业的宽广和系统的研究视角。

三、如何测度不是 R&D 胜似 R&D 的建筑设计

建筑行业的技术导入性特征决定了建筑企业的技术创新活动,特别是 R&D 活动将主要是围绕如何利用、导入外部新技术、新产品、新设备等其他产业的创新成果,运用于建筑过程之中——集中在进行建筑工艺的设计创新上,提高建筑产品的质量,加强建筑产品的性能,改善建筑产品与外部环境的关系,增加建筑产品的美学特质。因此,对整个建筑产品的设计活动,便成为建筑企业技术创新过程中一个极具创造性的重要环节。

所谓建筑设计是指为满足一定的建造目的(人们对它的环境角色的要求、使用功能的要求、对它的视觉感受的要求等)而进行的设计,它使具体的物质材料依其在所建位置的历史、文化文脉,景观环境,在技术、经济、生态等方面可行的条件下形成能够成为审美对象的产物。它包括了形成建筑物的各相关设计。按设计深度分,有建筑方案设计、建筑初步设计、建筑施工图设计等。按设计内容分,有建筑结构设计、建筑物理设计(建筑声学设计、建筑光学设计、建筑热学设计)、建筑设备设计(建筑给排水设计、建筑供暖、通风、空调设计、建筑电气设计)等。

第一,建筑设计,特别是工程设计是科学。设计是创造性的劳动,是运用科学技术知识,按照客观规律,利用自然和改造自然,为人类社会创造物质财富的劳动。

第二,建筑设计具有创造性。建筑设计工作的核心,是要寻找解决上述各种矛盾的最佳方案。通过长期的实践,建筑设计者创造、积累了一整套科学的方法和手段,可以用图纸、建筑模型或其他手段将设计意图确切地表达出来,才能充分暴露隐藏的矛盾,从而发现问题,同有关专业技术人员交换意见,使矛盾得到解

决。此外，为了寻求最佳的设计方案，还需要提出多种方案进行比较。方案比较，是建筑设计中常用的方法。从整体到每一个细节，对待每一个问题，设计者一般都要设想多个解决方案，进行一连串的反复推敲和比较。即或问题得到初步解决，也还要不断设想有无更好的解决方式，使设计方案臻于完善。

第三，建筑设计是一种需要有预见性的工作。要预见到拟建建筑物存在的和可能发生的各种问题。这种预见，往往是随着设计过程的进展而逐步清晰、逐步深化的。

第四，建筑设计具有多样性。同一类型、同一标准的建筑物，由于采用不同的结构形式、不同的建筑材料、不同的平面组合和空间体形，就可设计出若干个费用不同的方案。为了选优就需要对各个设计方案，进行定性的技术经济分析和定量的计算，为投资决策提供科学的依据。进行建筑技术经济分析，首先要研究构成建筑物的各个设计参数和经济费用之间的关系。不同的设计方案对各个设计参数的确定会有很大的差别，因此，各方案的造价就很不相同。

第五，建筑设计决定建筑成本。这体现在三个方面：一是设计方案直接影响投资；二是设计质量间接影响投资；三是设计方案影响经常性费用。建筑设计方案的节约或浪费，不仅影响建筑企业的经济效益，对国民经济各部门的经济效益都有较大的影响。我国每年用于基本建设的巨额投资中，约有70%是通过建筑工程设计安排使用的。技术经济合理的建筑工程设计方案，据分析可以降低工程造价5%～10%，甚至可达到20%左右。近年来，全国基建总投资近万亿元，建筑工程设计如能节约5%，都是一笔巨额资金。

但是，如何对建筑设计活动进行测度却是十分困难的，因为设计活动在时间上非常自由，在空间上也非常灵活，设计成本主要是人的智力活动，其活动的质量、数量及级别程度等都是“不可知的”。因此，一般经验来讲，对于一个工程项目而言，根据工程的特点规定设计应占的费用比例，如公共建筑一般设计费需占工程总额的15%～30%，而民用建筑如住宅等一般设计费用占5%～20%。

那么，建筑企业技术创新评价中，如何看待建筑设计便成为一个问题——是否类似于制造业中的R&D活动？还是，归入制造业技术创新活动中的产品设计活动？如是前者，那么建筑企业的R&D费用将会大幅超出当前科技统计中的R&D经费支出额。如果是后者，与当前统计划分一致，但是目前对建筑行业技术创新忽视的问题如何解决，又回到如何有效考察建筑企业技术创新的问题上了。英国关于传统产业技术创新的调查报告认为，传统产业中存在大量技术创新，是当前技术创新指标所未能反映出来的，其中设计是一类非常重要却又难以客观测度的创新活动。可见，如何测度建筑设计，是科学、合理、有效测度建筑业企业技术创新的一个重要问题。

四、如何看待建筑业技术创新的市场规制作用

相对于技术，市场特别是市场规制对建筑业创新具有更重要的影响。一方面，客户和消费者对建筑业创新的影响力比较大。例如，人们对更加功能化的建筑（更加关注使用者的满意度和生产率）、更高级的配置（能更好控制能源效率或室内环境的智能化装置）、提高工作或居住条件、更能适应环境约束等的要求，或体现在建设设计要求上，或反映在地方建筑市场规制上，包括日趋国际化的国家质量标准和建筑成本；另一方面，建筑企业的内部和市场的因素没有被赋予足够的重视。建筑企业过于封闭，对于外部环境更加不开放，可能会无法充分利用企业外部创新来源的优势，即缺乏从外部环境中吸收知识的能力。这意味着对建筑企业而言，低水平的创新能力会使其越发不重视那些阻碍创新的因素。赖希斯泰因的研究发现，有 7.8%的小企业和 76.2%的大企业表示，市场条件不需要他们去创新。建筑企业深深地根植于它们的本地市场，而本地市场经常意味着挑剔的顾客。从这个方面来说，建筑业不同于其他行业，甚至是传统的服务业，市场特性极大地影响着建筑企业的技术创新潜力。

总之，规范和标准对建筑业的技术创新具有重要影响。对英国的调查发现，建筑企业高度依赖专业化和制度性的创新思想，因而政府管制在建筑业创新过程中至关重要。标准的发展有助于推动建筑业中的创新和帮助进入国内外市场。然而，保护本地和特定团体利益的标准及适应性差的标准则是贸易的障碍，会窒息创新。

五、如何确立技术创新的可数性

从建筑的最初的设计思想开始，到最终建筑产品的供应，建筑企业技术创新是一个非常复杂而漫长的过程。对于制造业而言，可以说每一个技术创新都是可数的。然而，在建筑业技术创新活动中，类似于最终产品与中间产品的技术创新一样，基于总包的建筑工程项目常将技术创新淹没其中，而从最终产品上很难清晰地辨别出技术创新，例如，一个新项目设计的完成是不是意味着一个技术创新的完成？一栋楼房或者一个附属建筑的完成是否可以计为一个技术创新？这个问题的一个直接结果是，建筑业新产品的统计问题，如何归集新产品？新产品的边界在哪里？

有人认为，建筑业无须考察新产品，因为每一个建筑都是在基本规范、基本标准下的独特设计，产品之间没有完全一致的生产标准，都是存在差异的，所以可以说所有产品都是新产品。如果都是新产品，那么就没有必要统计新产品了。然而，基于中建的实地调研与专家访谈却也出现另一个观点，建筑业技术创新是明显的，即使是同一片小区住宅，不同之中也是有基本相同的，按照新产品关于新颖度的基本要求，是可以统计出新产品的。当然，独一无二的公共建筑等的确是新产品，但是内部也存在简单复制的环节，都是可以讨论的。

第一，建筑业新产品统计具有挑战性，其主要问题就是统计的边界。这具体包括两个问题：一是哪些建筑是新产品；二是哪些收入是新产品销售收入。建筑业新产品的界定与统计边界与制造业中存在显著差异，不可简单地用制造业的经验，否则会出现建筑业技术创新可数性的模糊性及其新产品统计上的随意性。以汽车为例，一个车型开发成功，在限期内该型车都是新产品，对应的限期内的该车型车辆所有的销售额都是新产品销售收入。如若以汽车新产品的统计方法，建筑业中很多企业的新产品销售收入占主营业务收入的比重将会达到100%。这显然与常识相违背。

建筑业在新材料的研制和施工设备的研制等方面存在产品创新、工艺创新、组织创新和营销创新，这与制造业是相似的；但在围绕施工工程中的一些创新活动，具有建筑的行业特色，如建筑生产活动是以工程项目形式进行组织实施的，这形成了建筑业技术创新第一特性便是项目组织特性；建筑产品的单件定制性决定建筑技术创新具有一次性特征，即新产品只生产一件，缺乏大批量的需求；大量的创新知识与技巧都是针对建筑现场实际情况而产生的，具有情景性特征；同时所有生产过程及创新活动又都是以缄默知识形式存储在人们的经验中，这又形成了普遍的知识缄默性特征；而工程项目创新所产生的情景性知识被明码化后，其他人可以轻易获取并修改而无法保护知识产权，或若成为行业标准（工法），则其他企业可以更方便地搭便车。这些都是建筑业技术创新的特殊情况。

第二，建筑技术创新活动中存在当前创新指标所难以直接反映的"隐性创新"。例如，在中建某设计院调研中，我们发现，在建筑设计（工程施工设计方案）中存在大量的工作和服务方式的改变，设计方案中自身也包含着诸多以往不曾使用的概念——新概念、不曾使用过的元素——新元素、不曾使用过的材料——新材料，等，这些虽然不同于R&D，但是对于满足用户的特定要求、顺利施工及实现预定功能具有至关重要的作用，意义重大。这一结论与英国创新基金会（NESTA）于2009年开展的传统产业创新调研分析结论相似。但在进行技术创新指标分析中，却难以反映。

总之，技术创新的可数性的界定，是一个制造业中不曾发生的问题，但在建筑业技术创新评价中又是一个不可避免的问题。

六、如何获得真实、准确的建筑企业创新统计数据

21世纪以来，各国科技统计特别是R&D统计得以快速发展，工业领域科技统计方法与制度不断发展、完善，特别是OECD提出要向包括非R&D的创新统计进军，并与欧盟合作在CIS调查中进行实践试验。但至今，建筑业科技统计却是比服务业科技统计还薄弱的一个领域，不仅因为制造业的技术创新指标不能完全、有效反映建筑业技术创新，还因为建筑业内部科技统计基础薄弱而导致的统计数据质量问题。

在建筑企业实地调研中，一个典型问题就是建筑企业技术创新效益的难以测度统计。“我们(企业)搞了很多的工法，省部级的工法、国家级的工法，实际上产生很多的效益，包括很多的技术创新都在这里面出现的，确实创造了很多的效益(创新经济效益)，但是这个效益放进去怎么样衡量呢？没办法说清楚是多少钱，也没有方法统计。而在建筑业发展规划中，同样也缺少可测量的目标来指导和评价它们的实施效果，这常导致建筑业发展规划演变成一份“购物清单”，而无法积极协同各种创新活动。由此可见，其一，建筑业的创新难以在以制造业为范本的传统测量方法中充分反映；其二，缺乏适当的绩效测度指标是阻碍建筑业技术创新的一个重要因素。若让持续的改进得以发生，必须要有绩效的测度，以检查和监督绩效，验证改善行动的变化和效果。

建筑业技术创新的产出还应包括无形资产，如设计、品牌资产、人力资本和组织资本等。如果将无形资产考虑在内，建筑企业技术创新的评价就会完全不同。如果仅用R&D经费投入来评价技术创新投入，建筑业的创新程度会比较低，相对于制造业等来说，建筑业很多技术创新隐藏在对新装备、新机械、新技术的引入、嫁接使用上，不会有那么高的R&D活动投入。但是在整个施工过程中可能都贯穿着技术创新活动。

不仅指标难以有效反映建筑企业技术创新，现有指标统计及分析也存在较大偏差。艾伯特等对英国建筑业创新活动在官方统计中未被识别的程度进行分析，结果表明，由于官方统计分类中忽略了如设计和工程活动等建筑业的某些本质构成，基于官方数据对建筑业活动的经济分类对该产业创新水平进行的分析是有偏差的；在创新指标的选择上也不符合建筑业的本质特征——由于传统衡量和统计

创新的方法都是针对工业制造业的，具体度量指标以统计企业的投入（如 R&D）和中间产出（如专利等）为主，而建筑业创新活动多以组织创新和过程创新为主，技术创新活动多出现于项目层面上，在企业层面上则不易显现。这些传统的指标反映不出建筑企业的技术创新活动。

第五节　建筑企业技术创新的评价思路

从上述分析可知，建筑企业技术创新活动不同于制造企业技术创新活动，因此，对建筑企业的技术创新评价也应有别于制造业企业的技术创新评价。那么，如何克服上述的创新测度难点而提出有效的评价指标？如何考虑对建筑企业技术创新发展途径和特征进行评价？特别是创新型企业的技术创新依存度指数评价方法，对建筑企业技术创新评价是否还适用？

从创新理论和技术创新评价实践经验上看，建筑企业技术创新评价的关键是在充分认识建筑企业技术创新的内涵、特征和创新发展模式等基础上，对企业的技术创新发展途径进行评价，相应的指标体系应是对企业通过技术创新获得成长的考察，对企业依靠技术创新获得持续发展能力的研判，而不是纠结于项目层面上的具体技术创新方法和方式的评价问题。因此，创新型企业评价的技术创新依存度指数的理论基础和基本评价思路，即从系统和过程的角度考察企业创新特质和特性，从企业的“战略取向—组织构造—创新活动—创新产出与业绩—创新影响”等全面考察企业创新特质和创新依存度，也是适用于建筑企业的技术创新评价。

在建筑企业技术创新评价中要着重关注以下两个方面：一是建筑企业的技术创新评价是一个管理工具，要体现其作为一种工具的特性，如引导性、诊断性、监督性、激励性等；二是建筑企业技术创新评价要充分考虑到建筑企业技术创新的独特性，突出建筑业的特色特征，对指标进行必要的调整。故建筑企业技术创新评价，其指标选择要突出重点，也要突出行业特色。具体来讲需要注意以下几点。

第一，技术创新指标体系与科技指标体系有差别，要重视调查所得的数据。

第二，定量指标应力求精练准确，重点评价建筑业科技创新活动的效率。

第三，定性指标要能反映创新过程的特点，重在对建筑业中去量化知识、技能、管理、制度等无形资产进行考察。

第四，指标体现的设计要突出建筑业技术创新的基本特征。

第五，定性与定量结合的评价体系需要通过分阶段评价实现。例如，中国创新型企业评价就采用两阶段评审模式,对核心指标定量化处理,非核心指标靠专家测评。

第六节　建筑企业技术创新评价的方法设计

在建筑企业技术创新分析和创新型企业评价经验基础上,提出建筑企业技术创新评价的具体方法设计如下、

一、将建筑设计活动纳入 R&D 活动考察范围

考虑到设计活动在建筑行业中具有非常重要的地位,在建筑企业技术创新活动中处于核心地位,因此在进行建筑企业技术创新评价中需要重点考察建筑设计活动。通过对建筑企业的管理者、建筑设计人员、科技管理人员和施工技术人员等调研和交流,建议将建筑设计活动视同于 R&D 活动,将其经费投入纳入研发经费投入指标中进行考察,形成一个涵盖 R&D 经费和设计经费的建筑企业研发设计经费(强度)指标,以全面反映建筑企业对建筑产品的创造能力。在企业技术创新评价中,例如“研发经费强度”指标,可以考虑将建筑企业 R&D 经费强度和设计经费强度分别计算,然后再设置一个合适的权重加权合计得到一个建筑企业的“研发设计经费总额”指标值,代入计算。

二、将建筑工法纳入技术创新产出进行考察

对建筑企业来讲,由于工法不仅代表着施工水平和经验总结,更影响着行业技术推广,是介于标准与专利之间的知识产品,并且具有准确的级别,是建筑企业技术创新的一个重要成果形式。因此,在建筑企业技术创新评价中,考虑将国家级工法折算归入发明专利一类,进行计算。例如,千名研究开发人员发明专利拥有量指标,在评价中,可将建筑企业所获得的国家级工法按照一定的比例折算为发明专利,代入计算。

三、在规范统计方法条件下考察新产品指标

新产品在企业技术创新评价中的地位和作用毋庸置疑。在建筑企业技术创新中,也应充分利用新产品指标。根据建筑企业实践经验(现实做法),我们归纳出建筑业新产品的经验判断方法,具体包括以下几类。

第一，公共建筑全部是新产品。

第二，住宅只计算其中一个单体（单位工程），如按照基坑墙面的比例计算。

第三，路桥建筑：路道只能取其一段，桥梁可全部归入，具体需视其建筑技术要求判定。

第四，其他可根据新产品概念进行具体判断。

因此建议，在建筑企业技术创新评价中，无论是企业间的行业层面评价，还是企业内部自我评价，都可在统一规范统计方法基础上，进行新产品指标的比较。

四、将建筑设计研究院纳入建筑企业研发体系的考察范围

对建筑企业而言，其内部的设计院，常常是涵盖研发活动的，与制造业中的研发活动与设计活动界限分明有很大差异。可以考虑将设计院或设计部门纳入"建筑企业研发设计支撑体系"统一考察，归入企业技术创新组织或管理，或者企业技术创新体系建设指标中进行考察。

五、将建筑企业资质纳入企业产品质量和品牌管理的考察范围

对建筑业而言，建筑企业资质是建筑企业产品品牌价值的一个重要体现，体现了建筑企业基于经济、技术及经营管理等多方面的综合实力，是建筑企业技术创新评价中应给予重点考察的一个内容。因此，建议将建筑企业资质纳入企业技术创新评价中的质量管理或品牌管理方面进行重点考察。

参考文献

[1]姚建顺，毛建光，王云江.绿色建筑[M].北京：中国建材工业出版社，2018.

[2]杨培志.绿色建筑节能设计[M].长沙：中南大学出版社，2018.

[3]湖南省土木建筑学会，杨承惁，陈浩.绿色建筑施工与管理2018版[M].北京：中国建材工业出版社，2018.

[4]刘翼.2017绿色建筑选用产品导向目录[M].北京：中国建材工业出版社，2018.

[5]胡德明，陈红英.生态文明理念下绿色建筑和立体城市的构想[M].杭州：浙江大学出版社，2018.

[6]王燕飞.面向可持续发展的绿色建筑设计研究[M].北京：中国原子能出版社，2018.

[7]叶青，赵强.中荷绿色建筑评价体系整合研究[M].武汉：华中科技大学出版社，2018.

[8]四川省建筑科学研究院.四川省工程建设地方标准四川省绿色建筑评价标准[M].成都：西南交通大学出版社，2018.

[9]周雪帆总.生态城乡与绿色建筑研究丛书城市中心区气候影响研究[M].武汉：华中科技大学出版社，2018.

[10]韩丽莉，王月宾.绿色建筑屋面系统疑难问题解答丛书种植屋面疑难问题解答[M].北京：中国建材工业出版社，2018.

[11]郭卫宏，胡文斌.岭南历史建筑绿色改造技术集成与实践[M].广州：华南理工大学出版社，2018.

[12]方俊.土木工程前沿学术研究作丛书EPC模式在既有建筑与基础设施绿色化改造中的应用研究[M].武汉：武汉理工大学出版社，2018.

[13]郝永池，袁利国.绿色建筑[M].北京：化学工业出版社，2018.

[14]中国城市科学研究会.中国绿色建筑[M].北京：中国建筑工业出版社，2018.

[15]本书编委会.2018中国绿色建筑[M].北京：中国建筑工业出版社，2018.

[16]李继业，杜彤，崔成.绿色建筑节能工程检测[M].北京：化学工业出版社，2018.

[17]张炳文，岳建勋，杜锡明.绿色建筑施工新技术[M].天津：天津科学技术出版社，2018.